Hans Wüthrich-Mathez   Bibliographie zur allgemeinen Musikerziehung

Hans Wüthrich-Mathez

Bibliographie
zur allgemeinen
Musikerziehung

Verlag Paul Haupt Bern und Stuttgart

Publiziert mit Unterstützung des schweizerischen Nationalfonds zur Förderung der wissenschaftlichen Forschung.
Auflage: 1000 Exemplare

CIP-Kurztitelaufnahme der Deutschen Bibliothek

Wüthrich-Mathez, Hans:
Bibliographie zur allgemeinen Musikerziehung /
Hans Wüthrich-Mathez. — Bern, Stuttgart:
Haupt, 1980.
ISBN 3-258-02953-9

Das Gehör ist die Pforte des Geistes.
(Aristoteles)

Vorwort

Der Schwerpunkt der Bibliographie liegt auf den deutschsprachigen Publikationen von 1945 bis Ende 1977. Die nichtdeutschsprachige Literatur konnte innerhalb der uns gesteckten finanziellen und zeitlichen Grenzen bloss am Rande berücksichtigt werden. Dasselbe gilt für die Veröffentlichungen vor 1945.
Die Bibliographie ist in erster Linie für Musikpädagogen und Lehrer an allgemein bildenden Schulen gedacht. Sie enthält demnach vorwiegend Literatur zur *allgemeinen* Musikerziehung. Publikationen zum Instrumentalunterricht wurden nicht aufgenommen.
Die Einteilung in Kapitel und Sachgebiete ist subjektiv. Sie erfolgte im Hinblick auf die praktische Benützung und erhebt keinen Anspruch auf Wissenschaftlichkeit und strenge Systematik. Eine scharfe Abgrenzung der einzelnen Gebiete war weder möglich noch erwünscht. Es mag Erstaunen verursachen, dass gelegentlich für nur wenige Titel ein ganzes Kapitel aufgestellt wurde. Wir hielten es für unsere Aufgabe, den Leser nicht bloss über die bestehende, sondern auch über fehlende Literatur, über Lücken zu informieren, in der Hoffnung, diesen oder jenen zu ihrer Ergänzung anzuregen.
Subjektivität und Willkür liess sich auch bei der Zuordnung der einzelnen Titel nicht vermeiden. So haben wir uns beispielsweise entschlossen, in das Kapitel „Musikalische Kreativitätserziehung" (4.01) bloss Literatur aufzunehmen, in denen Kreativitätserziehung ausdrücklich erklärtes Ziel ist, obschon wir uns durchaus bewusst sind, dass jede Tätigkeit, die zur „Erweiterung und Entfaltung der Ich-Identität" beiträgt (vgl. Ammon: Gruppendynamik der Kreativität), kreativ genannt werden kann. Dass es also durchaus auch ein schöpferisches Musikhören, ein schöpferisches Singen usw. gibt. Erschwert wurde die Zuteilung ferner durch den Umstand, dass es uns unmöglich war, die ganze Literatur selber durchzulesen und durchzuhören. Wir mussten somit in vielen Fällen unsere Entscheidungen aufgrund der Angaben in Titeln, Untertiteln und Kommentaren treffen.
Schwierig, ja unmöglich schien uns bisweilen die Trennung in „pädagogische" und „nichtpädagogische" Literatur, z. B. in Kapitel 4.12. Im Grunde ist alle Literatur – auch alle Musik – in einem gewissen Sinne erzieherisch oder kann zumindest für erzieherische Zwecke verwendet (leider auch missbraucht) werden, wenn der Lehrer geschickt genug zu vermitteln und den richtigen Zeitpunkt auszuwählen versteht. Um aber die Bibliographie nicht ins Unermessliche wachsen zu lassen, mussten – wiederum willkürlich – Grenzen gezogen werden.
Ursprünglich war geplant, der Einteilung nach Sachgebieten und Autoren eine Einteilung nach Altersstufen beizufügen. Aus verschiedenen Gründen mussten wir davon absehen: Zum einen wäre dadurch die Erscheinung der Bibliographie noch weiter hinausgezögert worden. Zum andern waren wir der Meinung, dass die Antwort auf die Frage, wann etwas „gebracht" werden dürfe, nicht vom *Alter* eines Menschen abhängt, sondern von seiner Entwicklungsstufe, welche wiederum abhängig ist von individuellen, sozialen und regionalen Bedingungen. Zudem bekommen solche Angaben leicht den Charakter einer Vorschrift, und es liegt uns fern, Lehrern vorschreiben zu wollen, wann sie was zu behandeln haben. Aus

7

diesem Grunde haben wir Altersangaben bloss da aufgenommen, wo sie ausdrücklich in Titel oder Untertitel vermerkt sind.

Wo Jahrzahlen angegeben sind – bei Musiknoten ist dies meistens nicht üblich – beziehen sich diese auf die jeweils letzte Ausgabe.

Die Bibliographie entstand im Auftrag des Schweizerischen Tonkünstlervereins.

Ausgearbeitet wurde sie durch Mitglieder der Arbeitsgruppe „Musikerziehung" der Musiker Kooperative Schweiz, insbesondere Felix Bopp, Hanni Jud und Hans Wüthrich. Wir möchten uns herzlich für Auskünfte und Unterstützungen bedanken bei Marianne Wehrli und Heinz Kiburz von der Buch- und Musikalienhandlung Schlöhlein, Walter Schneider vom Musikhaus Jecklin, der Musik Hug AG, Ruedi Ebner und Jürg Schelbli von der Bibliothek der Musik-Akademie Basel, Prof. Dr. Max Lütolf, Dr. Denis Rauss und Alfred Zimmerli vom musikwissenschaftlichen Seminar der Universität Zürich sowie dem Schweizerischen Nationalfonds, durch dessen finanzielle Unterstützung die Publikation der Bibliographie ermöglicht wurde.

Wir nehmen nicht an, dass die vorliegende Bibliographie vollständig und fehlerlos ist. Wir bitten deshalb die Leser herzlich um Mitarbeit und um Mitteilung etwaiger Ergänzungen und Korrigenda.

Hans Wüthrich-Mathez

Inhaltsverzeichnis

Literaturverzeichnis

9

1 Bibliographien – Handbücher

1.01 Abel-Struth, Sigrid:
Ansätze einer Didaktik des Musikhörens – Bibliographie: Musikhören und Didaktik des Musikhörens.
In: Forschung in der Musikerziehung 7/8, 1972 (Vgl. 2.17).

1.02 Abel-Struth, Sigrid:
Musikalische Grundausbildung.
Handbuch für die elementare Musikerziehung in Schulen. Frankfurt/M. 1967.

1.03 Brücken, Ernst:
Handbuch der Musikerziehung.
Potsdam 1931.

1.04 Fischer Hans:
Handbuch der Musikerziehung.
2 Bde. Rembrandt, Berlin 1954–1958.

1.05 Hauwe, Perre van:
Spielen mit Musik.
Handbuch der allgemeinen Musikerziehung. Übers. Bruno Bastin. New Sound, Amsterdam 1974.

1.06 Henneberg, Gudrun:
Das musikpädagogische Schrifttum in der Bundesrepublik Deutschland von 1945–1976.
Schneider, Trutzing 1977.

1.07 Hopf, H. / Heise, W. (Hrsg):
Lexikon der Musikpädagogik.
A. Henn Verlag, Kastellaun 1976.

1.08 Kolneder, Walter:
Musikpädagogische Bibliothek.
Wilhelmshaven.

1.09 Kraus, Egon:
Bibliographie: I. Gesamtschule – Musik in der Gesamtschule. II. Ästhetik – Musikästhetik – Ästhetische Erziehung.
In: Musik in Schule und Gesellschaft (Vgl. 2.38).

1.10 Kraus, Egon:
Bibliographie: Musikpädagogische Forschung in den USA.
In: Forschung in der Musikerziehung 9/10, 1973 (Vgl. 2.17).

1.11 Kraus, Egon:
Bibliographie: Vergleichende Musikerziehung. Musikerziehung in einzelnen Ländern.
In: Musik und Bildung 1970, 7/8 (Vgl. 2.40).

1.12 Kraus, Egon:
Internationale Bibliographie des musikpädagogischen Schrifttums.
Wolfenbüttel 1959.

1.13 Kraus, Egon:
Literaturhinweise zum Thema „Musik in Arbeitswelt und freier Zeit".
In: Musik und Bildung 6, 1974, 11, S. 630–631 (Vgl. 2.40).

1.14 Kraus, Egon:
Literaturhinweise zum Thema „Musik und Musikerziehung in den USA".
In: Musik und Bildung 8, 1976, 2, S. 87 (Vgl. 2.40).

1.15 Larson, W. P.:
Bibliografie of Research in Music Education 1932–1948.
Chicago 1949.

1.16 Michel, P.:
Handbuch der Musikerziehung.
Breitkopf & Härtel, Leipzig 1968.

1.17 *Musikunterricht.*
Methodisches Handbuch für den Lehrer. Volk und Wissen Volkseigener Verlag, Berlin 1961.

1.18 Noll, Günther:
Bibliographie zur Improvisation.
In: W. Stumme (Hrsg.): Über Improvisation. Schott, Mainz 1973.

1.19 Siegmund-Schultze, W. (Hrsg.):
Handbuch der Musikerziehung.
Leipzig 1968.

1.20 Valentin, Erich:
Handbuch der Schulmusik.
Bosse-Musik-Paper, Regensburg 1962.

1.21 Valentin / Gebhardt / Vetter:
Handbuch des Musikunterrichts für Musikschullehrer und freie Musikerzieher.
Bosse-Musik-Paper, Regensburg 1962.

1.22 Valentin, E. / Hopf, H. (Hrsg.):
Neues Handbuch der Schulmusik.
Bosse, Regensburg 1975.

Weitere Bibliographien finden sich in den unter 2 angegebenen Zeitschriften und Periodica.

2 Zeitschriften – Reihen – Periodica

2.01 *American Music Teacher.*
Hrsg. H. Ulrich. Seit 1951 (6 x jährlich). Music Teachers National Assn.,
408 Carew Tower, Cincinnati, OH.

2.02 *Australian Journal of Music Education.*
Seit 1967 (jährlich). Hrsg. Fr. Callaway. University of Western Australia,
Nedlands.

2.03 *Bausteine für Musikerziehung und Musikpflege.*
Schott, Mainz.

2.04 *Beiträge zur Schulmusik.*
Begründet von Heinrich Martens und Richard Münnich, hrsg. Wilhelm Drang-
meister und Hermann Rauhe. Möseler Verlag, Wolfenbüttel.

2.05 *British Columbia Music Educator.*
Vancouver, USA.

2.06 *Cadenza.*
Bozeman, USA.

2.07 *Canadian Association of University Schools of Music.*
Journal. Seit 1971 (jährlich). Hrsg. T. Bailey. Yves Chartier, Dept. of Music,
Ottawa KIN 6N5, Canada.

2.08 *Canadian Music Educator.*
Seit 1959 (4 x jährlich). Hrsg. D. Bates. Canadian Educators Assn., 34 Came-
ron Road, St. Catherines, Ont. L2P 3Es, Canada.

2.09 *Colorado Music Educator.*
Boulder, USA.

2.10 *Council for Research in Music Education.*
Bulletin (4 x jährlich). Seit 1963. Hrsg. Ed. R. Colwell, School of Music,
Urbana, IL 61801.

2.11 *Didaktik der Musik 1969.*
Vorträge und Referate der 16. Bundestagung des Arbeitskreises für Schulmusik und allgemeine Musikpädagogik. Möseler Verlag, Wolfenbüttel.

2.12 *Didaktik der Musik 1970.*
Vorträge und Referate im Zusammenhang mit der 17. Bundestagung des
Arbeitskreises für Schulmusik und allgemeine Musikpädagogik. Möseler Ver-
lag, Wolfenbüttel.

2.13 *Die Musikerziehung.*
Zentralorgan für alle Fragen der Schulmusik, ihrer Grenzgebiete und Hilfs-
wissenschaften. Verband akademisch gebildeter Musiklehrer, Lahr in Baden,
Schauenburg.

2.14 *Die Musikschule.*
Eine Reihe mit Beiträgen zur inhaltlichen und organisatorischen Konzeption
der Musikschule.
    Bd. 1: Situationen – Meinungen – Aspekte. Hrsg. Wolfgang Stumme u.
    Werner Müller-Bech.

Bd. 2: Dokumentation – Materialien. Hrsg. Diethard Wucher, Eckhart Rohlfs u. Rainer Mehlig.

Bd. 3: Musikalische Grundausbildung. Beiträge zur Didaktik. Hrsg. Lore Auerbach u. Wolfgang Stumme.

Bd. 4: Der Instrumentalunterricht. Probleme – Reformen. Hrsg. Wolfgang Stumme.

Bd. 5: Ensemblespiel und Ergänzungsfächer. Hrsg. Wolfgang Stumme.

Bd. 6: Unser Kind geht zur Musikschule. Eine Information für Eltern von Wolfgang Stumme.

Schott, Mainz.

2.15 *Education musicale.*
Seit 1945 (10 x jährlich). Hrsg. A. Musson. 3 rue des Ecoles, 77590 Bois-Le-Roi, Frankreich.

2.16 *Educazione musicale.*
Seit 1964 (4 x jährlich). Hrsg. R. Allorto. Casa Editrica Angelicum, Piazza S. Angelo 2, 20121 Mailand.

2.17 *Forschung in der Musikerziehung.*
Beihefte zur Zeitschrift Musik und Bildung. Publikationsorgan der Verbände: Arbeitskreis Musikpädagogische Forschung, Bundesfachgruppe Musikpädagogik, Verband deutscher Schulmusikerzieher. Schriftleitung: Egon Kraus. Jahrbücher 1969–1976. Schott, Mainz.

2.18 *Fortschritt und Rückbildung in der deutschen Musikerziehung.*
Vorträge der 6. Bundesschulmusikwoche, Bonn 1965. Hrsg. Egon Kraus. Schott, Mainz.

2.19 *Illinois Music Educator.*
Urbana USA.

2.20 *Information und Versuche.*
Hrsg. Thüring Bräm. Eigenverlag Musik-Akademie der Stadt Basel, Leonhardstr. 4–6, 4051 Basel.

2.21 *ISME*
– Jahrbücher / International Music Education. Hrsg. Egon Kraus. Jahrbücher 1–3, 1973–1976. Schott, Mainz.

2.22 *Journal of Music Theory*
Seit 1957 (jährlich). Hrsg. J. Baker. Yale University, School of Music, New Haven, CT 06520.

2.23 *Journal of Music Therapy.*
Seit 1964 (4 x jährlich). Hrsg. D. Wolfe. National Assn. for Music Therapy, Inc., Box 610, Lawrence KS 66044, USA.

2.24 *Journal of Research in Music Education.*
Seit 1953 (4 x jährlich). Hrsg. R. G. Petzold. Society for Research in Music Education, Suite 601, 8150 Leesburg Pike, Vienna, VA 22180. USA.

2.25 *Keeping up with Music Education.*
Seit 1973/74 (5 x jährlich). Hrsg. A. E. Burkhart u. H. Caldwell. 1220 Ridge Rd., Muncie, IND 47304.

2.26 *Komponist und Musikerzieher.*
Seit 1973 (etwa jährlich). Hrsg. R. Schollum. Österreichisch. Komponistenbund, Baumannstr. 8–10, A 1031 Wien.

2.27 *Making Music.*
Seit 1946 (3 x jährlich). Hrsg. L. Nutley. Rural Music Schools Assn., Little Benslow Hills, Hitchin, Herts., SG4 9RD, England.

2.28 *Music and Man.*
Seit 1974 (4 x jährlich). Hrsg. Board. Gordon Breach Science Publ., Ltd. 42 William IV St., London WC 2.

2.29 *Music Educators Journal.*
Seit 1914 (9 x jährlich). Hrsg. M. E. Bessom Music Educators National Conference, 1902 Association Drive Reston, VA 22091.

2.30 *Music in Education.*
Hrsg. Gordon Reynolds. Macmillan Journals Ltd., Great Britain.

2.31 *Music Journal.*
Seit 1943 (10 x jährlich). Hrsg. R. Cumming. Music Journal Inc., 370 Lexington Ave, New York 10017.

2.32 *Music Leader.*
Seit 1966 (4 x jährlich). Hrsg. T. Butler. Southern Baptist Conv., 127 Ninth Ave., Nashville, TN 37243.

2.33 *Music Teacher.*
Seit 1922 (12 x jährlich). Hrsg. D. Renouf. Evans Bros., Montague House, Russel Sq, London WC1B 5BX.

2.34 *Musikerziehung.*
Seit 1947 (5 x jährlich). Hrsg. E. Würzl. Österreichisch. Bundesvlg., Schwarzenbergstr. 5, Wien 1.

2.35 *Musikerziehung in der Schule.*
Vorträge der ersten Bundes-Schulmusikwoche Mainz 1955. Hrsg. Egon Kraus. Schott, Mainz.

2.36 *Musik im Unterricht.*
Schott, Mainz.

2.37 *Musik in der Schule.*
Seit 1949 (12 x jährlich). Hrsg. G. Diezel. VEB Volk und Wissen, Lindenstr. 54a, Berlin-Ost.

2.38 *Musik in Schule und Gesellschaft.*
Vorträge der 9. Bundesschulmusikwoche, Kassel 1972. Hrsg. Egon Kraus. Schott, Mainz.

2.39 *Musikpädagogik.*
Forschung und Lehre. Hrsg. Sigrid Abel-Struth. Schott, Mainz.

2.40 *Musik und Bildung.*
Zeitschrift für Theorie und Praxis der Musikerziehung. Seit 1969 (12 x jährlich). Hrsg. E. Kraus / G. Noll. Schott, Mainz.

2.41 *Musik und Individuum.*
Musikpädagogische Theorie und Unterrichtspraxis. Vorträge der 10. Bundesschulmusikwoche, München 1974. Hrsg. Egon Kraus. Schott, Mainz.

2.42 *Musik und Medizin.*
Organ für Musik und Musiktherapie. Verlag Musik + Medizin GmbH, Neu-Isenburg.

2.43 *Musique en Jeu.*
Seit 1970 (4 x jährlich). Hrsg. D. Jameux. Editions du Seuil, 27 rue Jacob, F 75006 Paris.

2.44 *Muzika.*
Seit 1956 (4 x jährlich). Hrsg. Reich-Ribar. Udruzenje Muzickih Pedag. Hrvatske, Socijalisticke Revolucije, 17 Zagreb, Jugoslawien.

2.45 *Neue Musikzeitung.*
Seit 1952 (6 x jährlich). Hrsg. B. Bosse. G. Bosse Verlag, Regensburg.

2.46 *Popular Music and Society.*
Seit 1972 (4 x jährlich). Hrsg. R. S. Denisoff. Bowling Green State Univ., Bowling Green, OH 43403, USA.

2.47 *Psychology of Music.*
Seit 1973 (jährlich). Hrsg. A. Hickman. University of Manchester, M13 9 PL, England.

2.48 *Reihe Curriculum Musik.*
Hrsg. R. Frisius u. a. Ernst Klett Verlag, Stuttgart.

2.49 *Reihe Musik und Schule.*
Berlin.

2.50 *Rote Reihe.*
Universal Edition, Wien.

2.51 *School Musician Director and Teacher.*
Seit 1929 (10 x jährlich). Hrsg. F. L. McAllister, P. O. Box 245, Joliet, IL 60431, USA.

2.52 *Schriften zur Musikpädagogik.*
Möseler Verlag, Wolfenbüttel.

2.53 *Schule ohne Musik?*
Musik und Musikunterricht in der Bildungsplanung — Analysen und Perspektiven. Vorträge der 11. Bundesschulmusikwoche, Düsseldorf 1976. Hrsg. Egon Kraus. Schott, Mainz.

2.54 *Schweizerische Musikzeitung.*
Seit 1861 (6 x jährlich). Hrsg. Gesellschaft Schweizerische Musikzeitung (Schweizerischer Tonkünstlerverein / Schweizerischer Musikpädagogischer Verband). Verlag Hug & Co., Postfach, 8022 Zürich.

2.55 *South African Music Teacher.*
Seit 1931 (jährlich). Hrsg. M. Whiteman. Box 68284, Bryanston 2021, South Africa.

2.56 *Vorträge der VIII. Arbeitstagung in Lindau 1955.*
Hrsg. Institut für neue Musik und Musikerziehung in Darmstadt. Hagnau 1955.

2.57 *Workshop.*
Eine Reihe für junge Ensembles. Schott, Mainz.

2.58 *Zeitschrift für Musikpädagogik.*
Seit 1976 (2 x jährlich). Hrsg. Klaus-Ernst Behne, Walter Gieseler u. a. Gustav Bosse Verlag, Regensburg.

2.59 *Zeitschrift für Musiktheorie.*
Seit 1970 (2 x jährlich). Hrsg. P. Rummenhöller. Döring, Herrenberg.

2.60 *Zeitschrift für Spielmusik.*
Eine Materialsammlung für das praktische Musizieren mit allerlei Instrumenten in Schule, Musikunterricht und Spielkreis.

3 Literatur zur Musikerziehung allgemein

3.01 Didaktik – Methodik – Grundsätzliches (Situation, Ziele, Probleme)

3.01.001 Abel-Struth, Sigrid:
Aktualität und Geschichtsbewusstsein der Musikpädagogik.
In: Musikpädagogik 9 (Vgl. 2.39).

3.01.002 Abel-Struth, Sigrid:
Kriterien einer neuen Musikdidaktik der Grundstufe.
In: E. Kraus (Hrsg.): Bildungsziele und Bildungsinhalte des Faches Musik.
Mainz 1970, S. 109–119.

3.01.003 Abel-Struth, Sigrid:
Materialien zur Entwicklung der Musikpädagogik als Wissenschaft.
In: Musikpädagogik 1 (Vgl. 2.39).

3.01.004 Abel-Struth, Sigrid:
Versuch über die Möglichkeiten einer Konvergenz von Musik und Pädagogik.
In: Forschung i. d. Musikerziehung 1 (Vgl. 2.17).

3.01.005 Abel-Struth, Sigrid:
Zieltheoretische Ansätze des Musiklernens.
Kommentierte Dokumentation. In: Musikpädagogik 12 (vgl. 2.39).

3.01.006 Abel-Struth, Sigrid:
Zur Didaktik der musikalischen Grundausbildung.
In: Fortschritt und Rückbildung in der deutschen Musikerziehung (Vgl. 2.18).

3.01.007 Alt, Michael:
Didaktik der Musik.
Düsseldorf 1968.

3.01.008 Alt, Michael:
Die Funktionsfelder des Musikunterrichtes und ihre Integration.
In: Musik und Bildung 3, 1969 (Vgl. 2.40).

3.01.009 Alt, Michael:
Die Mitsprache der Pädagogik bei der Zielproblematik des neuen Musikunterrichts.
In: Musik und Bildung 5, 1971 (Vgl. 2.40).

3.01.010 Alt, Michael:
Unterrichtsziele der Gymnasial-Oberstufe.
In: Kraus, E. (Hrsg.): Bildungsziele und Bildungsinhalte des Faches Musik. Mainz 1970.

3.01.011 Alt, Michael:
Zur wissenschaftlichen Grundlegung des Musikunterrichtes.
In: Fortschritt und Rückbildung in der deutschen Musikerziehung (Vgl. 2.18).

3.01.012 Amar, Liko:
Neue Wege der Musikpädagogik.
In: Musik im Unterricht 46, 1955, S. 105—106 (Vgl. 2.36).

3.01.013 Amrhein, Franz:
Neue Wege in der Musikerziehung.
In: Lebenshilfe 13, 1974, 1, S. 24—28.

3.01.014 Amtmann, Paul:
Musikerziehung.
In: Anregung 9, München 1963, S. 145—149.

3.01.015 Amtmann, Paul:
Musische Erziehung und musikalische Erziehung.
In: Die Schulfamilie 14, München 1965, 5, S. 6—9.

3.01.016 Antholz, Heinz:
Kalamitäten musikalischer Grundausbildung.
In: Musik und Bildung 7, 1975, 7/8, S. 360—368 (Vgl. 2.40).

3.01.017 Antholz, Heinz:
Konflikte in der Musikdidaktik — Konfliktdidaktik der Musik.
In: Musikerziehung 29, 1975/76, 2 und 3 (Vgl. 2.34).

3.01.018 Antholz, Heinz:
Unterricht in Musik.
Ein historischer und systematischer Aufriss seiner Didaktik. Schwann,
Düsseldorf 1970.

3.01.019 Antholz, H. / Gundlach, W. (Hrsg.):
Musikpädagogik heute — Perspektiven — Probleme — Positionen.
Düsseldorf 1975.

3.01.020 Arbeitsgemeinschaft für Musikerziehung und Musikpflege:
Zur Notlage der Musikerziehung und Musikpflege.
Kassel 1953.

3.01.021 Auerbach, Lore:
Musiklehre — Musik-lernen.
In: Die Musikschule 3 (Vgl. 2.14).

3.01.022 Auerbach, L. / Stumme, W. (Hrsg.):
Musikalische Grundausbildung.
Beiträge zur Didaktik. In: Die Musikschule 3 (Vgl. 2.14).

3.01.023 Bachmann, Claus-Henning:
Standort und Wege der Musikerziehung.
Erkenntnisse und Pläne auf verschiedenen Kongressen. In: Kulturarbeit 9,
Köln 1957, S. 130—132.

3.01.024 Beckmann, Peter:
Der gekürzte Musikunterricht und die Folgen.
Musik als Faktor der Gesundheitsbildung — Gefährliche Einschränkung.
In: Neue Musikzeitung 23, 1974, 2, S. 1—24 (Vgl. 2.45).

3.01.025 Benzing-Vogt, Irmgard:
Methodik der elementaren Musikerziehung.
Pelikan, Zürich 1966.

3.01.026 Berekoven, Hanns:
Musikerziehung.
Methodisch-didaktische Anleitung für den Musikunterricht in der Schule.
Schwann, Düsseldorf 1952.

3.01.027 Berekoven, Hanns:
Musikerziehung in der Schule.
Schwann, Düsseldorf 1950.

3.01.028 Bimberg, S.:
Methodisch-didaktische Grundlagen der Musikerziehung.
In: Handbuch der Musikerziehung 3. Leipzig 1968, Kapitel 7.

3.01.029 Binkowski, Bernhard:
Aufgabe und Bedeutung des schulischen Musikunterrichts für die musikalische Breitenbildung.
In: Musik und Bildung 8, 1976, 3, S. 130–132 (Vgl. 2.40).

3.01.030 Binkowski, Bernhard:
Schulreform in der Sicht der Musikerziehung.
In: E. Kraus (Hrsg.): Der Einfluss der technischen Mittler auf die Musikerziehung unserer Zeit. Mainz 1968.

3.01.031 Blaukopf, Kurt:
Der Musikunterricht in der Pflichtschule und dessen Beitrag zur geistigen und körperlichen Bildung der Jugend.
In: Musikerziehung 20, 1967, 4, S. 209–212 (Vgl. 2.34).

3.01.032 Blaukopf, Kurt:
Musik in der Schule — braucht man das wirklich?
In: Musik und Bildung 7/8, 1969 (Vgl. 2.40).

3.01.033 Blaukopf, Kurt:
Musik in der Schule. Musik in der Gesellschaft.
Mit Abb. In: HiFi-Stereophonie 13, 1974, 2, S. 142–146, Braun, Karlsruhe.

3.01.034 Blaukopf, Kurt:
Neue musikalische Verhaltensweisen der Jugend.
In: Musikpädagogik 5 (Vgl. 2.39).

3.01.035 Blaukopf, Kurt:
Schulversuch — Kulturversuch — Musikversuch.
Lit.-Verzeichnis. In: HiFi-Stereophonie 15, 1976, 8, S. 808–813, Braun, Karlsruhe.

3.01.036 Borris, Siegfried:
Die neuen Wirklichkeiten für den Unterricht in Musik.
In: Musik und Bildung 1, 1969 (Vgl. 2.40).

3.01.037 Brändle, Walter:
Warum wird das Fach Musik abgewählt?
In: Fortschritt und Rückbildung . . . (Vgl. 2.18).

3.01.038 Breckoff, Werner:
,,Sensibilisieren" ist modern.
Wird Hörerziehung Mittelpunkt des Musikunterrichts? In: Neue Musikzeitung 23, 1974, 1, S. 24 (Vgl. 2.45).

3.01.039 Bresgen, Cesar:
Musikerziehung.
Heinrichshofen, Wilhelmshaven 1975.

3.01.040 Brocklehurst, Brian:
Response to Music.
Principles of Music Education. Routledge & Kegan Paul, London 1971.

3.01.041 Brömse, Peter:
Die Integration der Musikpädagogik in die Musikwissenschaft.
Mit Abb. In: Musik und Bildung 7, 1975, 5, S. 244–246 (Vgl. 2.40).

3.01.042 Brömse, Peter:
Manipulation – Information – Emanzipation.
In: E. Kraus (Hrsg.): Bildungsziele und Bildungsinhalte des Faches Musik.
Mainz 1970.

3.01.043 Bumann, Ulrich:
Muss der Spass aufhören?
Überlegungen zum Musikunterricht an unsern Schulen. In: Musikhandel 26, 1975, 2, S. 69–70, Peters, Frankfurt / New York / London.

3.01.044 Busch, Werner:
Probleme und Aufgaben der klassenmässigen Erziehung im Musikunterricht.
In: Musik in der Schule 25, 1974, 4/5 (Vgl. 2.37).

3.01.045 Chevais, M.:
L'éducation musicale de l'enfance.
3 Bde. Paris 1937/43.

3.01.046 Dahlhaus, Carl:
Plädoyer für eine rationale Musikpädagogik.
In: Das Orchester 22, 1974, 9, S. 506–507, Schott, Mainz.

3.01.047 *Das Verhältnis von schulischer und ausserschulischer Musikerziehung.*
In: E. Kraus (Hrsg.): Schule ohne Musik? (Vgl. 2.53).

3.01.048 Derbolav, J.:
Grundfragen der Musikdidaktik.
Ratingen 1967.

3.01.049 *Didaktik der Musik 1969 . . .*
(Vgl. 2.11).

3.01.050 *Didaktik der Musik 1970 . . .*
(Vgl. 2.12).

3.01.051 *Didaktische Theorie und Praxis des Musikunterrichts.*
In: Musik und Individuum (Vgl. 2.41).

3.01.052 *Die gegenwärtige Situation der Musikerziehung vom Kindergarten bis zur Erwachsenenbildung.*
In: ISME 1, 1973 (Vgl. 2.21).

3.01.053 Distler-Brendel, Gisela:
Befähigung zum musikalischen Hören als zentrales Lernziel des Musikunterrichts.
Versuch einer Systematik der Hörerziehung. In: E. Kraus (Hrsg.): Bildungsziele und Bildungsinhalte des Faches Musik. Mainz 1970.

3.01.054 Distler-Brendel, Gisela:
Marginalien zum Oldenburger Versuch.
In: Musik und Bildung 7, 1975, 7/8, S. 355–356 (Vgl. 2.40).

3.01.055 Ehrenforth, Karl Heinrich:
Musik in der Schule – ein Stiefkind der Bildungsplanung?
In: Musik und Bildung 8, 1976, 3, S. 126–130 (Vgl. 2.40).

3.01.056 Ehrenforth, Karl Heinrich:
Verstehen und Auslegen.
Die hermeneutischen Grundlagen einer Lehre von der didaktischen Interpretation der Musik. Diesterweg, Frankfurt a. M., Berlin, München 1971.

3.01.057 Eicke, Kurt-Erich:
Bildungsziel und Stoffplan der Musikerziehung an der Realschule im Licht neuer pädagogischer Strömungen.
In: Fortschritt und Rückbildung in der deutschen Musikerziehung (Vgl. 2.18).

3.01.058 Eicke, Kurt-Erich:
Die Evaluation des Musikunterrichts.
In: Forschung in der Musikerziehung 7/8, 1972 (Vgl. 2.17).

3.01.059 Eicke, Kurt-Erich:
Musikverhalten und Musikpädagogik unter verschiedenen kulturellen Bedingungen.
Mit Abb. In: Zeitschrift für Musikpädagogik 1, 1976, 1, S. 17–25 (Vgl. 2.58).

3.01.060 Erpf, Hermann:
Neue Wege der Musikerziehung.
Schwab Verlag, Stuttgart 1953.

3.01.061 Fährmann, Rudolf:
Neue Wege in der Musikpädagogik.
In: Schule und Gegenwart 2, München 1950, 12, S. 34–41.

3.01.062 Fellerer, Karl Gustav:
Musik in Haus, Schule und Heim.
Fribourg 1938.

3.01.063 Fellerer, Karl Gustav:
Musikerziehung und Musikleben.
In: Musik im Unterricht 44, 1953, S. 33–36 (Vgl. 2.36).

3.01.064 Finkel, Klaus:
Musikpädagogik heute.
Untersuchungen, Vorträge und Diskussionspapiere zu Fragen der heutigen Musikerziehung. Ein Repertorium zur gegenwärtigen Situation der Musikerziehung. Möseler, Wolfenbüttel 1975.

3.01.065 Fisch, S.:
Musikerziehung.
In: Lexikon der Pädagogik in 3 Bänden 2, Bern 1951.

3.01.066 Fischer, Hans:
Handbuch der Musikerziehung . . .
(Vgl. 1.04).

3.01.067 Fischer, Hans:
Musikerziehung in der Grundschule.
Berlin 1958.

3.01.068 Fischer, Kurt von:
Die erzieherische Aufgabe der Musik.
In: Musica 15, Kassel 1961, S. 60–65.

3.01.069 Fitz, O.:
Vom Elend unseres Musikstudiums.
In: Musikerziehung 21, 1968, 3, S. 119–122 (Vgl. 2.34).

3.01.070 Forneberg, Erich:
Gedanken zur Musik und Musikerziehung von Platon bis zur Gegenwart.
In: Musica 19, Kassel 1965, S. 49–53.

3.01.071 Friedl, Alfred:
Musik und Musikerziehung auf dem Weg ins Ungewisse?
Kulturkritische Analysen – kulturpolitische Konsequenzen. dipa-Verlag, Frankfurt/M. 1974.

3.01.072 Frisius, R.:
Musiktheorie und Musikpädagogik.
In: Forschung in der Musikerziehung 5/6, 1971 (Vgl. 2.17).

3.01.073 Fritsch, Johannes:
Musikalische Praxis.
In: R. Stephan (Hrsg.): Schulfach Musik, Schott, Mainz 1976, S. 52–57.

3.01.074 Furck, Carl-Ludwig:
Reform oder Restauration des Schulwesens?
In: Fortschritt und Rückbildung ... (Vgl. 2.18).

3.01.075 Gabschuss, Klaus:
Notwendigkeit und Problematik eines musikpädagogischen Programms.
In: Musik im Unterricht 49, 1958, S. 1–5 (Vgl. 2.36).

3.01.076 Garretson, Robert L.:
Music in Childhood Education.
Prentice-Hall, Englewood Cliffs N. J. 1976.

3.01.077 Gieseler, Walter:
Grundriss der Musikdidaktik.
A. Henn Verlag, Ratingen/Kastellaun 1973.

3.01.078 Gohl, Willi:
Die Musik in der Schule.
In: Musik und Bildung 6, 1971 (Vgl. 2.40).

3.01.079 Gohl, Willi:
Musikerziehung heute.
Schweiz. Jugend Verlag und Euler Verlag, Stuttgart 1969.

3.01.080 Götsch, Georg:
Musikalische Erziehung oder musikalische Bildung?
In: Der evangelische Erzieher 5, Frankfurt 1953, S. 245–250.

3.01.081 Gremlich, Willi:
Gedanken zur Musikerziehung.
In: Welt des Kindes 45, München 1967, S. 22–25.

3.01.082 Grössel, Heinrich:
Ein aussichtsloser Kampf?
In: Musica 6, Kassel 1952, S. 291–297.

3.01.083 Grössel, Heinrich:
Musikpädagogische Besinnung.
In: Musica 14, Kassel 1960, S. 485–488.

3.01.084 Gruhn, W.:
Musikerziehung ohne Musik?
Möglichkeiten einer wissenschaftlichen Begründung der Musikerziehung.
In: Musik und Bildung 6, 1969 (Vgl. 2.40).

3.01.085 Gundlach, Willi:
Musikdidaktik im Zusammenhang versuchsbegleitender Forschung.
In: Musik in Schule und Gesellschaft . . . (Vgl. 2.38).

3.01.086 Gundlach, Willi:
Musikunterricht in der allgemeinbildenden Schule – Probleme der Integration und Differenzierung.
In: Musica 29, Kassel 1975, 5, S. 400–403.

3.01.087 Günther, U.:
Der Einfluss der technischen Mittler auf die Musikdidaktik.
In: Der Einfluss der technischen Mittler auf die Musikerziehung unserer Zeit. Mainz 1968.

3.01.088 Günther, U.:
Musikhören – das musikpädagogische Hauptproblem der Gegenwart?
In: Musik und Bildung 1970, 4 (Vgl. 2.40).

3.01.089 Günther, U.:
Zur Neukonzeption des Musikunterrichts.
In: Forschung in der Musikerziehung 5/6, 1971 (Vgl. 2.17).

3.01.090 Hahn, R.:
Grundsätze für die musikalische Bildung.
In: Musik und Bildung 1969, 3 (Vgl. 2.40).

3.01.091 Hanselmann, H.:
Kind und Musik.
Rotapfel-Verlag, Zürich 1952.

3.01.092 Hartwich, D.:
Woran Musikunterricht auch heute noch krankt.
In: Musik und Bildung 4, 1972, 10, S. 478–480 (Vgl. 2.40).

3.01.093 Haupt, Wolfgang:
Für das Schuljahr 1975/76: Methodische Hinweise für die Klassen 11 und 12. Stark überarb. Neuaufl.
In: Musik in der Schule 26, 1975, 6, S. 221–226 (Vgl. 2.37).

3.01.094 Heindrichs, H. A.:
Kunst in einer verwissenschaftlichenden Welt?
In: Forschung in der Musikerziehung 2, 1969 (Vgl. 2.17).

3.01.095 Heindrichs, H. A.:
Musikerziehung und musikalische Wirklichkeit.
In: Musik und Bildung 1972, 3 (Vgl. 2.40).

3.01.096 Heise / Hopf / Segler (Hrsg.):
Quellentexte zur Musikpädagogik.
Bosse-Musik-Paperback 1, Regensburg 1973.

3.01.097 Herrmann, Klaus E.:
Zum Neuaufbau der Musikerziehung.
In: Musica 5, Kassel 1951, S. 177–181.

3.01.098 Hirsch, Th.:
Musique et rééducation.
Neuchâtel 1966.

3.01.099 Hoffmann, Karl:
Die Bedeutung didaktischer Funktionen für die Gestaltung des Unterrichtsprozesses.
In: Musik in der Schule 26, 1975, 3, S. 90–96 (Vgl. 2.37).

3.01.100 Hoffmann, Karl:
Fachspezifische Methoden, Varianten und Verfahren für den Musikunterricht.
In: Musik in der Schule 26, 1975, 5, S. 167–168 (Vgl. 2.37).

3.01.101 Hoffmann, Karl:
Methodische Grundformen des Musikunterrichts.
In: Musik in der Schule 26, 1975, 4, S. 136–140 (Vgl. 2.37).

3.01.102 Hoffmann, Karl:
Pädagogische Lesungen – auch im Fach Musik?
In: Musik in der Schule 26. 1975, 4, S. 146–147 (Vgl. 2.37).

3.01.103 Hoffmann, Karl:
Pädagogische Lesungen und Unterrichtspraxis.
Hinweise zu inhaltlichen Anliegen pädagogischer Lesungen im Fach Musik. In: Musik in der Schule 26, 1975, 5, S. 184–186 (Vgl. 2.37).

3.01.104 Hoffmann, Karl:
Zu Problemen des Musikunterrichts in den unteren Klassen.
Analysen zum Stand des Singens und zur Lehrplanrealisierung. In: Musik in der Schule 25, 1974, 12, S. 499–502 (Vgl. 2.37).

3.01.105 Hoffmann, Karl:
Zur Anwendung didaktischer Prinzipien im Musikunterricht.
In: Musik in der Schule 25, 1974, 7/8, S. 279–284 (Vgl. 2.37).

3.01.106 Hoffmann, K. / Bimberg, S.:
Das Ziel-Stoff-System des Musikunterrichts.
Vorabdruck aus: Fachmethodik Musik. In: Musik in der Schule 26, 1975, 10/11 (Vgl. 2.37).

3.01.107 Höhnscheidt, Marlene:
Musische Erziehung als ganzheitliches Unterrichtsprinzip.
Mit besonderer Betonung der Musik. In: Praxis der Volksschule 5, Bochum 1954, S. 409–415, 466–473.

3.01.108 Hopf, Helmuth:
Musikpädagogische Planung in einer musikgesättigten Gesellschaft.
In: Musikerziehung 28, 1974/75, 4, S. 157–162 (Vgl. 2.34).

3.01.109 Hopf, H. / Rauhe, H. (Hrsg.):
Schriften zur Musikpädagogik.
Möseler Verlag, Wolfenbüttel 1976.

3.01.110 Hörmann, Karl:
Studie zur Motivation im Musikunterricht.
Ein Beitrag zur Didaktik des psychophysischen Musikverstehens. Bosse, Regensburg 1977.

3.01.111 Howard, W.:
La musique et l'enfant.
Paris 1952.

3.01.112 Jakoby, Richard:
Neue Formen der Breitenarbeit und Auslese.
In: Musik und Bildung 1970, 1 (Vgl. 2.40).

3.01.113 Jakoby, Richard:
Zur Mikroneurose in der deutschen Musikerziehung.
In: E. Kraus (Hrsg.): Der Einfluss der technischen Mittler auf die Musikerziehung unserer Zeit. Mainz 1968.

3.01.114 Jakoby, Richard:
Zwei Perspektiven und ein Kurzschluss.
Musikunterricht an allgemeinbildenden Schulen nicht vernachlässigen. In: Neue Musikzeitung 24, 1975, 3, S. 1–6 (Vgl. 2.45).

3.01.115 Jöde, Fritz:
Das kann ich auch.
Schott, Mainz 1953.

3.01.116 Jöde, Fritz:
Das schaffende Kind in der Musik.
Wolfenbüttel 1928.

3.01.117 Jöde, Fritz:
Kind und Musik.
Berlin 1929.

3.01.118 Jöde, Fritz:
Musik und Erziehung.
Wolfenbüttel 1932.

3.01.119 Jöde, Fritz:
Vom Wesen und Werden der Jugendmusik.
Schott, Mainz 1954.

3.01.120 Jöns, Heinz Carsten:
Musikalische Erziehung, früher und heute.
In: Der Elternbrief 3, 1960, S. 184–186.

3.01.121 Kadelbach, Ada:
Schule ohne Musik?
Nachdenklich stimmende Eindrücke beim Besuch der 13. didacta in Nürnberg. Mit Abb. In: Das Musikinstrument 24, 1975, 5, S. 756–758, Bochinsky, Frankfurt a. M.

3.01.122 Keller, Wilhelm:
Einführung in „Musik für Kinder".
Mainz 1954.

3.01.123 Keller, Wilhelm:
Musikerziehung.
In: Bornemann / Mann-Tiechler (Hrsg.): Handbuch der Sozialerziehung 3.
Freiburg 1964.

3.01.124 Keller, Wilhelm:
Musikerziehung als aktuelle Aufgabe.
In: Musik im Unterricht 47, 1956, S. 151–153 (Vgl. 2.36).

3.01.125 Keller, Wilhelm:
Progressive Musikpädagogik?
Kritische Stellungnahme zu einer Rundfunkdiskussion mit Theodor
W. Adorno. In: Musik im Unterricht 50, 1959, S. 9.13 (Vgl. 2.36).

3.01.126 Keller, Wilhelm:
Spielraum, Spielerfahrung und Leistungsforderung.
In: Die Musikschule 3 (Vgl. 2.14).

3.01.127 Kelterborn, Rudolf:
Und die Musik in unserer Zeit?
In: Musik und Bildung 6, 1974, 2, S. 116 (Vgl. 2.40).

3.01.128 Kemmelmeyer, Karl-Jürgen:
Anthropologie und die Musikerziehung.
Stellungnahme zu Norbert Linkes Aufsatz. In: Neue Musikzeitung 23,
1974, 6 (Vgl. 2.45).

3.01.129 Kirchner, G.:
*Hören und Musizieren als didaktisches Problem im Zeitalter der Massen-
medien,* aufgezeigt am Beispiel der Kunstmusik.
In: Fortschritt und Rückbildung in der deutschen Musikerziehung . . .
(Vgl. 2.18).

3.01.130 Klinkhammer, R. / Weyer, R.:
*Einführung in die Synopse „Musikpädagogik in der Studienreform /
Situationsanalyse der Musikpädagogik im Tertiärbereich.*
Stand: Sommersemester 1975". In: Forschung in der Musikerziehung
1976 (Vgl. 2.17).

3.01.131 Klöckner, Dieter:
Modellversuch „Grundschule mit Schwerpunkt Musik".
Bericht über einen Schulversuch im Primarbereich. In: Musik und Bil-
dung 6, 1974, 9, S. 511–513 (Vgl. 2.40).

3.01.132 Klusen, Ernst:
Musikverständnis ohne Notenkenntnis.
Voraussetzungslose Hinführung zur Musik in höheren Schuljahren und in
der Erwachsenenbildung. 3 Lehrgänge und einige Vorüberlegungen.
Lienau, Berlin-Lichterfeld 1975.

3.01.133 Koch, Peter:
Funktionen schulischen Musikmachens.
In: Das Orchester 24, 1976, 1, S. 1–5, Schott, Mainz.

3.01.134 Koch, Peter:
Im Labyrinth der Musikerziehung.
In: Musik und Bildung 1970, 1 (Vgl. 2.40).

3.01.135 Kraemer, Rudolf-Dieter:
Musik seit 1950 und ihr Niederschlag in der musikdidaktischen Literatur.
Diss. Saarbrücken 1975.

3.01.136 Kraus, Egon (Hrsg.):
Bildungsziele und Bildungsinhalte des Faches Musik.
Mainz 1970.

3.01.137 Kraus, Egon (Hrsg.):
Der Einfluss der technischen Mittler auf die Musikerziehung unserer Zeit.
Mainz 1968.

3.01.138 Kraus, Egon:
Der Musikunterricht.
Wolfenbüttel 1955.

3.01.139 Kraus, Egon:
Die gemeinsame Aufgabe der Schul- und Privatmusikerziehung.
In: Musik im Unterricht 41, 1950, S. 37–40 (Vgl. 2.36).

3.01.140 Kraus, Egon:
Fortschritt und Rückbildung in der deutschen Musikerziehung.
In: Fortschritt und Rückbildung . . . (Vgl. 2.18).

3.01.141 Kraus, Egon:
Musik und Bildung in unserer Zeit.
In: Musik und Bildung in unserer Zeit. Mainz 1961.

3.01.142 Kraus, Egon:
Offene Fragen der Musikerziehung.
Geleitworte zur 5. Bundesschulmusikwoche. In: Musik im Unterricht 54,
1963, S. 133–137 (Vgl. 2.36).

3.01.143 Kraus, E. / Oberborbeck, F.:
Musik in der Schule.
7 Bde. Wolfenbüttel 1949–1957.

3.01.144 Kraus, E. / Schoch, R.:
Der Musikunterricht.
Beiträge zu einer Methodik. Wolfenbüttel 1955.

3.01.145 Kraus / Borris / Twittenhoff:
Das musikalische Bildungswesen im Spiegel neuer statistischer Erhebungen.
In: Musik und Bildung 1969, 1 (Vgl. 2.40).

3.01.146 Krause, Christoph:
Musikunterricht als auditive Wahrnehmungserziehung.
In: Musik in Schule und Gesellschaft (Vgl. 2.38).

3.01.147 Kretzschmar, H.:
Zur Notlage der Musikerziehung und Musikpflege.
Denkschrift. Berlin 1953.

3.01.148 Krones, Hartmut:
Musikerziehung heute und morgen.
Probleme eines unbequemen Faches. In: Österreichische Musikzeit-
schrift 30, 1975, 1/2, S. 9–14.

3.01.149 Krützfeldt, W. (Hrsg.):
Didaktik der Musik 1967.
Hamburg 1968.

3.01.150 Krützfeldt, W. (Hrsg.):
Didaktik der Musik 1969.
Hamburg / Wolfenbüttel / Zürich 1970.

3.01.151 Kube, G.:
Kind und Musik.
München 1965[2].

3.01.152 Kuentzel-Hansen, Margrit:
Musik mit Kindern.
Stuttgart 1973.

3.01.153 Kutzli, A.:
Musik: Millionenfach gefragt.
Dennoch Misstöne! In: Harmonika-Revue 43, 1976, 2, S. 80.

3.01.154 *La musique dans l'éducation.*
Conférence internationale sur le rôle et la place de la musique dans l'éducation de la jeunesse et des adultes. UNESCO & Armand Colin, Paris 1955.

3.01.155 *Lebensnahe Musikerziehung.*
Volk und Wissen, Volkseigener Verlag, Berlin 1957.

3.01.156 Lechner, A.:
Schulmusik als Erziehungs- und Bildungsprinzip.
In: H. Fischer (Hrsg.): Musikerziehung in der Grundschule. Berlin 1958.

3.01.157 Lemmermann, Heinz:
Musikunterricht.
Hinweise, Bemerkungen, Erfahrungen, Anregungen. Klinkhardt, Bad Heilbronn 1977.

3.01.158 Lenk, Bernhard:
Ein Beitrag zur musikästhetischen Diskussion.
In: Musik in der Schule 17, 1966, S. 56–61 (Vgl. 2.37).

3.01.159 Linke, Norbert:
Anthropologie und die Musikerziehung.
Plädoyer für eine therapeutisch orientierte Musikdidaktik. In: Neue Musikzeitung 23, 1974, 3, S. 37–40 (Vgl. 2.45).

3.01.160 Linke, Norbert:
Das Hohelied der Schulmusik mit Dissonanzen.
In: Musikhandel 26, 1975, 5, S. 200.

3.01.161 Linke, Norbert:
Nachbemerkung.
In: Neue Musikzeitung 24, 1975, 2 (Vgl. 2.45).

3.01.162 Linke, Norbert:
Philosophie der Musikerziehung.
Bosse Verlag, Regensburg 1976.

3.01.163 Linke, Norbert:
Schulmusikerziehung – eine Verlustrechnung?
Reflexionen zum Thema der Bundesschulmusikwoche 1976. In: Neue
Musikzeitung 25, 1976, 2, S. 1–29 (Vgl. 2.45).

3.01.164 Linke, Norbert:
Wertproblem und Musikerziehung.
Empirische Untersuchungen und Materialien zur Begründung einer „Wertdidaktik der Musik". Möseler, Wolfenbüttel u. Zürich 1977.

3.01.165 Longardt, W.:
Musikerziehung braucht Phantasie.
Essen 1968.

3.01.166 Lugert, Wulf Dieter:
Grundriss einer neuen Musikdidaktik mit Unterrichtsbeispielen.
Metzlersche Vbh., Stuttgart 1975.

3.01.167 Maier, H.:
Die Musik in der deutschen Bildungsdiskussion.
In: Musik und Bildung 1969, 1 (Vgl. 2.40).

3.01.168 Maneveau, Guy:
Musique et Education.
Edisud, Aix-en-Provence 1977.

3.01.169 Martin, Frank u. a.:
Congrès de l'enseignement élémentaire de la musique.
La Chaux-de-Fonds 1965.

3.01.170 Matthewes, Ernst:
Musik als Hilfe für die Jugend und den Menschen der Zukunft.
In: Musik im Unterricht 48, 1957, S. 204–207 (Vgl. 2.36).

3.01.171 Mayr-Kern, Josef:
Musikerziehung und die Harmonie im Humanum.
In: Musikerziehung 29, 1975/76, 1, S. 7–12 (Vgl. 2.34).

3.01.172 Mersmann, Hans:
Krise und Aufgabe heutiger Musikerziehung.
In: Musica 7, Kassel 1953, S. 11–14 und In: Musik im Unterricht 44,
1953, S. 2–5 (Vgl. 2.36).

3.01.173 Mersmann, Hans:
Probleme der Musikerziehung von heute.
Ein Gespräch im NWDR. In: Musik im Unterricht 43, 1952, S. 81–84
(Vgl. 2.36).

3.01.174 Mersmann, Hans:
Zeitfragen der Musikerziehung.
In: Die Schule 2, Hannover 1947, 3, S. 11–18.

3.01.175 Meyer, Heinz:
Musikerziehung in der Identitätskrise.
In: Musica 28, 1974, 1, S. 9–14.

3.01.176 Meyer, Heinz:
Plädoyer für eine Theorie der Musikdidaktik.
In: Musik und Bildung 7, 1975, 12, S. 631–635 (Vgl. 2.40).

3.01.177 Meyer, Wilfried:
Manipulation und Freiheit im Unterricht.
Wie werden wir mit dem schulischen Bildungsangebot fertig? In: Neue
Musikzeitung 23, 1974, 4, S. 23 (Vgl. 2.45).

3.01.178 Meyer-Denkmann, Gertrud:
Das Elementare und seine Elementarisierung im musikpädagogischen Prozess.
In: Institut für Frühpädagogik (Hrsg.): Musik und Bewegung im Elementarbereich. Kösel-Verlag, München 1974.

3.01.179 Moser, H. J.:
Grundfragen der Schulmusik.
Leipzig 1931.

3.01.180 Moser, H. J.:
Lebensvolle Musikerziehung.
Wien 1952.

3.01.181 Müller, Ernst:
Du und die Musik.
Gedanken zur musikalischen Erziehung. Hrsg. Musikschule und Konservatorium Basel 1946.

3.01.182 Müller-Blattau, Josef:
Grundfragen der Musikerziehung.
In: Schola. Offenburg 1948, S. 254–258.

3.01.183 *Musik als Aufgabe lebenslanger Erziehung.*
In: ISME 3, 1975/76 (Vgl. 2.21).

3.01.184 *Musik und Musikerziehung in der Bildungsplanung.*
In: Schule ohne Musik? (Vgl. 2.53).

3.01.185 *Musikunterricht.*
Methodisches Handbuch für den Lehrer. Volk und Wissen Volkseigener
Verlag. Berlin 1961.

3.01.186 Natale, Marco de:
Didaktische Aspekte der musikalischen Wahrnehmung und Kommunikation.
In: Musik und Bildung 6, 1974, 2, S. 97–102 (Vgl. 2.40).

3.01.187 Neuhäuser, Meinolf:
Theorie und Praxis einer ganzheitlichen Musikerziehung in der Grundschule.
Diesterweg, Frankfurt a. M. 1968.

3.01.188 Noack, Elisabeth:
Musikerziehung als Ausbildungs- und Prüfungsfach.
In: Musik im Unterricht 48, 1957, S. 5–8 (Vgl. 2.36).

3.01.189 Noll, Günther:
Lernmotivation und ihre Forschung – ein Existenzproblem des Musikunterrichts?
In: Musik und Bildung 7, 1975, 5, S. 238–243 (Vgl. 2.40).

3.01.190 Noll, Günther (Hrsg.):
Musikpädagogik in der Studienreform.
In: Forschung in der Musikerziehung 1976 (Vgl. 2.17).

3.01.191 Noll, Günther:
Zum Problem der Kommunikation im Musikunterricht.
In: Musik und Bildung 6, 1974, 2, S. 77–84 (Vgl. 2.40).

3.01.192 Nykrin, Rudolf:
Erfahrungserschliessende Musikerziehung.
Konzept – Argumente – Bilder. Bosse, Regensburg 1978.

3.01.193 Oldenmeyer, Klaus:
Erziehung zu Formgefühl.
Eine dringende Aufgabe der heutigen Musikpädagogik. In: Musik und Bildung 7, 1975, 6, S. 281 (Vgl. 2.40).

3.01.194 Otto, Hans:
Volksgesang und Volksschule.
Eine Didaktik. 2 Bde. Moeck, Celle 1957.

3.01.195 Pape, Heinrich:
Der ganzheitliche Weg im musikalischen Anfangsunterricht.
Möseler, Wolfenbüttel u. Zürich 1959.

3.01.196 Pape, W.:
Der Musikunterricht in der Sicht der Schüler.
In: Musik und Bildung 1973, 5 (Vgl. 2.40).

3.01.197 Paul, Heinz Otto:
Musikerziehung und Musikunterricht in Geschichte und Gegenwart.
Universitäts- und Schulbuchverlag Saarbrücken 1973.

3.01.198 Pöppel, K. G.:
Musik und Musikerziehung.
Sammelreferat. In: Vierteljahresschrift für wissenschaftliche Pädagogik 3, Münster i. Westfalen 1956, S. 301.

3.01.199 Preussner, Eberhard:
Allgemeine Musikerziehung.
Heidelberg 1959.

3.01.200 Preussner, Eberhard:
Wie studiere ich Musik?
Ein Ratgeber. Quelle & Meyer, Heidelberg 1962.

3.01.201 Rauhe, Hermann:
Hören und Musizieren als didaktisches Problem im Zeitalter der Massenmedien, aufgezeigt am Beispiel Lied-Schlager-Jazz.
In: Fortschritt . . . (Vgl. 2.18).

3.01.202 Rauhe, Hermann:
Hörerziehung als Hauptaufgabe des Musikunterrichts.
In: Musica 2, Kassel 1970.

3.01.203 Rauhe, Hermann:
Musikpädagogik als Didaktik musikalischer Kommunikation und Interaktion.
In: Bontinck / Brusatti (Hrsg.), Festschrift Kurt Blaukopf. Universal Edition, Wien 1975.

3.01.204 Rauhe, H. / Thiele, J.:
Handlungstheoretische Probleme musikpädagogischer Kommunikation.
In: Musikpädagogik 6 (Vgl. 2.39).

3.01.205 Rectanus, Hans Ed.:
Neue Ansätze im Musikunterricht.
Klett Verlag, Stuttgart 1972.

3.01.206 Regner, Hermann:
Pädagogische Musik.
In: Die Musikschule 3 (Vgl. 2.14).

3.01.207 Reichenauer, Helmut:
Schulmusikerziehung heute − Probleme und Aspekte.
In: Musik-Erziehung 27, 1973/74, 3, S. 103−105 (Vgl. 2.34).

3.01.208 Reinfandt, Karl-Heinz:
Praxis des Musikunterrichts und didaktischer Theorie.
In: Musik und Bildung 6, 1974, 12, S. 658−663 (Vgl. 2.40).

3.01.209 Richter, Christoph:
Musik als Spiel.
Orientierung des Musikunterrichtes. Ein didaktisches Modell. Möseler,
Wolfenbüttel 1975.

3.01.210 Richter, Christoph:
Musik in der Schule von heute und morgen.
In: Schule ohne Musik? (Vgl. 2.53).

3.01.211 Roscher, Wolfgang:
Lernziele ästhetischer Erziehung von Gesellschaft.
Ein Beitrag zur Musikdidaktik und ihrer Lernbereichsbegründung. In:
Musik in Schule und Gesellschaft (Vgl. 2.38).

3.01.212 Rosenstengel, Albrecht:
Die Praxis des Musikunterrichts in der Volksschule.
Weinheim 1966.

3.01.213 Roth, Friedrich:
Didaktische Theorie und Unterrichtspraxis.
In: Musik und Individuum (Vgl. 2.41).

3.01.214 Sabel, Hans:
Musikpädagogik heute.
Schwann, Düsseldorf 1975.

3.01.215 Schafer, Richard Murray:
The Rhinoceros in the Classroom.
UE, Wien 1975.

3.01.216 Scheidler, Bernhard:
Lebendige Musikerziehung.
Ehrenwirth 1971.

3.01.217 Schmidt, H.:
Die Kunst ist kein überflüssiger Luxus.
In: Musik und Bildung 1975, 6 (Vgl 2.40).

3.01.218 Schmidt, R.:
Funktionsziele des Musikunterrichts.
In: Musik und Bildung 1974, 4 (Vgl. 2.40).

3.01.219 Schmücker, Else:
Schule und musisches Leben.
Edition Merseburg, Berlin 1952.

3.01.220 Schoch ,R.:
Musikerziehung durch die Schule.
Luzern 1958².

3.01.221 Schollum, Robert:
Musikerziehung und Aktualitätsstreben.
In: Komponist und Musikerzieher 1975, 4, S. 5–8 (Vgl. 2.26).

3.01.222 Schröter, Heinz:
Musikpädagogik heute.
In: Musik im Unterricht 48, 1957, S. 261–265 (Vgl. 2.36).

3.01.223 Segler, H. / Abraham, L. U.:
Musik als Schulfach.
Schriftenreihe der PH Braunschweig, Ed. A. Beiss 13, Braunschweig 1966.

3.01.224 Sellmair, J.:
Musik und musische Bildung.
In: Pädagogische Welt 4, Donauwörth 1950, S. 505–514.

3.01.225 Siegenthaler, Hermann:
Der Musikpädagoge und die neuen musikalischen Verhaltensweisen der Jugend.
In: Schweizerische Musikzeitung 114, 1974, 6, S. 331–339 (Vgl. 2.54).

3.01.226 Silbermann, Alphons:
Beat oder Beethoven?
Befragung zum Musikunterricht. Mit Abb. In: Musik und Bildung 8, 1976, 3, S. 146–150 (Vgl. 2.40).

3.01.227 Silbermann, Alphons:
Zur Notlage der Musikerziehung und Musikpflege.
Kommentar zum Aufruf der Arbeitsgemeinschaft für Musikerziehung und Musikpflege. In: Musica 7, Kassel 1953, S. 486–500 und In: Musik im Unterricht 45, 1954, S. 7–13, 44–47 (Vgl. 2.36).

3.01.228 Small, Christopher:
Towards a philosophy.
I. Education and experts. In: Music in Education 39, 1975, 3, S. 110–112 (Vgl. 2.30). II. Metaphors and madness. In: Music in Education 39, 1975, 4, S. 163–164 (Vgl. 2.30).

3.01.229 Sowa, Georg:
Die Stunde der Übergabe.
Plädoyer für Musikunterricht an Schulen und Musikschulen. In: Musik und Bildung 1974, 3 (Vgl. 2.40).

3.01.230 Sowa, Georg:
Ideologie und Ideologie-Kritik im neueren musikpädagogischen Schrifttum.
In: Musik und Bildung 6, 1974, 2, S. 92–96 (Vgl. 2.40).

3.01.231 Sowa Georg:
*Traum und Wirklichkeit der neuhumanistischen musikalischen Bildungs-
konzeption.*
In: Forschung i. d. Musikerziehung 1974 (Vgl. 2.17).

3.01.232 Stephan, Rudolf (Hrsg.):
Schulfach Musik.
Schott, Mainz 1976.

3.01.233 Sunderman, Lloyd Frederick:
New Dimensions in Music Education.
Scarecrow Press, Metuchen, N. J. 1972.

3.01.234 Suttner, Kurt:
Theorie, Praxis und neue Widersprüche.
Ein Nachtrag zur Bundesschulmusikwoche 1974. In: Neue Musikzei-
tung 24, 1975, 1, S. 22–23 (Vgl. 2.45).

3.01.235 Sydow, Kurt:
Musik in Volksschule und Lehrerbildung.
Bärenreiter, Basel 1961.

3.01.236 Sydow, Kurt:
Wege elementarer Musikerziehung.
Kassel 1955.

3.01.237 Taubald, Richard:
Affektive Lernziele im Musikunterricht.
In: Schule ohne Musik? (Vgl. 2.53).

3.01.238 Taubald, Richard:
Auch über Gefühle lässt sich reden.
Das Fach Musik kann auf affektive Lernziele nicht verzichten. In: Neue
Musikzeitung 24, 1975, 3, S. 22 (Vgl. 2.45).

3.01.239 Taubald, Richard:
Wie macht man Schüler neugierig?
Motivation im Musikunterricht – Überlegungen zum Unterricht. In: Neue
Musikzeitung 23, 1974, 4, S. 22 (Vgl. 2.45).

3.01.240 Tepp, Max:
Die Bedeutung der Musik für die Erziehung des Menschen.
In: Der deutsche Lehrer im Ausland 11, München 1964, S. 225–228.

3.01.241 Teuscher, H.:
Lebensvoller Musikunterricht.
Heilbronn 1953.

3.01.242 *The Third International Seminar on Research in Music Education* / Das
Dritte Internationale Musikpädagogische Forschungsseminar Gummers-
bach 1972.
Edition ISME Research Series 1 (Vgl. 2.21).

3.01.243 Thiessen, H.:
Grundlage musikalischer Bildung.
Vieweg, Berlin 1930.

3.01.244 Thomas, W.:
Das Problem des Elementaren in der Musikerziehung.
In: Derbolav, J. (Hrsg.): Grundlagen der Musikdidaktik. Ratingen 1967.

3.01.245 Timmermann, Johannes:
Was erwarten die Fachdidaktiker von der zukünftigen Musikdidaktik?
In: Musik und Bildung 7, 1975, 5, S. 252–257 (Vgl. 2.40).

3.01.246 Tschache, Helmut:
Musikunterricht in der Sekundarstufe II.
Möseler, Wolfenbüttel u. Zürich 1976.

3.01.247 Tschache, Helmut:
Reformabsicht und Reformwirklichkeit.
Aus Hamburg: Zwischenbilanz für das Fach Musik in der Oberstufe. In:
Neue Musikzeitung 23, 1974, 2, S. 23 (Vgl. 2.45).

3.01.248 Tschakert, Irmgard:
Musikunterricht ohne Gefühl – Zur Affektwirkung von Musik.
In: Musik und Bildung 6, 1974, 5, S. 296–298 (Vgl. 2.40).

3.01.249 Twittenhof, Walter:
Musikalische Entwicklungshilfe.
In: Musik im Unterricht 58, 1967, 5, S. 149–154 (Vgl. 2.36).

3.01.250 Twittenhof, Walter:
Musikerziehung eine öffentliche Angelegenheit.
In: Kulturarbeit 15, Köln 1963, S. 3–6.

3.01.251 Twittenhof, Walter:
Musikerziehung heute.
In: Unsere Jugend 12, München 1960, S. 2–10.

3.01.252 Twittenhoff, Wilhelm:
Musikalische Bildung.
Schott, Mainz 1972.

3.01.253 Vea, K. / Leren, O.:
Musikpedagogisk Grunnbok.
Norsk Musikforlag, Oslo 1972.

3.01.254 Venus, Dankmar:
Unterweisung im Musikhören.
Beiträge zur Fachdidaktik 8. Henn, Wuppertal 1969.

3.01.255 Villiger, Edwin:
Gegenwartsnahe Musikerziehung.
In: Schweizerische Musikzeitung 108, 1968, 3, S. 173–177 (Vgl. 2.54).

3.01.256 Vogelsänger, Siegfried:
Musik als Unterrichtsgegenstand der Allgemeinbildenden Schule.
Didaktische Analysen – Methodische Anleitungen. Mainz 1970.

3.01.257 Voss, Otto:
Methodik des Musikunterrichts für das 5. bis 7. Schuljahr des Gymnasiums.
In: Beiträge zur Schulmusik 8 (Vgl. 2.04).

3.01.258 Vulliamy, Graham:
Pupil-centred music teaching.
In: L. Vulliamy: Pop music in school. Cambridge University Press, Cambridge 1976, S. 49–61.

3.01.259 Waldmann, Guido:
Acht Thesen der Musikerziehung.
In: Musik im Unterricht 49, 1958, S. 281–285 (Vgl. 2.36).

3.01.260 Warner, Theodor:
Handwerkslehre der Musikerziehung.
Bärenreiter, Kassel u. Basel 1954.

3.01.261 Warner, Theodor:
Kunsterziehung als Widerstand.
In: Musik im Unterricht 50, 1959, S. 268–270 (Vgl. 2.36).

3.01.262 Warner, Theodor:
Musische Erziehung zwischen Kult und Kunst.
In: Beiträge zur Musikerziehung 3. Carl Merseburger Verlag, Berlin/Darmstadt 1954.

3.01.263 Wasgindt, Hans:
Einstellung und Einstellungsbildung – pädagogische Aspekte für den Instrumental- und Gesangsunterricht.
In: Musik in der Schule 26, 1975, 1, S. 24–29 (Vgl. 2.37).

3.01.264 Weidmann, Ernst:
Zur Problematik der Musiklehre im Musikunterricht der Volksschule.
In: Musikerziehung 28, 1974/75, 4, S. 165–172 (Vgl. 2.34).

3.01.265 Weiss, Günther:
Zwischen Wunsch und Wirklichkeit.
Wo steht heute die Schulmusik? In: Neue Musikzeitung 25, 1976, 2, S. 1–25 (Vgl 2.45).

3.01.266 Werlé, Heinrich:
Musik im Leben des Kindes.
Ehlermann, Dresden 1949.

3.01.267 Wiedemann, Herbert:
Zur Funktionsbestimmung der Musikpädagogik.
Reformen müssen aktuelle Probleme bewältigen. In: Neue Musikzeitung 23, 1974, 1, S. 22 (Vgl. 2.45).

3.01.268 Willems, Edgar:
Different kinds of consciousness in music education.
Mit Abb. In: International Music educator 1972, 2, S. 12–14. (Sbh 20).

3.01.269 Willems, Edgar:
La valeur humaine de l'éducation musicale.
Ed. Pro Musica, Bienne 1975.

3.01.270 Willems Edgar:
L'éducation musicale nouvelle.
Lausanne 1944.

3.01.271 Wiora, Walter:
Das deutsche Musikleben und die Situation der Zeit.
In: Musikalische Zeitfragen 1, Kassel 1956.

3.01.272 Wiora, Walter:
Musik im Wandel von Freizeit und Bildung.
Bärenreiter, Kassel u. Basel 1957.

3.01.273 Wittgen, H.:
Musikunterricht ist Service am Kunden.
In: Musikhandel 26, 1975, 1, S. 9–10.

3.01.274 Wolfensberger, Rita:
Der Zeitfaktor im Musikunterricht.
In: Schweizerische Musikzeitung 114, 1974, 5, S. 275–280 (Vgl. 2.54).

3.01.275 Wörner, Karl H.:
Wozu Musik?
In: Musik im Unterricht 45, 1954, S. 201–204 (Vgl. 2.36).

3.01.276 Wunder, Wolfgang:
Für ein hohes Niveau des Unterrichts.
In: Musik in der Schule 27, 1976, 1, S. 1–2 (Vgl. 2.37).

3.01.277 Zehetmair, Helmut:
Zur Praxis koordinierter und kooperativer Musikerziehung.
In: Musikerziehung 29, 1975/76, 5, S. 197–200 (Vgl. 2.34).

3.01.278 *Zieltheoretische Ansätze des Musiklernens.*
Kommentierte Dokumentation. In: Musikpädagogik 12 (Vgl. 2.39).

3.01.279 Zimmerschied, D.:
Musikalische Breitenwirkung und Begabtenförderung – Gegensatz oder Ergänzung?
In: Musik und Bildung 1976, 3 (Vgl. 2.40).

3.02 Soziologische, politische und psychologische Aspekte der Musikerziehung

3.02.001 Abel-Struth, Sigrid:
Musikalische Sozialisation.
Musikpädagogische Aspekte. In: Musik und Individuum (Vgl. 2.41).

3.02.002 Abel-Struth, Sigrid:
Musik als Lebenshilfe.
In: Berufspädagogische Zeitschrift 6, Braunschweig 1957, S. 170–171.

3.02.003 Abel-Struth, Sigrid:
Über musikalische Sozialisation.
Musikpädagogische Überlegungen im Zusammenhang der Erforschung musikalischer Verhaltensweisen. In: Forschung i. d. Musikerziehung 1974 (Vgl. 2.17).

3.02.004 Abel-Struth, Sigrid:
Zur musikalischen Sozialisation des jungen Kindes, unter besonderer Berücksichtigung des Kinderliedes.
In: Institut für Frühpädagogik (Hrsg.): Musik und Bewegung im Elementarbereich. Kösel-Verlag, München 1974.

3.02.005 Adorno, Theodor W.:
Typen musikalischen Verhaltens.
In: Einleitung in die Musiksoziologie. Frankfurt a. M. 1968, S. 12–30.

3.02.006 Adorno, Theodor W.:
Zum Bildungsbegriff der Gegenwart.
Frankfurt a. M. 1967.

3.02.007 Antholz, Heinz:
Zur politisch-ästhetischen Erziehung.
Perspektiven und Probleme. In: Musik und Bildung 1972, 11 (Vgl. 2.40)
und In: Musik in Schule und Gesellschaft (Vgl. 2.38).

3.02.008 Auerbach, Lore:
Lern- und entwicklungspsychologische Aspekte.
In: Die Musikschule 3 (Vgl. 2.14).

3.02.009 Auerbach, Lore:
Musikalische Erziehung in der Sozialpädagogik: Bedürfnisse der Berufs-
felder – Anforderungen an den Erzieher – Konsequenzen für die Ausbildung.
In: Forschung i. d. Musikerziehung 1976 (Vgl. 2.17).

3.02.010 Behne, Klaus-Ernst:
Musikalische Konzepte – Zur Schicht- und Altersspezifität musikalischer
Präferenzen.
In: Forschung i. d. Musikerziehung 1975 (Vgl. 2.17).

3.02.011 Belaiew-Exemplarski, S.:
Das musikalische Empfinden im Vorschulalter.
In: Zeitschrift f. ang. Psych. 27, Leipzig 1926.

3.02.012 Bimberg, Siegfried:
Einführung in die Musikpsychologie.
In: Beiträge zur Schulmusik 2 (Vgl. 2.04).

3.02.013 Binkowski, Bernhard:
Die Bedeutung der Musik in unserer Gesellschaft.
In: Schule ohne Musik? (Vgl. 2.53).

3.02.014 Binkowski, Bernhard:
Die politische Bedeutung der musikalischen Bildung für die Demokratie.
In: E. Kraus (Hrsg.): Fortschritt und Rückbildung . . . (Vgl. 2.18).

3.02.015 Binkowski, Bernhard:
Musikpädagogik in der politischen Wirklichkeit.
In: Musik und Bildung 1972, 1 (Vgl. 2.40).

3.02.016 Binkowski, Bernhard:
Musik und Individuum.
In: E. Kraus (Hrsg.): Musik und Individuum . . . (Vgl. 2.41).

3.02.017 Blaukopf, Kurt:
Musik in der Schule.
Musik in der Gesellschaft . . . (Vgl. 3.01.033).

3.02.018 Blaukopf, Kurt:
Neue musikalische Verhaltensweisen der Jugend . . .
(Vgl. 3.01.034).

3.02.019 Blaukopf, Kurt:
Probleme der klanglichen Erfahrung der jungen Generation.
In: E. Kraus (Hrsg.): Der Einfluss der technischen Mittler . . . (Vgl.
3.01.137).

3.02.020 Borris, Siegfried:
Die neuen Wirklichkeiten für den Unterricht in Musik ...
(Vgl. 3.01.036).

3.02.021 Borris, Siegfried:
Grundlagen einer musikalischen Umweltkunde.
Möseler, Wolfenbüttel u Zürich 1975.

3.02.022 Borris, Siegfried:
Musik im politischen Bewusstsein.
In: Referate und Informationen 1974, 27.

3.02.023 Borris, Siegfried:
Musik in der künftigen Planung der Städte.
In: Referate und Informationen 1972, 21.

3.02.024 Borris, Siegfried:
Wie elitär sind Musikbetrieb und Musikausbildung?
In: Das Orchester 22, 1974, 2, S. 93–96.

3.02.025 Borris, S. / Reinecke, H.-P.:
Musik in der politischen Wirklichkeit.
In: Musik und Bildung 1975, 2 (Vgl. 2.40).

3.02.026 Brenn, F.:
Die musikalische Entwicklung des Kindes.
Vorlesungen. Freiburg 1951/52.

3.02.027 Brix, L.:
Anmerkungen zu einer sich politisch verstehenden Musikerziehung.
In: Musik und Bildung 1972, 7/8.

3.02.028 Brömse, Peter:
Der Eindruckspielraum beim Musikhören Jugendlicher.
In: Forschung i. d. Musikerziehung (Vgl. 2.17).

3.02.029 Brömse, Peter:
Interessengebiete Jugendlicher im Musikunterricht.
In: Forschung i. d. Musikerziehung (Vgl. 2.17).

3.02.030 Brömse, Peter:
Manipulation – Information – Emanzipation ...
(Vgl. 3.01.042).

3.02.031 Brömse, P. / Kötter, E.:
Zur Musikrezeption Jugendlicher.
In: Musikpädagogik 4, 1971 (Vgl. 2.39).

3.02.032 Clauser, Günter:
Die vorgeburtliche Entstehung der Sprache als anthropologisches Problem.
Der Rhythmus als Organisator der menschlichen Entwicklung. Kapitel 4, 5, 6. Ferdinand Enke Verlag, Stuttgart 1971.

3.02.033 *Das Politische im Lied.*
Politische Momente in Liedpflege und Musikerziehung. Bundeszentrale für politische Bildung, Bonn 1967.

3.02.034 Daus, Joshard:
Musikalisches Kommunikationszentrum.
Zum gesellschaftlichen Auftrag der Musikschule — Beispiele aus der
Praxis. In: Neue Musikzeitung 25, 1976, 3, S. 26 (Vgl. 2.45).

3.02.035 Deutsch, L.:
Individualpsychologie im Musikunterricht und in der Musikerziehung.
Leipzig 1931.

3.02.036 *Die Stellung des jungen Menschen in der Schallumwelt von heute.*
In: ISME 3, 1975/76 (Vgl. 2.21).

3.02.037 Dörte, Hartwich-Wiechell:
Musikalisches Verhalten Jugendlicher.
Ergebnisse empirischer musiksoziologischer Untersuchungen — kommuni-
kationstheoretisch interpretiert. In: Forschung i. d. Musikerziehung 1974
(Vgl. 2.17).

3.02.038 Eicke, Kurt-Erich:
*Musikverhalten und Musikpädagogik unter verschiedenen kulturellen Be-
dingungen . . .*
(Vgl. 3.01.059).

3.02.039 Elste, Martin:
Verzeichnis deutschsprachiger Musiksoziologie, 1848–1973.
Wagner, Hamburg 1975.

3.02.040 Emrich, E.:
Musisch-kulturelle Bildung zwischen Tradition und Futurologie.
Düsseldorf 1971, S. 4.

3.02.041 Engelmann, Günther:
Sind Musikbetrieb und Musikausbildung elitär?
In: Musica 28, Kassel 1974, 1, S. 47–49.

3.02.042 Erpf, Hermann:
Neue Wege der Musikerziehung.
Kapitel 16: Gemeinschaft, Gesellschaft, Organisation. Kapitel 17: Musik-
erziehung und Staat . . . (Vgl. 3.01.060).

3.02.043 Fährmann, Rudolf:
Gefahren für das Musikerleben.
Aus der Denkschrift 1964 des Deutschen Musikrates. In: Musik im Unter-
richt 55, 1964, S. 261–269 (Vgl. 2.36).

3.02.044 Fährmann, Rudolf:
Kinder-Taktierversuche und musikpsychologische Ausdrucksdiagnostik.
In: H. Fischer (Hrsg.): Handbuch der Musikerziehung, Berlin 1954–58,
S. 462 (Vgl. 1.04).

3.02.045 Fehling, Reinhard:
Manipulation durch Musik.
Das Beispiel ,,Funktionelle Musik". Werner Raith Verlag, München 1976.

3.02.046 Feurich, Hans Jürgen:
Zur politischen Lernzielbestimmung der ästhetischen Erziehung.
In: Westermanns Pädagogische Beiträge 25, 1973, 7, S. 385–389.

3.02.047 Finkel, Klaus:
Musik und Sozialpädagogik.
Positionen, Probleme, Perspektiven für eine musikpädagogische Ausbildung im Sozialwesen (dargestellt an einem exemplarischen Modell). Eres Edition, Lilienthal/Bremen 1976.

3.02.048 Flügel, S. / Klingbeil, E.:
Persönlichkeitsbildende Potenzen in der Arbeitsgemeinschaft Musik.
In: Musik in der Schule 25, 1974, 1, S. 22, 29–30 (Vgl. 2.37).

3.02.049 Franklin, Erik:
Music Education.
Psychology and Method. Harrap, London 1972.

3.02.050 Friedrich, W. / Bergk, H.:
Freizeitverhalten und Freizeiterziehung der Schuljugend.
In: Zeitschrift für Pädagogik, 1. Beiheft, Weinheim 1964.

3.02.051 Friedrichs, Jürgen:
Forschungspläne zur Analyse des musikbezogenen Verhaltens in der Schule und seiner ausserschulischen Determinanten.
In Forschung i. d. Musikerziehung 1975 (Vgl. 2.17).

3.02.052 Frisius, R.:
Thesen zur Fragengruppe „Moderne Industriegesellschaft – Musikpädagogik – Instrumentalmusik".
In: Musik und Bildung 1972, 7/8 (Vgl. 2.40).

3.02.053 Fuchs, E.:
Einführung in die Thematik Musikpädagogik und politische Wirklichkeit.
In: Musik und Bildung 4, 1972, 1, S. 3–5 (Vgl. 2.40).

3.02.054 Gaisbauer, Dieter:
Musikalische Selbsttätigkeit der Jugend im Kraftfeld der technischen Medien.
In: Musik und Bildung 1972, 6 (Vgl. 2.40).

3.02.055 Gaisbauer, Dieter:
Musikerziehung und Umwelt.
In: Musikerziehung 27, 1973/74, 4, S. 151–153 (Vgl. 2.34).

3.02.056 Genscher, H.-D.:
Laienmusizieren, Staat und Gesellschaft.
In: Referate und Informationen 1972, 21.

3.02.057 Gieseler, Walter:
Grundriss der Musikdidaktik. Kapitel 9 . . .
(Vgl. 3.01.077).

3.02.058 Haase, Otto:
Musik das Kernstück der Menschenbildung.
In: Unsere Schule 7, Hannover 1952, S. 518–520.

3.02.059 Hahn, W. / Rauhe, H.:
Zum didaktischen Problem kollektiver Identifikation mit kulturindustriellen Leitbildern, aufgezeigt an konkreten Unterrichtsbeispielen.
In: Musik und Bildung 6, 1974, 11, S. 601–605 (Vgl. 2.40).

3.02.060 Haselauer, Elisabeth:
Musiksoziologie und Praxis.
In: Musikerziehung 29, 1975/76, 2/3/4 (Vgl. 2.34).

3.02.061 Hentig, H. von:
Über die ästhetische Erziehung im politischen Zeitalter.
In: Die Deutsche Schule, Darmstadt 1967, S. 275–308.

3.02.062 Hopf, Helmuth:
Musikpädagogische Planung in einer musikgesättigten Gesellschaft ...
(Vgl. 3.01.108).

3.02.063 Hörmann, Karl:
Studie zur Motivation ...
(Vgl. 3.01.110).

3.02.064 Jenne, M.:
Musikunterricht in der Gesamtschule.
Sozialwissenschaftliche Gesichtspunkte der Lernziele und Lehrpläne eines künstlerischen Faches. In: Reihe Curriculum Musik 1, 1971, 1, S. 32–41 (Vgl. 2.48).

3.02.065 Jenne, M.:
Soziologische Thesen zum Musikunterricht in der Grundstufe.
In: E. Kraus (Hrsg.): Bildungsziele und Bildungsinhalte ... (Vgl. 3.01.136).

3.02.066 Jenne, M.:
Soziologische Thesen zum Musikunterricht in der Schule.
In: Musik und Bildung 2, 1970, 5, S. 212–215 (Vgl. 2.40).

3.02.067 Jost, Ekkehard:
Sozialpsychologische Faktoren der Popmusik-Rezeption.
In: Musikpädagogik 11, 1976 (Vgl. 2.39).

3.02.068 Jost, Ekkehard:
Über den Fetischcharakter des Mittelwerts.
Methodische Probleme der experimentellen Musikpsychologie. In: Forschung i. d. Musikerziehung 1974 (Vgl. 2.17).

3.02.069 Kaiser, Hermann J.:
Wissenschaftsorganisation und kollektive Identität.
In: Zeitschrift für Musikpädagogik 1, 1976, 1, S. 26–31 (Vgl. 2.58).

3.02.070 Kemmelmeyer, Karl-Jürgen·
Anthropologie und die Musikerziehung ...
(Vgl. 3.01.128).

3.02.071 Klausmeier, Friedrich:
Jugend und Musik im technischen Zeitalter.
Eine repräsentative Befragung in einer westdeutschen Grossstadt. Bonn 1968.

3.02.072 Klausmeier, Friedrich:
Die Lust sich musikalisch auszudrücken.
Eine Einführung in sozio-musikalisches Verhalten. Rowohlt, Reinbek bei Hamburg 1978.

3.02.073 Klausmeier, Friedrich:
Musikpädagogik aus soziologischer Sicht.
In: Fortschritt ... (Vgl. 2.18).

3.02.074 Klausmeier, Friedrich:
Sozio-musikalisches Verhalten von Jugendlichen und sein Bezug zu schulischer und ausserschulischer Musikerziehung.
In: Schule ohne Musik? (Vgl. 2.53).

3.02.075 Kleinen, Günter:
Die Leistung der Musikpsychologie für ein Verständnis der Musikszene.
Über Identifikation in der Rezeption. In: Zeitschrift für Musikpädagogik 1, 1976, 1, S. 32–40 (Vgl. 2.58).

3.02.076 Kleinen, Günter:
Entwicklungspsychologische Grundlagen musikalischen Verhaltens.
In: Musik und Musikunterricht in der Gesamtschule, Weinheim 1972.

3.02.077 Kleinen, Günter:
Experimentelle Arbeiten im Bereich der Musikpsychologie.
In: Musik im Unterricht 59, 1968, S. 307–314 (Vgl. 2.36).

3.02.078 Kleinen, Günter:
Zur Psychologie musikalischen Verhaltens.
Diesterweg, Frankfurt o. J.

3.02.079 Koch, Gerhard R.:
Tönender Schutzwall des Innern.
Zur psychoanalytischen Deutung von Musik. Mit Abb. In: HiFi–Stereophonie 15, 1976, 1, S. 9–11.

3.02.080 Kraus, Egon (Hrsg.):
Bildungsziele und Bildungsinhalte des Faches Musik . . .
(Vgl. 3.01.136).

3.02.081 Kraus, Egon (Hrsg.):
Der Einfluss der technischen Mittler auf die Musikerziehung unserer Zeit . . .
(Vgl. 3.01.137).

3.02.082 Kraus, Egon:
Musik als integrierender Bestandteil grundlegender Menschenbildung.
In: Musik im Unterricht 52, 1961, S. 1–4 (Vgl. 2.36).

3.02.083 Kraus, Egon:
Musikerziehung auf psychologischer Grundlage.
In: Schweizerische Lehrerzeitung 51, 1954, S. 12.

3.02.084 Kraus, Egon (Hrsg.):
Musik in Schule und Gesellschaft . . .
(Vgl. 2.38).

3.02.085 Kraus, Egon:
Musik und Bildung in unserer Zeit . . .
(Vgl. 3.01.141).

3.02.086 Kraus, Egon (Hrsg.):
Musik und Individuum.
(Vgl. 2.41).

3.02.087 Kube, Gerhard:
Kind und Musik.
Psychologische Voraussetzungen des Musikunterrichtes in der Volksschule. In: Psychologie der Unterrichtsfächer der Volksschule. Kösel, München 1958.

3.02.088 Kündig, A.:
Das Musikerlebnis in psychologischer und psychotherapeutischer Sicht.
Winterthur 1961.

3.02.089 Lugert, Wulf Dieter:
Grundriss einer neuen Musikdidaktik.
Kapitel 2 und 4 ... (Vgl. 3.01.166).

3.02.090 Malzewa, E. A.:
Psychologische Analyse der musikalischen Entwicklung des Schülers im jüngeren Schulalter.
In: Psychologie des jüngern Schulalters. Moskau 1960. Zit. in: Michel, P.: Handbuch der Musikerziehung 2, Leipzig 1968.

3.02.091 Maertens, W.:
Über das Verhältnis Jugendlicher in der Reifezeit zur Musik.
In: Wiss. Ztschr. Univ. Halle. Ges.-Sprachw. 10, Halle 1961.

3.02.092 Masserman, J.:
Music and the Child in Society.
Amer. J. of Psychical Therapy 1954, S. 63–67.

3.02.093 Matthewes, Ernst:
Musik als Hilfe für die Jugend und den Menschen der Zukunft ...
(Vgl. 3.01.170).

3.02.094 Mayr-Kern, Josef:
Musikerziehung und die Harmonie im Humanum ...
(Vgl. 3.01.171).

3.02.095 Meyer, Wilfried:
Manipulation und Freiheit im Unterricht ...
(Vgl. 3.01.177).

3.02.096 Michel, Paul:
Das musikalische Erleben Jugendlicher in der Reifezeit.
In: Wiss. Ztschr. der Martin-Luther-Universität Halle. Ges.-Sprachw. 10, Halle 1961.

3.02.097 Michel, Paul:
Das musikalische Erleben in der Reifezeit und seine psychischen Grundlagen.
In: Musik in der Schule 9, 1958 (Vgl. 2.37).

3.02.098 Michel, Paul:
Psychologische Grundlagen der Musikerziehung.
In: Siegmund-Schultze W. (Hrsg.): Handbuch der Musikerziehung 2, Leipzig 1968.

3.02.099 Michel, Paul:
Über musikalische Fähigkeiten und Fertigkeiten.
Ein Beitrag zur Musikpsychologie. VEB, Leipzig 1960.

3.02.100 Moog, H.:
Beginn und erste Entwicklung des Musikerlebens im Kindesalter.
Köln 1963.

3.02.101 Moog, H.:
Das Musikerleben des vorschulpflichtigen Kindes.
Mainz 1968.

3.02.102 Motte-Haber, Helga de la:
Psychologie und Musiktheorie.
Diesterweg, Frankfurt.

3.02.103 Motte-Haber, Helga de la:
Sozialisierungsprozesse im Musikunterricht?
In: Musik und Bildung 6, 1974, 2, S. 85–92 (Vgl. 2.40).

3.02.104 Mueller, John H.:
Fragen des musikalischen Geschmacks.
In: A. Silbermann (Hrsg.): Kunst und Kommunikation 8, Westdeutscher
Verlag, Köln/Opladen 1963.

3.02.105 Müller-Freienfels, R.:
Psychologie der Musik.
Berlin 1936.

3.02.106 *Musikalisches und kulturelles Verhalten in Industrie- und Entwicklungsländern.*
In: ISME 3, 1975/76 (Vgl. 2.21).

3.02.107 *Musikerziehung und Gesellschaft.*
In: ISME 3, 1975/76 (Vgl. 2.21).

3.02.108 *Musik in Arbeitswelt und Freizeit.*
In: Musik und Individuum (Vgl. 2.41).

3.02.109 *Musik und Bildung . . .*
(Vgl. 2.40).

3.02.110 *Musikunterricht im Spannungsfeld von Individuation und Sozialisation.*
In: Musik und Individuum (Vgl. 2.41).

3.02.111 Nestele, A.:
Die musikalische Produktion im Kindesalter.
In: Ztschr. f. angew. Psych. Beiheft 52, Leipzig 1930.

3.02.112 Neumann, E.:
Schöpferische Kraft und Unterbewusstsein.
Zürich 1954.

3.02.113 Neumann, Kurt Konrad:
Sozialpädagogik – Medien – Musik.
Möglichkeiten und Grenzen. In: Forschung i. d. Musikerziehung 1976
(Vgl. 2.17).

3.02.114 Pape, Winfried:
Befragung zum Musikinteresse 13- bis 15-jähriger Schüler.
In: Musik und Bildung 5, 1973, 4, S. 194–198 (Vgl. 2.40).

3.02.115 Pape, Winfried:
Musikkonsum und Musikunterricht.
Schwann, Düsseldorf 1974.

3.02.116 Pontvik, Aleks:
Der tönende Mensch.
Psychorhythmie als gehörseelische Erziehung. Zürich/Stuttgart 1962.

3.02.117 Probst, W.:
Vom Zukunftsbezogensein im Musikerleben.
Köln 1960.

3.02.118 Probst, W.:
Zum Musikerleben beim Kinde.
In: Kontakte, Wolfenbüttel 1961.

3.02.119 *Psychology of Music* . . .
(Vgl. 2.47).

3.02.120 Rauhe, Hermann:
Individualisation und Sozialisation durch Wahrnehmungs- und Verhaltenserziehung im musikalischen Bereich.
In: Musik und Individuum 1974 (Vgl. 2.41).

3.02.121 Rauhe, Hermann:
Schlager in Sozialisierung, Erziehung und Unterricht.
In: Beiträge zur Schulmusik (Vgl. 2.04).

3.02.122 Rauhe, Hermann:
Zum Problem der Beobachtung und Analyse musikalischer Verhaltensweisen.
Ein Beitrag zur Untersuchung des Zusammenhangs von musikalischer Struktur, Vermittlung, Wirkung, Funktion und Verhalten. In: Forschung i. d. Musikerziehung 1974 (Vgl. 2.17).

3.02.123 Rauhe, Hermann:
Zur Funktion des Schlagers im Leben Jugendlicher und Erwachsener.
In: S. Helms (Hrsg.): Schlager in Deutschland. Wiesbaden 1972.

3.02.124 Rauhe, Hermann:
Zur pädagogischen Relevanz der Theorie von der jugendlichen Teilkultur.
Jugendsoziologische Ansätze einer kulturkritischen Bildungstheorie und ihrer Konsequenzen für das Fach Musik in der modernen Industriegesellschaft. In: W. Krützfeldt (Hrsg.): Didaktik der Musik 1969, S. 20—64 (Vgl. 3.01.150).

3.02.125 Rebscher, Georg:
Natur in der Musik unter besonderer Berücksichtigung gegenwärtiger Musik.
Breitkopf & Härtel, Wiesbaden 1976.

3.02.126 Reinecke, Hans-Peter:
Das Publikum und seine Motivation.
In: Musik und Bildung 1974, 3 (Vgl. 2.40).

3.02.127 Reinecke, Hans-Peter:
Die emotionellen Kategorien des Musikhörens und ihre Bedeutung für die therapeutische Anwendung von Musik.
In: Musiktherapie — Theorie und Methodik, Jena 1971.

3.02.128 Reinecke, Hans-Peter:
Experimentelle Beiträge zur Psychologie des musikalischen Hörens.
Sikorsky, Hamburg 1964.

3.02.129 Reinecke, Hans-Peter:
Massenmedien und Musikkultur.
In: Musik und Bildung 1972, 6 (Vgl. 2.40).

3.02.130 Reinecke, Hans-Peter:
Musik in Arbeitswelt und Freizeit.
In: Musik und Bildung 1974, 11 (Vgl. 2.40).

3.02.131 Reinecke, Hans-Peter:
Psychologische Aspekte der Bildungsziele des Faches Musik.
Vortr. 8. Bundesschulmusikwoche Saarbrücken 1970, S. 55–68. Mainz
1970.

3.02.132 Reinecke, Hans-Peter:
Psychologische Konzepte des musikalischen Lernens.
In: Musikpädagogik 7 (Vgl. 2.39).

3.02.133 Reinecke, Hans-Peter:
Psychologische Konzepte zur Erforschung musikalischen Verhaltens.
In: Musikpädagogik 7 (Vgl. 2.39).

3.02.134 Revers, Wilhelm Josef / Rauhe, Hermann:
Musik – Intelligenz – Phantasie.
Müller, Salzburg 1978.

3.02.135 Révésc, G.:
Einführung in die Musikpsychologie.
Bern 1946.

3.02.136 Röblitz, G.:
Das Freizeitverhalten von Jugendlichen im Alter von 15 bis 16 Jahren.
In: Ztschr. f. Pädagogik 2. Beiheft, Berlin 1963.

3.02.137 Roscher, Wolfgang:
Lernziele ästhetischer Erziehung von Gesellschaft . . .
(Vgl. 3.01.211).

3.02.138 Rössner, L.:
Jugend und Musik.
Soziologisch-politische Aspekte des Musikunterrichts. In: W. Krützfeldt
(Hrsg.): Didaktik der Musik 1969, S. 6–19 (Vgl. 3.01.150).

3.02.139 Saporoshez, A. W.:
*Einige psychologische Fragen der Entwicklung des musikalischen Gehörs
bei Vorschulkindern.*
In: Entwicklung der Kinderstimme, Moskau 1963.

3.02.140 Schaffrath, Helmut:
Einflussfaktoren im Schülerurteil.
In: Forschung i. d. Musikerziehung 1975 (Vgl. 2.17).

3.02.141 Schattner, Hermann Josef:
Pestalozzi und die Schulmusik.
Musikerziehung als Mittel allgemeiner Menschenbildung. In: Musik im
Unterricht 52, 1961, S. 189–192 (Vgl. 2.36).

3.02.142 Schelsky, H.:
Schule und Erziehung in der industriellen Gesellschaft.
Würzburg 1965[5].

3.02.143 Schindler, R.:
Psychologische Grundlagen von Musik und Bewegung.
Orff-Inst. Jahrb. 1. Mainz 1962.

3.02.144 Schmidt, H.-Chr.:
Jugend und Neue Musik.
Volk, 1975.

3.02.145 Schmidt, G.:
Der Anteil der Musik an der Freizeitbeschäftigung werktätiger Jugendlicher und Schlussfolgerungen für die Erziehung zum musikalischen Hören.
In: Wiss. Ztschr. Univ. Halle. Ges.-Sprachw. 11, Halle 1962.

3.02.146 Schollum, Robert:
Musik in der Volksbildung.
Wien 1962.

3.02.147 Schoen, M.:
The psychology of music.
New York 1940.

3.02.148 Schramowski, Herbert:
Schaffenspsychologische Untersuchungen zur instrumentalen Improvisation.
In: Beiträge zur Musikwissenschaft 15, 1973, 4, S. 235–251.

3.02.149 Schramowski, Herbert:
Zur Psychologie des instrumental-improvisatorischen Schaffens.
Leipzig 1961.

3.02.150 *Schule und Umwelt.*
Beiträge zur Schulmusik 28, 1975, (Vgl. 2.04). Mit Beiträgen von Maria Sagi, Hermann Rauhe, Jiri Fucac / Petr Vit, Sigrid Abel-Struth, Arnold N. Sochor.

3.02.151 Seashore, C. E.:
Psychology of music.
New York 1938.

3.02.152 Seashore, C. E.:
The psychology of music.
In: XI. Music Education 24, 1937.

3.02.153 Seidel, Almut:
Musik in der Sozialpädagogik, dargestellt am Beispiel Randgruppenarbeit.
Anregungen für die musikalische Arbeit mit sozial benachteiligten Kindern im Vorschul- und Grundschulalter. Breitkopf & Härtel, Wiesbaden 1976.

3.02.154 Semenoff-Watson, K. B.:
The nature and measurement of musical meanings.
In: Psych. Monogr. 54, 1942, 244, S. 1–43.

3.02.155 Siegenthaler, Hermann:
Der Musikpädagoge und die neuen musikalischen Verhaltensweisen der Jugend . . .
(Vgl. 3.01.225).

3.02.156 Silbermann, Alphons:
Die Musik und das Publikum von morgen.
In: Musik und Bildung 1975, 2 (Vgl. 2.40).

3.02.157 Silbermann, Alphons:
Individualisierung und Sozialisierung im Unterricht.
In: E. Kraus (Hrsg.): Musik und Individuum 1974 (Vgl. 2.41).

3.02.158 Simon, Walther:
Hören – Urphänomen der Weltbegegnung.
In: Hans G. Graber (Hrsg.): Pränatale Psychologie. Die Erforschung vorgeburtlicher Wahrnehmungen und Empfindungen. Kindler Taschenbücher Geist und Psyche, Kindler Verlag München 1974.

3.02.159 Sochor, Arnold:
Die Freizeit der Jugend und ihre Ausnützung für die musikalisch-ästhetische Erziehung.
In: Schule und Umwelt (Vgl. 3.02.150).

3.02.160 Sowa, Georg:
Ideologie und Ideologie-Kritik im neueren musikpädagogischen Schrifttum . . .
(Vgl. 3.01.230).

3.02.161 *Soziologische, psychologische und technologische Aspekte der Musikerziehung.*
Siehe ISME 1, 1973 (Vgl. 2.21).

3.02.162 Storb, I.:
Beat – soziologisch gesehen.
In: Musik und Bildung 4, 1972, 4, S. 189–194 (Vgl. 2.40).

3.02.163 Sundin, Bertil:
Music and society: pressures on youth.
In: International Music Educator 1972, 2, S. 18–19 (Sbh 400).

3.02.164 Taubald, Richard:
Affektive Lernziele im Musikunterricht . . .
(Vgl. 3.01.237).

3.02.165 Taubald, Richard:
Auch über Gefühle lässt sich reden . . .
(Vgl. 3.01.238).

3.02.166 Taubald, Richard:
Wie macht man Schüler neugierig.
Motivation im Musikunterricht . . . (Vgl. 3.01.239).

3.02.167 Teplov, B. M.:
Psychology des aptitudes musicales.
Paris 1966.

3.02.168 Tschackert, Irmgard:
Musikunterricht ohne Gefühl . . .
(Vgl. 3.01.248).

302.169 Twittenhoff, Wilhelm:
Musik und Musikerziehung im gemeindlichen Leben.
In: Musik im Unterricht 49, 1958, S. 280–283 (Vgl. 2.36).

3.02.170 Warner, Theodor:
Kunsterziehung als Widerstand . . .
(Vgl. 3.01.261).

3.02.171 Wasgindt, Hans:
Einstellung und Einstellungsbildung . . .
(Vgl. 3.01.263).

3.02.172 Wellek, A.:
Musikpsychologie und Musikästhetik.
Frankfurt a. M. 1963.

3.02.173 Wicke, R.:
Die Musik in der Entwicklung des vorschulpflichtigen Kindes.
In: Ztschr. f. Päd. Psych. 32, Berlin 1931.

3.02.174 Wiechell, Dörte:
Musikalisches Verhalten Jugendlicher.
Ergebnisse einer empirischen Studie, alters-, geschlechts- und schicht-
spezifisch interpretiert. Diesterweg, Frankfurt a. M. 1977.

3.02.175 Wildgrube, Wolfgang:
Gefühle beim Musikhören.
In: Forschung in der Musikerziehung 1974 (Vgl. 2.17).

3.02.176 Willems, Edgar:
Les bases psychologiques de l'éducation musicale.
Presses univ. de France, Paris 1956.

3.02.177 Wucher, Diethard:
Musikschulen in der Finanzkrise der Kommunen.
In: Neue Musikzeitung 24, 1975, 5, S. 26 (Vgl. 2.45).

3.02.178 Wucher, Diethard:
Werden Musikschulen überhaupt gebraucht?
Situation und Funktion in unserer Gesellschaft. In: Neue Musikzei-
tung 23, 1974, 1, S. 26 (Vgl. 2.45).

3.02.179 Zimmerschied, D.:
Musik als Manipulationsfaktor.
Bericht über ein Unterrichtsmodell. In: Musik und Bildung 4, 1972, 2,
S. 80–84 (Vgl. 2.40).

3.03   Musiklehrerausbildung

3.03.001 Abraham, Lars Ulrich:
Ein vergessenes Modell der Musiklehrerausbildung für die Sekundarstufe.
In: R. Stephan (Hrsg.): Schulfach Musik . . . (Vgl. 3.01.232), S. 58−61.

3.03.002 Antholz, Heinz:
Der Musikwissenschaftler in der Pädagogischen Hochschule.
In: Forschung i. d. Musikerziehung 1976 (Vgl. 2.17).

3.03.003 Antholz, Heinz:
Musikunterricht in der Grundschule und das Dilemma der Lehrerausbildung.
In: Musik und Bildung 6, 1974, 3, S. 163−168 (Vgl. 2.40).

3.03.004 Antholz, Heinz:
Wissenschaftlichkeit als Prinzip der Musiklehrerausbildung im Spiegel ihres Missverständnisses.
In: Forschung i. d. Musikerziehung 1976 (Vgl. 2.17).

3.03.005 Auerbach, Lore:
Musikalische Erziehung in der Sozialpädagogik . . .
(Vgl. 3.02.009).

3.03.006 Baier, H.:
Untersuchungen zum musikalischen Erleben und Gestalten bei Volksschullehrern.
In: Forschung i. d. Musikerziehung 1971 (Vgl. 2.17).

3.03.007 Benedix, Elfriede:
Musiklehrer ein Zukunftsberuf?
Wie stellt sich unsere Jugend einen Musiklehrer vor? In: Harmonika-Revue 42, 1975, 1, S. 16−19.

3.03.008 Bernet, G.:
Unsere Singarbeit.
Werkheft für Singleiter. Altenburg 1948.

3.03.009 Binkowski, Bernhard:
Zur Planung künftiger Musiklehrerausbildung.
In: Musik in Schule u. Gesellschaft (Vgl. 2.38).

3.03.010 Budde, Elmar:
Einige Bemerkungen zur musiktheoretischen Ausbildung im Studienfach Musik.
In: R. Stephan (Hrsg.): Schulfach Musik . . . (Vgl. 3.01.232).

3.03.011 Cykler, E. A.:
Die Ausbildung des Musiklehrers für die Elementarschulen in den USA.
In: Comparative Music Education, Mainz 1968.

3.03.012 Cykler, E. A.:
Die musikalische Lehrerbildung in Österreich, Deutschland und den USA.
In: International Music Educator 1960, 2.

3.03.013 Darius, Peter:
Die Gliederung des Lehrangebots in der Musikerziehung an Pädagogischen Hochschulen und die Studienerwartungen der Studenten.
Eine empirische Untersuchung an sechs Hochschulen in Nordrhein-Westfalen. In: Forschung i. d. Musikerziehung 1976 (Vgl. 2.17).

3.03.014 Dawidowicz, A.:
Der Lehrer, der Träger der Musikkultur.
In: Musikerziehung 1, 1952, S. 36 (Vgl. 2.34).

3.03.015 Decker-Voigt, Hans-Helmut:
Anmerkungen zur Situation des Faches Musikpädagogik / Auditive Kommunikation an privaten Fachhochschulen für Sozialwesen in Nordrhein-Westfalen.
In: Forschung i. d. Musikerziehung 1976 (Vgl. 2.17).

3.03.016 Distler-Brendel, Gisela:
Zur Legitimation der musikpraktischen Studien im Rahmen der Lehrerausbildung an der Universität.
In: Forschung i. d. Musikerziehung 1976 (Vgl. 2.17).

3.03.017 Donath, Paul W.:
Anregungen für den Fachberater zur Hospitationstätigkeit.
In: Musik in der Schule 26, 1975, 5, S. 176—181 (Vgl. 2.37).

3.03.018 Eschen, Johannes Th.:
Vom Stand der Ausbildungsplanung im Fach Musiktherapie in der Bundesrepublik Deutschland.
In: Forschung i. d. Musikerziehung 1976 (Vgl. 2.17).

3.03.019 Eschen, Johannes Th.:
Zur Situation der Musikpädagogik an den Fachhochschulen Sozialwesen in Niedersachsen.
In: Forschung i. d. Musikerziehung 1976 (Vgl. 2.17).

3.03.020 Fischer, Wilfried:
Integration von 1., 2. und 3. Phase der Lehrerausbildung als Curriculumproblem. – Zur Ausbildung von Musiklehrern für Grund-, Haupt- und Realschulen in Schleswig-Holstein.
In: Forschung i. d. Musikerziehung 1976 (Vgl. 2.17).

3.03.021 Forneberg, E. / Jacoby, R.:
Schulmusikalisches Praktikum ab 5. Schuljahr.
Diesterweg, Frankfurt 1969.

3.03.022 Frey, K. u. a.:
Der Ausbildungsgang der Lehrer.
Weinheim 1969.

3.03.023 Frey, K. u. a.:
Die Lehrerbildung in der Schweiz.
Weinheim 1969.

3.03.024 Fuhrmann, R.:
Unterrichtsmotivation und Attraktion des Musiklehrerberufes in der Wissenschaftsschule.
In: Musik und Bildung 1974, 3 (Vgl. 2.40).

3.03.025 Fuhrmann, R. / Geck, H.:
Musikpädagogische Studienziele und -inhalte an der Hochschule für Sozialpädagogik und Sozialökonomie zu Bremen – ein Situationsbericht.
In: Forschung i. d. Musikerziehung 1976 (Vgl. 2.17).

3.03.026 Furth, H. G.:
Piaget for Teachers.
Englewood Cliffs, New Jersey 1970, hrsg. bei Prentice Hall Inc.

3.03.027 Geck, Martin:
Mehr Wissenschaft in der Ausbildung.
In: Neue Musikzeitung 24, 1975, 4, S. 6 (Vgl. 2.45).

3.03.028 Geck, Martin:
Wie man Musikwissenschaft praktisch nutzt.
Studienprojekt „Musikinstrument" in der Musiklehrer-Ausbildung. In: Neue Musikzeitung 24, 1975, 5, S. 7 (Vgl. 2.45).

3.03.029 Gundlach, Willi:
Was bedeutet heute die Spielpraxis.
Zur Instrumentalausbildung von Musiklehrern. In: Neue Musikzeitung 23, 1974, 4, S. 24 (Vgl. 2.45).

3.03.030 Günther, Ulrich:
Grundschul-Musikunterricht in der Krise – Folgerungen für die Musiklehrerausbildung.
In: Musik und Bildung 7, 1975, 7/8, S. 337–344 (Vgl. 2.40).

3.03.031 Günther, Ulrich:
Zum Projektstudium in der Musiklehrerausbildung.
In: Musik und Individuum (Vgl. 2.41).

3.02.032 Günther, U. / Jakoby, R.:
Musik in der Lehrerausbildung.
In: Musik in Schule und Gesellschaft (Vgl. 2.38).

3.03.033 Günther, U. / Noll, G.:
Exposé: Entwurf eines Ausbildungsmodells: Primarstufenlehrer mit zusätzlicher Fakultas für die Vorklasse im Fach Musik.
In: Forschung i. d. Musikerziehung 1976 (Vgl. 2.17).

3.03.034 Hansen, Erich:
Praxis der Integration von 1., 2. und 3. Phase der Lehrerausbildung in Schleswig-Holstein.
In: Forschung i. d. Musikerziehung 1976 (Vgl. 2.17).

3.03.035 Hopf, Helmuth:
Der integrierte Musiklehrer.
Zur Ausbildung an der Gesamthochschule. In: Neue Musikzeitung 23, 1974, 3, S. 1 (Vgl. 2.45).

3.03.036 Hopf, Helmuth:
Die Musikwissenschaft als Schulfach.
Zu einem Plan des NRW-Kulturministeriums, den Lehrermangel zu beheben. In: Neue Musikzeitung 23, 1974, 5, S. 8 (Vgl. 2.45).

3.03.037 Hopf, H. / Kirch, K.:
Musikberufe – Investition und Ertrag.
Zum Ausbildungsgang des Musikerziehers an allgemeinbildenden Schulen. In: Neue Musikzeitung 23, 1974, 3, S. 7 (Vgl. 2.45).

3.03.038 Ickstadt, Alois:
Zu den Auswirkungen neuer Rahmenrichtlinien auf die Lehrerausbildung für die Sekundarstufe II.
In: Musik und Bildung 6, 1974, 4, S. 235–238 (Vgl. 2.40).

3.03.039 Jakoby, Richard:
Ursachen und Wirkungen des Mangels an Musiklehrern.
In: Musik und Bildung 8, 1976, 3, S. 136—139 (Vgl. 2.40).

3.03.040 Johannes, Heinrich:
Weiterführende Studien und ihre Qualifikationen (Diplom — Promotion — Habilitation).
In: Forschung i. d. Musikerziehung 1976 (Vgl. 2.17).

3.03.041 Kaden, Werner:
Zur Einführung präzisierter Lehrprogramme in der Ausbildung von Musikfachlehrern.
In: Musik in der Schule 26, 1975, 11, S. 387—389 (Vgl. 2.37).

3.03.042 Keilhacker, M.:
Der ideale Lehrer nach der Auffassung der Schüler.
Freiburg i. Br. 1932.

3.03.043 Keilhacker, M.:
Die Frage der Lehrerpersönlichkeit vom Schüler aus gesehen.
In: Zeitschrift für pädagogische Psychologie 32, Leipzig 1931.

3.03.044 Kirch, K. / Reinfandt, K. H.:
Zum Selbstverständnis des Musiklehrers.
In: Schule ohne Musik? (Vgl. 2.53).

3.03.045 Kirchner, Gerhard:
Mittelfristige Studienreform verwirklicht.
Zur Ausbildung von Schulmusikerziehern in West-Berlin. In: Musik und Bildung 6, 1974, 1, S. 52—56 (Vgl. 2.40).

3.03.046 Klausmeier, Friedrich:
Zum Oldenburger Modell der Musiklehrerausbildung.
In: Musik und Bildung 7, 1975, 7/8, S. 344—348 (Vgl. 2.40).

3.03.047 Knolle, Niels:
Der Studiengang „Musik / Auditive Kommunikation" an der Universität Oldenburg (Rahmen — Planung — Erfahrungen).
In: Forschung i. d. Musikerziehung 1976 (Vgl. 2.17).

3.03.048 Knolle, N. u. a.:
Modelle der Lehrerausbildung.
In: Forschung i. d. Musikerziehung 1976 (Vgl. 2.17).

3.03.049 Kral, Walter:
Lehrerbildung und Lehrerfortbildung im Wirkungsbereich der Hauptschule.
In: Musikerziehung 29, 1975/76, 2, S. 61—64 (Vgl. 2.34).

3.03.050 Krause, H.:
Lehrer für rhythmisch-musikalische Erziehung.
Blätter zur Berufskunde 2, Bielefeld 1970.

3.03.051 Krützfeldt, Werner:
Tonsatz oder Musiktheorie in der Ausbildung des Musikpädagogen?
In: Forschung i. d. Musikerziehung 1976 (Vgl. 2.17).

3.03.052 Lee, Ed.:
Pop and the teacher: some uses and problems.
In: Vulliamy / Lee: Pop music in school. Cambridge University Press, Cambridge 1976, S. 158—174.

3.03.053 Lesle, Lutz:
Phalanx der Kellerkinder.
Musikschulkongress in Hamburg fordert: Personal- und Finanzprobleme lösen. In: Neue Musikzeitung 24, 1975, 2, S. 1—26 (Vgl. 2.45).

3.03.054 Lesle, Lutz:
Viele Musikschüler — keine Lehrer.
Musikschulkongress 1975. In: Musica 29, 1975, 3, S. 250—251.

3.03.055 *Modelle der Lehrerausbildung.*
In: Forschung i. d. Musikerziehung 1976 (Vgl. 2.17).

3.03.056 Motte-Haber, Helga de la:
Bedarf und Bedürfnis bei der Reform der Musiklehrerausbildung.
In: Musik und Bildung 7, 1975, 7/8, S. 348—352 (Vgl. 2.40).

3.03.057 Motte-Haber, Helga de la:
Systematische Musikwissenschaft in der Lehrerausbildung.
In: Forschung i. d. Musikerziehung 1976 (Vgl. 2.17).

3.03.058 Niemöller, Klaus Wolfgang:
Historische Musikwissenschaft in der Lehrerausbildung — 10 Thesen.
In: Forschung i. d. Musikerziehung 1976 (Vgl. 2.17).

3.03.059 Noll, Günther (Hrsg.):
Forschung in der Musikerziehung 1976: Musikpädagogik in der Studienreform.
(Vgl. 2.17).
1. Plenumsreferate von Günther Noll, Rudolf Klinkhammer / Reinhold Weyer, Udo Hombach, Heinz Antholz, Hermann Rauhe, Karl-Heinz Reinfandt, Christoph Richter, Fred Ritzel / Niels Knolle, Winfried Pape, Johannes Heinrich.
2. Modelle der Lehrerausbildung: Niels Knolle, Johannes Th. Eschen, Udo Hambach.
3. Referate und Arbeitsgruppen: Arbeitsgruppe A: Integrationsmodelle. Unterrichtspraxis in der Lehrerausbildung: Helmut Tschache, Wolfgang Schmidt-Brunner, Wilfried Fischer, Erich Hansen. Arbeitsgruppe B: Studium der musikwissenschaftlichen Disziplinen in der Lehrerausbildung: Klaus Wolfgang Niemöller, Helga de la Motte-Haber, Werner Krützfeldt, Peter Brömse, Lars Ulrich Abraham. Arbeitsgruppe C: Studium der künstlerischen Disziplinen in der Lehrerausbildung: Gisela Distler-Brendel, C. Walter Gieseler. Arbeitsgruppe D: Entwurf eines Ausbildungsmodells Primarstufenlehrer mit Fakultas für die Vorklasse: Ulrich Günther / Günther Noll. Arbeitsgruppe E: Musikpädagogik an Fachschulen und Fachhochschulen für Sozialpädagogik: Almut Seidel, Hans-Helmut Decker-Voigt, Johannes Th. Eschen, Roderich Fuhrmann / Heidi Geck, Kurt Konrad Neumann, Lore Auerbach, Siegfried Vogelsänger. Arbeitsgruppe F: Forschung und Hochschulcurriculum: Peter Darius, Marie-Luise Schulten, Dieter Klöckner, Heinz Antholz, Egon Kraus, Siegmund Helms.

3.03.060 Noll, Günther:
Musikpädagogik in der Studienreform – Aktuelle Probleme der Musiklehrerausbildung in der Bundesrepublik Deutschland.
In: Forschung i. d. Musikerziehung 1976 (Vgl. 2.17).

3.03.061 Noll, G. / Reinfandt, K.-H.:
Gutachten zum Entwurf eines Ausbildungsmodelles Primarstufenlehrer mit zusätzlicher Fakultas für die Vorklasse bzw. für die Eingangsstufe im Fach Musik.
Bundesminister für Bildung und Wissenschaft, Bonn 1976.

3.03.062 Osterburg, W. / Höhne, D.:
Haben Musiklehrer ein leichtes Leben?
In: Neue Musikzeitung 23, 1974, 1, S. 23–24 (Vgl. 2.45).

3.03.063 Pape, Winfried:
Untersuchung zur künstlerischen Ausbildung im Bereich des Instrumental- und Gesangunterrichts an Lehrerausbildungsstätten (Primar- und Sekundarstufe I) – Bericht über die Ergebnisse einer Befragung.
In: Forschung i. d. Musikerziehung 1976 (Vgl. 2.17).

3.03.064 Rauhe, Hermann:
Ein Modell mit neuen Strukturen.
Bremen: Studiengang Musiklehrerausbildung an der Universität. In: Neue Musikzeitung 23, 1974, 3, S. 5 (Vgl. 2.45).

3.03.065 Rauhe, Hermann:
Ein Modell mit neuen Strukturen.
Universität Bremen: Projektorientierte Musiklehrerausbildung. In: Neue Musikzeitung 23, 1974, 4, S. 7 (Vgl. 2.45).

3.03.066 Rauhe, Hermann;
Musiklehrerausbildung im Zeichen der Bildungsreform.
In: Musik und Bildung 6, 1974, 4, S. 238–241 (Vgl. 2.40).

3.03.067 Rauhe, Hermann:
Neue Wege für Schulmusiker-Ausbildung.
„Hamburger Modell" mit Immatrikulationsordnung und Promotionsmöglichkeit. In: Neue Musikzeitung 23, 1974, 2, S. 24 (Vgl. 2.45).

3.03.068 Rauhe, Hermann:
Wege zu einer optimalen Musiklehrerausbildung in einer kooperativen oder integrierten Gesamthochschule.
In: Musik in Schule und Ges.schaft (Vgl. 2.38).

3.03.069 Rauhe, Hermann:
Wissenschaftstheoretische Probleme der Entwicklung von Integrationsmodellen der Musiklehrerausbildung.
In: Forschung i. d. Musikerziehung 1976 (Vgl. 2.17).

3.03.070 Reckziegel, Walter:
Fingerhakelnd zum neuen Lehrertyp.
Bayerischer Hochschultag: Zweierlei Schulmusiker? In: Neue Musikzeitung 25, 1976, 2, S. 7 (Vgl. 2.45).

3.03.071 Reinfandt, Karl-Heinz:
Zum Studium der instrumentalen und vokalen Disziplinen in der Lehrerausbildung an Wissenschaftlichen Hochschulen.
In: Musik und Bildung 8, 1976, 5, S. 247–253 (Vgl. 2.40).

3.03.072 Richter, Christoph:
Probleme der künstlerischen Ausbildung innerhalb des Musiklehrerstudiums an der Musikhochschule.
In: Forschung i. d. Musikerziehung 1976 (Vgl. 2.17).

3.03.073 Ritzel, F. / Knolle, N.:
Probleme der berufsbezogenen musikpraktischen Ausbildung an der Universität Oldenburg.
In: Forschung i. d. Musikerziehung 1976 (Vgl. 2.17).

3.03.074 Salbert, Dieter:
Live-Elektronik und Tonbandmusik in der Aus- und Fortbildung von Musikpädagogen.
In: Zeitschrift für Musikpädagogik 1, 1976, 1, S. 41–48, (Vgl. 2.58).

3.03.075 Sass, Herbert:
Zum Lehrermangel und zur Unterrichtspraxis von Orchestermusikern an Musikschulen.
In: Das Orchester 22, 1974, 9, S. 501–505.

3.03.076 Sassmannshaus, Egon:
Es fehlen noch viele Lehrer.
Zu Peter Heilbuts Aufsatz 4/75. In: Neue Musikzeitung 24, 1975, 6, S. 8 (Vgl. 2.45).

3.03.077 Schmidt, Wolfgang:
Studienziele für die Musikdidaktik.
Informationen über die gegenwärtige Ausbildung von Schulmusikerziehern. In: Neue Musikzeitung 23, 1974, 2, S. 22 (Vgl. 2.45).

3.03.078 Schmidt-Brunner, Wolfgang:
Das studienintegrierte Praktikum – Erfahrungen und Überlegungen zu Inhalt und Organisation.
In: Forschung i. d. Musikerziehung 1976 (Vgl. 2.17).

3.03.079 Schubert, Lothar:
Vielfältige Möglichkeiten für eine differenzierte Weiterbildung.
Zur zentralen Ausschreibung der Spezialkurse für die Winter- und Sommerferien 1976. In: Musik in der Schule 26, 1976, 12, S. 439–440 (Vgl. 2.37).

3.03.080 Schubert, Lothar:
Zur Weiterbildung der Lehrer im Fach Musik auf der Grundlage des neuen Programms ab Schuljahr 1973.
In: Musik in der Schule 25, 1974, 1, S. 4–9 (Vgl. 2.37).

3.03.081 Schulten, Marie-Luise:
Das Berufsbild des Musiklehrers.
In: Forschung i. d. Musikerziehung 1976 (Vgl. 2.17).

3.03.082 Seidel, Almut:
Zur Situation der Musikpädagogik an den Fachschulen und Fachhochschulen für Sozialpädagogik in Hessen.
In: Forschung i. d. Musikerziehung 1976 (Vgl 2.17).

3.03.083 Sowa, Georg:
Das musikalische Proletariat in Deutschland.
Studie zur Situation der Privatmusikerzieher und Orchestermusiker im
19. und 20. Jahrhundert. In: Neue Musikzeitung 23, 1974, 1, S. 37–40
(Vgl. 2.45). Erwiderung von: Birck von Bistram, Dorothee in: Neue
Musikzeitung 23, 1974, 2, S. 7. Erwiderung von: Mittendorfer, Sigrid in:
Neue Musikzeitung 23, 1974, 4, S. 8.

3.03.084 *Sprache und Musik.*
Vorträge und Berichte der zweiten Tagung „Musik in Volksschule und
Lehrerbildung." Möseler, Wolfenbüttel.

3.03.085 Stephan, Rudolf:
Schulfach Musik.
11 Beiträge zum Thema Ausbildung von Musiklehrern ... (Vgl.
3.01.232).

3.03.086 Stumme, Wolfgang:
*Lehrermangel und Ausbildungsmöglichkeiten der Lehrkräfte für die
Musikalische Grundausbildung.*
In: Die Musikschule 3 (Vgl. 2.14).

3.03.087 Stumme, Wolfgang:
Über die Zusammenarbeit von Musikschulen und Musikhochschulen.
In: Die Musikschule 1 (Vgl. 2.14).

3.03.088 Sydow, Kurt:
Musik in Volksschule und Lehrerbildung ...
(Vgl. 3.01.235).

3.03.089 Teiner, Manfred:
Instrumentalmusikerziehung und Lehrerbildung.
In: Musikerziehung 27, 1973/74, 3, S. 114–116, 118 (Vgl. 2.34).

3.03.090 Thresher, J. M.:
A Music Workshop for Special Class Teachers.
In: J. Music Ther. 9, 1972, S. 40–43.

3.03.091 Tschache, Helmut:
*Integriertes Schulpraktikum im Hamburger Modell der Musiklehrerausbil-
dung.*
In: Forschung i. d. Musikerziehung 1976 (Vgl. 2.17).

3.03.092 Uhde, Jürgen:
Zum Instrumentalunterricht von Schulmusikern an der Musikhochschule.
In: R. Stephan (Hrsg.): Schulfach Musik, S. 47–51 (Vgl. 3.01.232).

3.03.093 Vetter, Hans Joachim:
Zur Musiklehrer- und Musikschullehrerausbildung.
In: Die Musikschule 1 (Vgl. 2.14).

3.03.094 Warner, Theodor:
Handwerkslehre der Musikerziehung.
Kassel 1954.

3.03.095 Weber, Rudolf:
Musiklehrerausbildung an der Universität.
Osnabrück: Gleichrangigkeit für alle Stufen. In: Neue Musikzeitung 24,
1975, 2, S. 25 (Vgl. 2.45).

3.03.096 Weiss, Günther:
Ein Kontakt zwischen Schulmusik und Musikwissenschaft.
München bietet endlich erweiterte Studienmöglichkeiten. In: Neue Musikzeitung 24, 1975, 4, S. 22 (Vgl. 2.45).

3.03.097 Weiss, Günther:
Schwierigkeiten mit dem Fachverhältnis.
Zur künftigen Ausbildung für Sekundarstufe I. In: Neue Musikzeitung 25, 1976, 2, S. 7 (Vgl. 2.45).

3.03.098 Werner, Robert:
A proposed international curriculum for the education of the music teacher.
In: International Music Educator 1972, 2, S. 15—17.

3.03.099 Wilson, H. R.:
The Training of Teachers for Music in Rural Schools of the USA.
In: Music in Education (Vgl. 2.30).

3.03.100 Würzl, Eberhard:
Schulpolitisches für Schulmusiker.
In: Musik-Erziehung 28, 1974/75, 1, S. 15—18 (Vgl. 2.34).

3.03.101 Zander, H. / Züghart, M.:
Der Musiklehrer in der Sekundarstufe I.
In: Musik und Bildung 8, 1976, 5, S. 263—267 (Vgl. 2.40).

3.04   Lehrpläne — Curricula — Sequenzen — Rahmenrichtlinien

3.04.001 Abel-Struth, Sigrid:
Die Musik im Bildungsplan der Grundschule.
In: Der Unterricht in der Grundschule. Stuttgart 1969.

3.04.002 Abel-Struth, Sigrid:
Revision des Musik-Curriculums für den Primarbereich.
In: Musik und Bildung 6, 1974, 3, S. 152—155 (Vgl. 2.40).

3.04.003 *Arbeitsgemeinschaft Curriculum Musik.*
Sequenzen Musik Sekundarstufe I. 0871 Arbeitsbuch — 08711 Arbeitskarten — 08721 ff Tonbänder — 08731 Information 1 — 0879 Curriculum Musik Sekundarstufe I Unterrichtsplanung. Klett, Stuttgart 1971.

3.04.004 Aregger, K. / Isenegger U. (Hrsg.):
Curriculumprozess.
Beiträge zur Curriculumkonstruktion und -implementation. In: Arbeitspapiere und Kurzberichte 18/19, Päd. Inst. der Universität Fribourg 1972.

3.04.005 Beauchamp, G. A.:
Theoretische Dimensionen der Curriculumkonstruktion.
In: S. B. Robinsohn (Hrsg.): Curriculumentwicklung in der Diskussion. Stuttgart 1972, S. 139—145.

3.04.006 Binkowski, Bernhard:
Die Stellung der Musik in der Bildungsplanung des Landes Baden-Württemberg.
In: Musik und Bildung 1969, 2 (Vgl. 2.40).

3.04.007 Bund Schweizerischer Frauenvereine:
Erhebung über die Lehrpläne in den Volksschulen.
Stiftung für Erforschung der Frauenarbeit, o. O. 1967.

3.04.008 *Curriculum Musikalische Früherziehung.*
Musikschulfassung, 1.–4. Halbjahr. Unterrichtsprogramm, Musikfibel, Elternblätter. Bosse, Regensburg 1974.

3.04.009 Ehrenforth, K. H. / Richter, Ch.:
Die Lehrpläne für das Fach Musik in der Sekundarstufe II (Studienstufe).
Versuch einer Analyse. In: Musik und Bildung 7, 1975, 11, S. 545–564
(Vgl. 2.40).

3.04.010 Eigenmann, J.:
Sequenzenbildung in der Curriculumkonstruktion.
Päd. Inst., Fribourg 1974.

3.04.011 Ettl, H.:
Lehrplanforschung für das Unterrichtsfach Musik.
In: Forschung i. d. Musikerziehung 1969, 2 (Vgl. 2.17).

3.04.012 Fegers, Karl:
Arbeitsplan für die Grundausbildung an Musikschulen.
Möseler Verlag, Wolfenbüttel 1976.

3.04.013 Fischer, Wilfried:
Integration von 1., 2. und 3. Phase der Lehrerausbildung . . .
(Vgl. 3.03.020).

3.04.014 Flügel, Siegfried:
Einige Grundfragen der Realisierung der Lehrplanforderungen aus der Sicht der Aufgabenstellung der Direktorenkonferenz.
In: Musik in der Schule 26, 1975, 2/3 (Vgl. 2.37).

3.04.015 Frey, K.:
Der Lehrplan der Real-, Sekundar- und Bezirksschulen.
Weinheim 1968.

3.04.016 Frey, K.:
Theorien des Curriculums.
Weinheim 1971.

3.04.017 Frisius, Rudolf:
Musik-Curriculum „Sequenzen".
In: Gesamtschule 1974, 2, S. 19–25.

3.04.018 Frisius, Rudolf u. a. (Hrsg.):
Reihe Curriculum Musik . . .
(Vgl. 2.48).

3.04.019 Gabschuss, Klaus:
Notwendigkeit und Problematik eines musikpädagogischen Programms . . .
(Vgl. 3.01.075).

3.04.020 Gärtner, Adolf Hartmut:
Der bayerische Curriculare Lehrplan für Musik in der Kollegstufe.
In: Musik und Bildung 6, 1974, 4, S. 227–231 ... (Vgl. 2.40).

3.04.021 Gieseler, Walter:
Grundriss der Musikdidaktik.
Kapitel 3: Curriculumforschung ... (Vgl. 3.01.077).

3.04.022 Hahn, W. / Rauhe, H.:
Gesichtspunkte für die Entwicklung von Unterrichtssequenzen aus dem Bereich der Popmusik.
In: Musik und Bildung 6, 1974, 5, S. 289–293 (Vgl. 2.40).

3.04.023 Haller, H. D.:
Zur Empirie der Lehrplanentwicklung.
Arbeitsgruppe für Unterrichtsforschung. Sonderforschungsbereich Bildungsforschung. Universität Konstanz. Monographie IV, Teil 1. Konstanz 1971.

3.04.024 Halmos, Endre:
Die musikpädagogische Konzeption Zoltan Kodálys im Vergleich mit modernen curricularen Theorien.
Ein Beitrag zur komparativen Musikpädagogik. Möseler, Wolfenbüttel u. Zürich 1977.

3.04.025 Hoffmann, Karl:
Zu Problemen des Musikunterrichts ...
(Vgl. 3.01.104).

3.04.026 Hug, M.:
Entwurf eines Musikcurriculums für die Studienstufe in Themenkreisen und Übungsmodellen.
In: E. Kraus (Hrsg.): Bildungsziele ... (Vgl. 3.01.136).

3.04.026 Hug, M.:
Entwurf eines Musikcurriculums für die Studienstufe in Themenkreisen und Übungsmodellen.
In: E. Kraus (Hrsg.): Bildungsziele ... (Vgl. 3.01.136).

3.04.027 Huhse, K.:
Theorie und Praxis der Curriculumentwicklung.
In: Studien und Berichte 13, Institut f. Bildungsforschung in der Max-Planck-Gesellschaft, Berlin 1968.

3.04.028 Ickstadt, Alois:
Zu den Auswirkungen neuer Rahmenrichtlinien ...
(Vgl. 3.03.038).

3.04.029 Isenegger, U.:
Funktionen des Curriculums.
In: Schweiz. Lehrerinnenzeitung 4, 1973, S. 93–101.

3.04.030 Jenne, M.:
Musikunterricht in der Gesamtschule ...
(Vgl. 3.02.064).

3.04.031 Kabalewski, Dimitri:
Musik in der Schule.
[Erläuterungen zum neuen Lehrplan für Musikunterricht an allgemeinbildenden Schulen in der UdSSR]. In: Musik in der Schule 25, 1974,
6/7/8 (Vgl. 2.37).

3.04.032 Kaden, Werner:
*Zur Einführung präzisierter Lehrprogramme in der Ausbildung von
Musikfachlehrern . . .*
(Vgl. 3.03.041).

3.04.033 Kälin, Paul:
Musikerziehung in der Schweiz.
Studie zur Situation der Musikerziehung anhand des Vergleichs von
Resultaten einer Analyse der Primar-, Real-, Sekundar- und Bezirksschul-
lehrpläne mit neueren Ergebnissen aus der Entwicklungspsychologie und
Curriculumforschung. Diesterweg Verlag, Frankfurt/M. 1976.

3.04.034 Klöckner, Dieter:
Schulversuch ,,Grundschule mit Schwerpunkt Musik" Heiderhof (Bonn-
Bad Godesberg)   und   Hochschulcurriculum   (Konzeptualisierung –
Praxis – Forschungsplanung).
In: Forschung i. d. Musikerziehung 1976 (Vgl. 2.17).

3.04.035 Knolle, Niels:
*Der Studiengang ,,Musik / Auditive Kommunikation" an der Universität
Oldenburg . . .*
(Vgl. 3.03.047).

3.04.036 Koch, Gerhard R.:
*Rahmenrichtlinien, Handreichungen, Arbeitsmaterialien, Musikpädago-
gische Entwürfe in deutschen Bundesländern.*
In: HiFi-Stereophonie 14, 1975, 12, S. 1352, 1354.

3.04.037 Kolbe, Johannes:
Arbeitsgemeinschaften nach Rahmenprogrammen – ein Schritt zu grösse-
rer Flexibilität der Oberstufe.
In: Musik in der Schule 26, 1975, 9/11 (Vgl. 2.37).

3.04.038 Kraus, Christel:
Arbeitsgemeinschaften nach Rahmenprogrammen –
ein Schritt zu grösserer Flexibilität der Oberstufe. In: Musik in der
Schule 26, 1975, 1, S. 19–21 (Vgl. 2.37).

3.04.039 Kraus, Egon:
*Ein neues Musikcurriculum als Beispiel für eine Revision der Bildungs-
pläne in den USA.*
In: Musik und Bildung 1969, 6 (Vgl. 2.40).

3.04.040 Kraus, Egon:
*Grundzüge einer Curriculumentwicklung in den USA und in der Bundes-
republik.*
In: Musik und Bildung 1970, 5 (Vgl. 2.40).

3.04.041 Kraus, Egon:
Lehrplankritik als Voraussetzung zur Lehrplanreform.
In: Musik und Bildung 2, 1970, 2, S. 53–56 (Vgl. 2.40).

3.04.042 Kraus, Egon:
Musik als integrierender Bestandteil . . .
(Vgl. 3.02.082).

3.04.043 *Lehrplan Musik.*
Klasse 3 und 4. Hrsg. Ministerrat der DDR, Ministerium für Volksbildung.
Volk & Wissen, Berlin 1973, 1974.

3.04.044 Liebers, Harry u. a.:
Rahmenrichtlinien Primarstufe Musik.
Diesterweg Verlag, Frankfurt/M. 1976.

3.04.045 Maier, H.:
Zum Strukturplan des Deutschen Bildungsrates.
In: Musik und Bildung 1970, 12 (Vgl. 2.40).

3.04.046 Martin, G. M.:
*Projekte zur Curriculumentwicklung in der amerikanischen Musiker-
ziehung.*
In: Musik und Bildung 1976, 2 (Vgl. 2.40).

3.04.047 *Ministry of Education: Curriculum of Singing an Music Tuition with
Instructions,* for Primary Schools with a special Music Program.
Budapest 1966.

3.04.048 Moeller, Christine:
Technik der Lernplanung.
Weinheim / Berlin / Basel 1969.

3.04.049 Noll, Günther:
Probleme der Unterrichts- und Curriculumforschung.
In: Forschung i. d. Musikerziehung 1974 (Vgl. 2.17).

3.04.050 Noll, Günther:
Zum Problem der Curriculumforschung.
In: Forschung i. d. Musikerziehung 9/10 1973 (Vgl. 2.17).

3.04.051 Nolte, Eckhard:
Lehrpläne für den schulischen Musikunterricht.
In: Musikpädagogik 3 (Vgl. 2.39).

3.04.052 Nolte, Eckhard:
*Lehrpläne und Richtlinien für den schulischen Musikunterricht in
Deutschland vom Beginn des 19. Jahrhunderts bis in die Gegenwart.*
Eine Dokumentation. Schott, Mainz 1975.

3.04.053 Nolte, Eckhard:
Musiklehrpläne von 1800 bis zur Gegenwart.
In: Musikpädagogik 3 (Vgl. 2.39).

3.04.054 Probst, Werner:
Grundausbildung als pädagogische Basis.
Über die Neukonzeption des Musikschul-Lehrplanes. In: Neue Musik-
zeitung 23, 1974, 2, S. 25 (Vgl. 2.45).

3.04.055 Rauhe, Hermann:
Die Musik im Strukturplan des Deutschen Bildungsrates.
In: Musik und Bildung 1970, 12 (Vgl. 2.40).

3.04.056 Reschke, H.:
Die Musik im nationalen Bildungsplan.
In: Deutscher Musikrat, Informationen 16, Hamburg 1970.

3.04.057 Richter, Christoph:
Aspekte eines Musik-Curriculums für die Sekundarstufe II.
In: Musik und Bildung 6, 1974, 4, S. 222–226 (Vgl. 2.40).

3.04.058 Richter, Christoph:
Musik als Spiel.
Ein didaktisches Modell . . .
(Vgl. 3.01.209).

3.04.059 Santini, R.:
Das Curriculum im Urteil der Lehrer.
Basel 1971.

3.04.060 Schmidt, Hans-Christian:
Zur Distanz verurteilt – Plädoyer für ein Gegen-Curriculum.
In: Musik und Bildung 7, 1975, 9, S. 429–439 (Vgl. 2.40).
Erwiderung von: Graetschel, Wolfgang in: Musik und Bildung 8, 1976, 1,
S. 38–39.

3.04.061 Scholz, Siegfried:
Arbeitsgemeinschaft nach Rahmenprogrammen – ein Schritt zu grösserer
Flexibilität der Oberstufe.
In: Musik in der Schule 25, 1974, 4, S. 120–122 (Vgl. 2.37).

3.04.062 Small, Christopher:
Towards a philosophy.
Bd. III: Creation and curricula . . . (Vgl. 3.01.228).

3.04.063 Stephan, Rudolf:
Der Beitrag der Musikwissenschaft zur Curriculumentwicklung.
In: E. Kraus (Hrsg.): Bildungsziele und Bildungsinhalte des Faches
Musik . . . (Vgl. 3.01.136).

3.04.064 Stumme, Wolfgang:
Der Lehrplan ,,Musikalische Grundausbildung" des VdM.
In: Die Musikschule 3 (Vgl. 2.14).

3.04.065 Venus, Dankmar:
*Richtlinien und Rahmenlehrpläne für den Musikunterricht in der Grund-
schule.*
In: Musik und Bildung 8, 1976, 1, S. 1–5 (Vgl. 2.40).

3.04.066 Vetter, H. J.:
Neue Lehrpläne für Musikschulen.
In: Neue Musikzeitung 24, 1975, 1, S. 26 (Vgl. 2.45).

3.04.067 Vetter, H. V.:
Überprüfung der Leistungsanforderungen.
Zur Revision des Lehrplanwerks für Musikschulen. In: Neue Musikzei-
tung 23, 1974, 3, S. 26 (Vgl. 2.45).

3.04.068 Weniger, E.:
Die Theorie des Bildungsinhaltes und des Lehrplans.
Weinheim 1956.

3.04.069 Werner, Robert:
A proposed international curriculum for the education of the music teacher . . .
(Vgl. 3.03.098).

3.04.070 Wucher, Diethard:
Kinder finden im Spiel zur Musik.
Curriculum Musikalische Früherziehung neu gefasst. Mit Abb. In: Neue Musikzeitung 23, 1974, 5, S. 25 (Vgl. 2.45).

3.04.071 Zimmerschied, Dieter:
Curriculares Grundmodell für den Musikunterricht in der Studienstufe.
Mit Abb. In: Musik und Bildung 6, 1974, 9, S. 493–498 (Vgl. 2.40).

3.05 Musikerziehung in einzelnen Ländern – Vergleichende Musikerziehung

3.05.001 *Bellflower Project, Das:*
Ein Schulversuch mit dem Orff-Schulwerk in Kalifornien. In: Orff-Inst. Jahrb. 3, Mainz 1969.

3.05.002 Binkowski, Bernhard:
Die Stellung der Musik in der Bildungsplanung des Landes Baden-Württemberg . . .
(Vgl. 3.04.006).

3.05.003 Bloch, W.:
75 Jahre ,,Schweizerischer Musikpädagogischer Verband''.
In: SMZ 108, Zürich 1968, 2, S. 62–63.

3.05.004 Cherbuliez, A. E.:
Geschichte der Musikpädagogik in der Schweiz.
o. O. 1944.

3.05.005 Cherbuliez, A. E.:
Musikpädagogische Beziehung zwischen der Schweiz und Deutschland in älterer Zeit.
In: Wiora, W. (Hrsg.): Musikerkenntnis und Musikerziehung. Kassel/Basel 1957.

3.05.006 Cykler, E. A.:
Die Ausbildung des Musiklehrers für die Elementarschulen in den USA . . .
(Vgl. 3.03.011).

3.05.007 Cykler, E. A.:
Die musikalische Lehrerbildung in Österreich, Deutschland und den USA . . .
(Vgl. 3.03.012).

3.05.008 Cykler, E. A.:
Musikerziehung in den USA.
In: Musik und Bildung 1976, 2 (Vgl. 2.40).

3.05.009 Cykler, E. A.:
Vergleichende Musikerziehung.
In: Fortschritt und Rückbildung ... (Vgl. 2.18).

3.05.010 Daniélou, Alain:
Probleme des Musikunterrichts in asiatischen Ländern.
In: Musik und Bildung 6, 1974, 4, S. 247—249 (Vgl. 2.40).

3.05.011 Decker-Voigt, H.-H.:
Anmerkungen zur Situation des Faches Musikpädagogik ...
(Vgl. 3.03.015).

3.05.012 Dello, Jojo, N.:
The expanding Role of Contemporary Music in American Music Education.
In: International Music Educator 1964, 10.

3.05.013 Distler-Brendel, Gisela:
Marginalien zum Oldenburger Versuch ...
(Vgl. 3.01.054).

3.05.014 Dopheide, B.:
Musik und Musikerziehung im geteilten Deutschland.
In: Musik und Bildung 1970, 1 (Vgl. 2.40).

3.05.015 Drey, Wilhelm:
Erst dann kann jeder das Musizieren lernen.
Brief an die Kultusminister der westdeutschen Länder. Mit Abb. In: Instrumentenbau-Zeitschrift 29, 1975, 5, S. 407.

3.05.016 Drey, Wilhelm:
In Japans Kindergärten wird viel musiziert.
Erst mit Schlagzeug und möglichst bald melodisch. Mit Abb. In: Instrumentenbau 30, 1976, 5, S. 404, 406.

3.05.017 Eckhardt, J. / Lück, H. E.:
Das Petitum nach dem Schulmusikunterricht.
Ergebnisse einer Umfrage bei Schülern und Eltern im Kölner Raum. In: Das Orchester 24, 1976, 3, S. 145—148, 150—157.

3.05.018 Eckhardt, J. / Lück, H. E.:
Neue Ideen — alte Realitäten?
Zum Schulmusikunterricht in Nordrhein-Westfalen. In: Das Orchester 23, 1975, 5, S. 314—321.

3.05.019 Eschen, Johannes Th.:
Vom Stand der Ausbildungsplanung ...
(Vgl. 3.03.018).

3.05.020 Eschen, Johannes Th.:
Zur Situation der Musikpädagogik ...
(Vgl. 3.03.019).

3.05.021 Fisch, S.:
Musikerziehung in den Schulen der Schweiz.
In: Musikerziehung, Wien 1948, S. 14 (Vgl. 2.34).

3.05.022 Fischer, Erwin:
Schulkonzerte der Musikschule Berlin-Köpenick für Unterstufenkinder.
In: Musik in der Schule 25, 1974, 11, S. 448–450 (Vgl. 2.37).

3.05.023 Fischer, H.:
Musikerziehung in der Neuen Welt.
In: Musik im Unterricht 1961, 2 (Vgl. 2.36).

3.05.024 *Fortschritt und Rückbildung in der deutschen Musikerziehung . . .*
(Vgl. 2.18).

3.05.025 Frigyes, Sandor (Hrsg.):
Music Education in Hungary.
Boosey & Hawkes, London 1975.

3.05.026 Fuhrmann, R. / Geck, H.:
Musikpädagogische Studienziele . . .
(Vgl. 3.03.025).

3.05.027 Gärtner, A. H.:
Der bayerische Curriculare Lehrplan für Musik in der Kollegstufe . . .
(Vgl. 3.04.020).

3.05.028 Gieseler, Walter:
Grundriss der Musikdidaktik.
Kapitel 10: Komparative Musikdidaktik . . . (Vgl. 3.01.077).

3.05.029 Gieseler, Walter:
Musikerziehung in den USA im Vergleich mit deutschen Verhältnissen.
Stuttgart 1969.

3.05.030 Halmos, Endre:
Die musikpädagogische Konzeption Zoltan Kodalys . . .
(Vgl. 3.04.024).

3.05.031 Hansen, Erich:
Praxis der Integration von 1., 2. und 3. Phase der Lehrerausbildung in Schleswig-Holstein . . .
(Vgl. 3.03.034).

3.05.032 Haupt, Wolfgang:
Für das Schuljahr 1975/76 (DDR) . . .
(Vgl. 3.01.093).

3.05.033 Heinsheimer, Hans W.:
Wo sieben Millionen musizieren.
Mit Abb. In: Musik und Medizin 2, 1976, 2, S. 60–62 (Vgl. 2.42).

3.05.034 Heise, Walter:
Musikunterricht in der erweiterten Oberschule der DDR.
In: Zeitschrift für Musikpädagogik 1, 1976, 1, S. 53–62 (Vgl. 2.58).

3.05.035 Hoffmann, A. E.:
Der Instrumentalunterricht i. d. Schulen der USA.
In: E. Kraus (Hrsg.): Comparative Music Edition, Mainz 1962.

3.05.036 Hoffmann, A. E.:
Geschichte des schweizerischen musikpädagogischen Verbandes von 1853 bis 1943.
In: A. E. Cherbuliez (Hrsg.): Geschichte der Musikpädagogik . . . (Vgl. 3.05.004).

3.05.037 Hoffmann, Freia:
Musiklehrbücher in den Schulen der BRD.
Luchterhand Verlag, Neuwied 1974.

3.05.038 Housewright, W. L.:
Musikunterricht i. d. Sekundarschulen der USA.
In: Comparative Music Education, Mainz 1962.

3.05.039 Jakoby, Richard:
Konzeption und Situation der Musikschule im musikalischen Bildungswesen der Bundesrepublik Deutschland.
In: Die Musikschule 1 (Vgl. 2.14).

3.05.040 Kabalewski, Dimitri:
Musik in der Schule.
[Erl. zum neuen Lehrplan für Musikunterricht an allgemeinbildenden Schulen in der UdSSR] . . . (Vgl. 3.04.031).

3.05.041 Kadelbach, Ada:
350 000 werden an 427 Musikschulen der Bundesrepublik Deutschland von 8000 Lehrern unterrichtet:
Aber 85 000 Kinder im Westen und in Berlin stehen noch auf der Warteliste. Mit Abb. In: Das Musikinstrument 24, 1975, 4, S. 665–667.

3.05.042 Kälin, Paul:
Musikerziehung in der Schweiz . . .
(Vgl. 3.04.033).

3.05.043 Kirch, Klaus:
Empfehlungen zwischen Zwang und manchen Nöten.
Nordrhein-Westfalen probt und prüft die Musik in allen Schultypen. In: Neue Musikzeitung 25, 1976, 1, S. 22–23 (Vgl. 2.45).

3.05.044 Kirchner, Gerhard:
Mittelfristige Studienreform . . .
(Vgl. 3.03.045).

3.05.045 Klausmeier, Friedrich:
Zum Oldenburger Modell . . .
(Vgl. 3.03.046).

3.05.046 Klusen, Ernst:
Zur Situation des Singens in der Bundesrepublik Deutschland.
Gerig, Köln 1974/75.

3.05.047 Knolle, Niels:
Der Studiengang „Musik / Auditive Kommunikation” an der Universität Oldenburg . . .
(Vgl. 3.04.035).

3.05.048 Knotzinger, Kurt:
Der Blick über die Grenzen.
Ein Beitrag zur Musikerziehung auf der Unterstufe der AHS. In: Musikerziehung 29, 1975/76, 1, S. 17–21 (Vgl. 2.34).

3.05.049 Koch, Gerhard:
Rahmenrichtlinien . . .
(Vgl. 3.04.036).

3.05.050 Kratochwil, Heinz:
Musikerziehung in der Sowjetunion.
In: Musikerziehung 27, 1973/74, 3, S. 105–109 (Vgl. 2.34).

3.05.051 Kraus, Egon:
Ablehnung oder Modifizierung der Saarbrücker Rahmenvereinbarung?
In: Fortschritt und Rückbildung ... (Vgl. 2.18).

3.05.052 Kraus, Egon:.
Bibliographie „Vergleichende Musikerziehung. Musikerziehung in einzelnen Ländern".
In: Musik und Bildung 1970, 7/8 (Vgl. 2.40).

3.05.053 Kraus, Egon:
Ein neues Musikcurriculum als Beispiel für eine Revision der Bildungspläne in den USA ...
(Vgl. 3.04.039).

3.05.054 Kraus, Egon:
Grundzüge einer Curriculumentwicklung in den USA und in der Bundesrepublik ...
(Vgl. 3.04.040).

3.05.055 Kraus, Egon:
50 Jahre amerikanische Musikerziehung.
In: Musik im Unterricht 1956, 7/8 (Vgl. 2.36).

3.05.056 Kraus, Egon:
Jugendkonzerte / die pädagogische Aufgabe der (amerikanischen) Sinfonieorchester.
In: Musik und Bildung 1972, 7/8 (Vgl. 2.40).

3.05.057 Kraus, Egon:
Literaturhinweise zum Thema „Musik und Musikerziehung in den USA".
In: Musik und Bildung 8, 1976, 2, S. 87 (Vgl. 2.40).

3.05.058 Kraus, Egon:
Musikerziehung zwischen Ost und West.
Gedanken zu einer Arbeitstagung des deutschen Musikrats. In: Musik im Unterricht 52, 1961, S. 333–336 (Vgl. 2.36).

3.05.059 Kraus, Egon:
Musikpädagogische Forschung in den USA.
In: Musik und Bildung 1972, 3 (Vgl. 2.40).

3.05.060 Kraus, Egon:
Vergleichende Musikerziehung.
Schott, Mainz 1962.

3.05.061 Kwabena Nketia, J. H.:
Musikerziehung in Afrika und im Westen.
In: Musik und Bildung 7, 1975, 1, S. 7–11 (Vgl. 2.40).

3.05.062 Laade, Wolfgang:
„Musik der Welt" an amerikanischen Bildungsstätten: Amerikas Weg zu einer neuen Humanität.
In: Musik und Bildung 7, 1975, 1, S. 11–14 (Vgl. 2.40).

3.05.063 Langer, Walter:
Das Kärntner Landesmusikschulwerk.
Grundsätze – Erfahrungen – Folgerungen. In: Musikerziehung 28, 1974/75, 2, S. 66–68 (Vgl. 2.34).

3.05.064 Lawler, V.:
Trends in Music Education in the USA.
In: E. Kraus (Hrsg.): The Present State of Music Education in the World. Köln 1960.

3.05.065 Maier, H.:
Zum Strukturplan des Deutschen Bildungsrates . . .
(Vgl. 3.04.045).

3.05.066 Malone, M.:
Music in the Elementary Schools of the USA.
In: Music in Education 1955 (Vgl. 2.30).

3.05.067 Marckhl, E. / Nemeth, C.:
Bericht über die IV. Konferenz der Präsidenten der Österr. Akademien für Musik und der Konservatorien der Länder und Städte in Österreich.
Arbeitsgemeinschaft der Musikerzieher Österreichs, Wien 1963.

3.05.068 Martin, G. M.:
Projekte zur Curriculumentwicklung in der amerikanischen Musiker-ziehung . . .
(Vgl. 3.04.046).

3.05.069 Mathey, P.:
Orff-Schulwerk in Griechenland.
In: Orff-Inst. Jahrb. 2, Mainz 1963.

3.05.070 Mehlig, Rainer:
Ausbau der VDM-Musikschulen.
In: Musikhandel 27, 1976, 5, S. 233.

3.05.071 Michel, Paul:
Gedanken zu Problemen der Entwicklung der Musikerziehung in der DDR in den 25 Jahren ihres Bestehens.
In: Musik in der Schule 25, 1974, 9, S. 338–342 (Vgl. 2.37).

3.05.072 Michel, Paul:
Gleiche Musik für eine andere Gesellschaft.
Die DDR: Systematische Musikerziehung unter sozialistischem Vorzei-chen. In: Neue Musikzeitung 24, 1975, 1, S. 24 (Vgl. 2.45).
Erwiderung von: Karbusicky, Vladimir: Selbstdarstellung – soziologisch betrachtet. Zu Paul Michels Aufsatz über die Musikerziehung in der DDR. In: Neue Musikzeitung 24, 1975, 3, S. 8.

3.05.073 Michel, Paul:
Improvisation auch in Karl-Marx-Stadt.
Fortsetzung der Informationsserie: Musikpädagogik in der DDR. In: Neue Musikzeitung 24, 1975, 3, S. 24 (Vgl. 2.45).

3.05.074 Michel, Paul:
Musikerziehung in der DDR und in anderen sozialistischen Ländern.
Mit Abb. In: Musik in der Schule 25, 1974, 11/12 und 26, 1975, 1/2 (Vgl. 2.37).

3.05.075 Murray, M.:
A note on Orff-Schulwerk in England.
In: Kent Fellowship of Music 1966, 5.

3.05.076 *Musikethnologie als Beispiel für interdisziplinäre Zusammenarbeit.*
In: ISME 1, 1973 (Vgl. 2.21).

3.05.077 Nettl, Bruno:
Musik in der amerikanischen Hochschule.
In: Das Orchester 1960, 8.

3.05.078 Nettl, Bruno:
Schulmusik in den Vereinigten Staaten.
In: Musik im Unterricht 1959, 6 (Vgl. 2.36).

3.05.079 Noll, Günther:
Musikpädagogik in der Studienreform . . .
(Vgl. 3.03.060).

3.05.080 Osterburg, W., Höhne, D.:
Haben Musiklehrer ein leichtes Leben? . . .
(Vgl. 3.03.062).

3.05.081 Parrish, C.:
Music Education in the Colleges and Universities of America.
In: Music in Education 1955 (Vgl. 2.30).

3.05.082 Rauhe, Hermann:
Die Musik im Strukturplan des Deutschen Bildungsrates . . .
(Vgl. 3.04.055).

3.05.083 Rauhe, Hermann:
Ein Modell mit neuen Strukturen . . .
(Vgl. 3.03.065).

3.05.084 Rauhe, Hermann:
Neue Wege für Schulmusiker-Ausbildung . . .
(Vgl. 3.03.067).

3.05.085 Read, Johannes:
Studienweg mit manchen Kurven.
Nordrhein-Westfalen realisiert: Musikschul-Oberstufe als Startrampe. In:
Neue Musikzeitung 23, 1974, 2, S. 6 (Vgl. 2.45).

3.05.086 Reckziegel, Walter:
Fingerhakelnd zum neuen Lehrertyp . . .
(Vgl. 3.03.070).

3.05.087 Regner, H.:
Orff-Schulwerk im Ausland.
In: Musik im Unterricht 1965, 7/8 (Vgl. 2.36).

3.05.088 Reinecke, H.-P.:
Zur Strukturanalyse des deutschen Musiklebens.
In: Musik und Bildung 1971, 1 (Vgl. 2.40).

3.05.089 Reiter, H.:
Blick auf Nachbars wohlbestelltes Feld.
In: Musikerziehung 21, 1968, 4, S. 172–175 (Vgl. 2.34).

3.05.090 Reschke, H.:
Die Musik im nationalen Bildungsplan . . .
(Vgl. 3.04.056).

3.05.091 Rieger, Eva:
Schulmusikerziehung in der DDR.
Diesterweg, Frankfurt a. M., Berlin u. München 1977.

3.05.092 Riniker, Hansjörg:
Musikerziehung im Kanton Aargau.
Situation und Ausblick. Kantonaler Lehrmittelverlag, Aarau 1975.

3.05.093 Sandor, F.:
Musikerziehung in Ungarn.
Budapest/Stuttgart 1966.

3.05.094 Schulze, Helmut:
Kein Talent darf uns verloren gehen.
40 000 Kinder werden an 87 Musikschulen der DDR konsequent gefördert. In: Neue Musikzeitung 24, 1975, 1, S. 24 (Vgl. 2.45).

3.05.095 Seidel, Almut:
Zur Situation der Musikpädagogik . . .
(Vgl. 3.03.082).

3.05.096 Sochor, Arnold:
Die Freizeit der Jugend und ihre ästhetische Ausnützung für die musikalisch-ästhetische Erziehung (aufgrund sowjetischer Erfahrung).
In: Schule und Umwelt (Vgl. 3.02.159).

3.05.097 Sowa, Georg:
Das musikalische Proletariat in Deutschland . . .
(Vgl. 3.03.083).

3.05.098 Szönyi, Erzsébet:
Aspekte der Kodály-Methode.
Diesterweg, Frankfurt/M. 1973.

3.05.099 Szönyi, Erzsébet:
Musik-Volksschule und Musik-Gymnasium in Ungarn.
In: Fortschritt und Rückbildung . . . (Vgl. 2.18).

3.05.100 Tantau, Kurt:
Musisches Gymnasium und Musikgymnasium.
In: Fortschritt und Rückbildung . . . (Vgl. 2.18).

3.05.101 Träder, Willi:
Land der Seen und Musikschulen.
Zur besonderen Situation der Musikschulen in Finnland. In: Neue Musikzeitung 24, 1975, 5, S. 25 (Vgl. 2.45).

3.05.102 Trotter, R. M.:
Das Projekt „Zeitgenössische Musik" in amerikanischen Schulen.
In: Musik und Bildung 1970, 6 (Vgl. 2.40).

3.05.103 Tschache, Helmut:
Integriertes Schulpraktikum . . .
(Vgl. 3.03.091).

3.05.104 Ullner, Rudolf:
Deutsche „Kindermusik" in Amerika.
Musikalische Früherziehung des VdM nach North Carolina exportiert. In:
Neue Musikzeitung 24, 1975, 5, S. 26 (Vgl. 2.45).

3.05.105 Vajda, Cecilia:
The Kodaly Way to Music.
The method adepted for British Schools. Boosey & Hawkes 1974.

3.05.106 Villiger, Edwin:
Der Stand des Schulgesangs an schweizerischen Primarschulen.
In: Schulblatt der Kantone Schaffhausen und Thurgau 12, Diessenhofen
1970.

3.05.107 Villiger, Edwin:
Schulmusik in der Schweiz.
Ziel und Weg einer zeitgemässen Schulmusik in der Schweiz. Atlantis,
Zürich und Freiburg i. Br. 1977.

3.05.108 Villiger, Edwin:
Schweizerisches Komitee zur Förderung der Schulmusik.
o. O. 1971.

3.05.109 Walkley, Clive:
Music education of young children.
An interim report on the Schools Council / Reading University Research
& Development Project. In: Music in Education 39, 1975, 4, S. 161–163
(Vgl. 2.30).

3.05.110 Walter, A.:
Music Education on the American Continent.
In: Music in Education 1955 (Vgl. 2.30).

3.05.111 Weber, Rudolf:
Musiklehrerausbildung an der Universität Osnabrück . . .
(Vgl. 3.03.095).

3.05.112 Wehrle, Paul:
Klassen mit verstärktem Musikunterricht in Baden-Württemberg.
In: Musik und Bildung 7, 1975, 4, S. 190–192 (Vgl. 2.40).

3.05.113 Wehrle, Paul:
Oberstufenreform in Baden-Württemberg.
In: Musik und Bildung 6, 1974, 4, S. 220–221 (Vgl. 2.40).

3.05.114 Wehrle, Paul:
Zur Generalversammlung des Deutschen Musikrates 1975.
„Konsequenzen aus dem Künstlerbericht der Bundesregierung". Bericht
der Arbeitsgruppe Musikpädagogik und Musikpflege. In: Musik und Bildung 8, 1976, 3, S. 150–152 (Vgl. 2.40).

3.05.115 Weiss, Günther:
Ein Kontakt . . .
(Vgl. 3.03.096).

3.05.116 Weyer, Reinhold:
Die Geiger würde man im Wind gar nicht hören.
Stundenbilder für den Unterricht — Gruppenmusizieren in- und ausser-
halb Europas. Mit Abb. In: Neue Musikzeitung 23, 1974, 6, S. 25
(Vgl. 2.45).

3.05.117 Wilson, H. R.:
The Training of Teachers for Music in Rural Schools of the USA ...
(Vgl. 3.03.099).

3.05.118 Wiora, Walter:
Das deutsche Musikleben und die Situation der Zeit ...
(Vgl. 3.01.271).

3.05.119 Würzl, Eberhard:
Musikerziehung in Moskau und Odessa.
In: Musikerzeihung 21, 1968, 4, S. 167—172 (Vgl. 2.34).

3.05.120 Zimmerschied, Dieter:
Organisationsformen in der rheinland-pfälzischen Sekundarstufe II.
In: Musik und Bildung 6, 1974, 4, S. 215—217 (Vgl. 2.40).

3.06 Geschichte der Musikerziehung

3.06.001 Antholz, Heinz:
Unterricht in Musik ...
(Vgl. 3.01.018).

3.06.002 Bloch, W.:
75 Jahre ,,Schweizerischer Musikpädagogischer Verband" ...
(Vgl. 3.05.003).

3.06.003 Braun, Gerhard:
Die Schulmusikerziehung in Preussen von den Falkschen Bestimmungen bis zur Kestenberg-Reform.
Bärenreiter, Kassel u. Basel 1957.

3.06.004 Bremer, Heinz:
Musikunterricht und Musikpflege an den niederrheinischen Lateinschulen im Späthumanismus
(1570—1700). Volk, Köln 1976.

3.06.005 Cherbuliez, A. E.:
Geschichte der Musikpädagogik in der Schweiz ...
(Vgl. 3.05.004).

3.06.006 Cherbuliez, A. E.:
Musikpädagogische Beziehungen ...
(Vgl. 3.05.005).

3.06.007 Cherbuliez, A. E.:
Pestalozzis Anregung auf dem Gebiete der Musikpädagogik.
Zürich 1933.

3.06.008 Darius, Peter:
Die Musik in den Elementarschulen und Kirchen Düsseldorfs im 19. Jahrhundert.
Volk, Köln 1969.

3.06.009 Epstein, P.:
Der Schulchor vom 16. Jahrhundert bis zur Gegenwart.
Leipzig 1929.

3.06.010 Fischer, Hans:
Goethes Bedeutung für das Musikschaffen und die Musikerziehung der Gegenwart.
In: Die neue Schule 4, Berlin 1949, S. 207–210.

3.06.011 Forneberg, Erich:
Gedanken zur Musik und Musikerziehung von Platon bis zur Gegenwart . . .
(Vgl. 3.01.070).

3.06.012 Graetschel, Wolfgang:
Theorie und Praxis im musikerzieherischen Wirken Josef Mainzers (1801–1851).
In: Hopf, H. / Rauhe, H. (Hrsg.): Schriften zur Musikpädagogik . . . (Vgl. 3.01.109).

3.06.113 Günther, Ulrich:
Die Schulmusikerziehung von der Kestenberg-Reform bis zum Ende des Dritten Reiches.
Luchterhand, Neuwied a. Rhein 1967.

3.06.014 Hoffmann, E. A.:
Geschichte des schweizerischen musikpädagogischen Verbandes . . .
(Vgl. 3.05.036).

3.06.015 Jöns, H. C.:
Musikalische Erziehung, früher und heute . . .
(Vgl. 3.01.120).

3.06.016 Kraus, Egon:
50 Jahre amerikanische Musikerziehung . . .
(Vgl. 3.05.055).

3.06.017 Laserre, F.:
Plutarque de la musique.
L'éducation musicale dans la Grèce antique. Lausanne o. J.

3.06.018 Lüdeke, R.:
Zur Geschichte der Musikerziehung in der ersten Hälfte des 19. Jahrhunderts in Deutschland.
1960.

3.06.019 Michel, Paul:
Gedanken zu Problemen der Entwicklung . . .
(Vgl. 3.05.071).

3.06.020 Moissl, Gustav:
Die Arbeitsgemeinschaft der Musikerzieher Österreichs 1947–1967.
Ein Beitrag zur Geschichte der Musikerziehung in Österreich. Arbeitsgemeinschaft der Musikerzieher Österreichs, Wien/Graz 1967.

3.06.021 Niemöller, Klaus Wolfgang:
Untersuchungen zu Musikpflege und Musikunterricht an den deutschen Lateinschulen vom ausgehenden Mittelalter bis um 1600.
Bosse, Regensburg 1969.

3.06.022 Nolte, Eckhard:
Lehrpläne und Richtlinien . . .
(Vgl. 3.04.052).

3.06.023 Nolte, Eckhard:
Musiklehrpläne von 1800 bis zur Gegenwart . . .
(Vgl. 3.04.053).

3.06.024 Paul, Heinz Otto:
Musikerziehung und Musikunterricht in Geschichte und Gegenwart . . .
(Vgl. 3.01.197).

3.06.025 Pestalozzi, Johann Heinrich:
Heinrich Pestalozzi an seine Freunde über die Herausgabe einer Gesang-bildungslehre.
In: Dejung, E., Schönebaum, H. (Hrsg.): Pestalozzi. Sämtliche Werke
Bd. 21, Schriften aus den Jahren 1808–1809. Zürich 1964.

3.06.026 Pfeiffer, M. G. / Nägeli, H. G.:
Gesangsausbildungslehre nach Pestalozzischen Grundsätzen, pädagogisch
begründet von Michael Traugott Pfeiffer, methodisch bearbeitet von Hans
Georg Nägeli.
Zürich 1910.

3.06.027 Pietzsch, G.:
*Die Musik im Erziehungs- und Bildungsideal des ausgehenden Altertums
und frühen Mittelalters.*
Halle 1932.

3.06.028 Rehberg, K.:
Geschichte der Musikerziehung.
In: H. Fischer (Hrsg.): Handbuch der Musikerziehung. Berlin 1954.

3.06.029 Riemer, Otto:
Einführung in die Geschichte der Musikerziehung.
Heinrichshofen, Wilhelmshaven 1970.

3.06.030 Schattner, Hermann Josef:
Pestalozzi und die Schulmusik . . .
(Vgl. 3.02.141).

3.06.031 Schilling, Gustav:
Musikalische Didaktik oder die Kunst des Unterrichts in der Musik.
Ein nothwendiges Hand- und Hülfsbuch für alle Lehrer und Lernende der
Musik, Erzieher usw. F. Kuhnt, Eisleben 1851.

3.06.032 Schubert, Lothar:
*Musikalische Bildungs- und Erziehungsarbeit in den Kinderorganisationen
der KPD während der Zeit der Weimarer Republik.*
Mit Abb. In: Musik in der Schule 26, 1975, 11, S. 369–374 (Vgl. 2.37).

3.06.033 *Schulmusikalische Zeitdokumente.*
Vorträge der VII. Reichsmusikwoche in Darmstadt. Leipzig 1929.

3.06.034 Schünemann, G.:
Geschichte der deutschen Schulmusik.
Leipzig 1928.

3.06.035 Sowa, Georg:
Anfänge institutioneller Musikausbildung in Deutschland 1800–1843.
Bosse, Regensburg 1973.

3.06.036 Sowa, Georg:
Grundzüge musikalischer Früherziehung im 19. Jahrhundert.
In: Forschung i. d. Musikerziehung 9/10, 1973 (Vgl. 2.17).

3.06.037 *Telemann und die Musikerziehung.*
Konferenzbericht der 5. Magdeburger Telemann-Festtage 1973. Arbeitskreis G. Ph. Telemann im Kulturbund der DDR, Magdeburg 1975.

3.06.038 Waesberghe, Joseph Smits van:
Musikerziehung.
Lehre und Theorie der Musik im Mittelalter. Mit Abb. Band 3 der dritten Lieferung von „Musikgeschichte in Bildern". Deutscher Verlag für Musik, Leipzig 1969.

3.06.039 Weyer, Reinhold:
Der Musikunterricht in den Kölner Vorschulen im 19. Jahrhundert.
Volk, Köln 1972.

3.07 Musikschulwesen – Musikschulen und allgemeinbildende Schulen

3.07.001 Borris, Siegfried:
Wie elitär sind Musikbetrieb und Musikausbildung? . . .
(Vgl. 3.02.024).

3.07.002 Daus, Joshard:
Musikalisches Kommunikationszentrum.
Zum gesellschaftlichen Auftrag der Musikschule . . .
(Vgl. 3.02.034).

3.07.003 *Die Ausbildung der Musiker und ihres Publikums.*
In: ISME 2, 1974 (Vgl. 2.21).

3.07.004 *Die Musikschule* . . .
(Vgl. 2.14).

3.07.005 Donat, Friedrich Wilhelm:
Musikschulen im Notstand.
Beobachtungen beim Hamburger Musikschul-Kongress. In: Musikhandel 26, 1975, 3, S. 125–126.

3.07.006 Fegers, Karl:
Arbeitsplan für die Grundausbildung an Musikschulen . . .
(Vgl. 3.04.012).

3.07.007 Gundlach, Willi:
Musikerziehung in allgemeinbildenden Schulen und Musikschulen.
Möglichkeiten der Zusammenarbeit. In: Schule ohne Musik? (Vgl. 2.53).

3.07.008 Gundlach, Willi:
Musikschule und allgemeinbildende Schule – ein Beitrag zur Diskussion zwischen den Institutionen.
In: Die Musikschule 1 (Vgl. 2.14).

3.07.009 Höhnen, H. W.:
Schule und Musikschule in ihren Ergänzungsfunktionen.
In: Die Musikschule 3 (Vgl. 2.14).

3.07.010 Kadelbach, Ada:
350 000 werden an 427 Musikschulen ...
(Vgl. 3.05.041).

3.07.011 Kraus, Egon:
Die gemeinsame Aufgabe ...
(Vgl. 3.01.139).

3.07.012 Lewinski, Wolf-Eberhard von:
Der Ansturm auf die Musikschulen.
In: Das Orchester 23, 1975, 10, S. 606–607.

3.07.013 Marckhl, E. / Nemeth, C.:
Bericht über die IV. Konferenz ...
(Vgl. 3.05.067).

3.07.014 Mehlig, Rainer:
Ausbau der VDM-Musikschulen ...
(Vgl. 3.05.070).

3.07.015 Preussner, Eberhard:
Wie studiere ich Musik?
(Vgl. 3.01.200).

3.07.016 Read, Johannes:
Studienweg mit manchen Kurven ...
(Vgl. 3.05.085).

3.07.017 Rexroth, Dieter:
Musikschulen.
Ihre Rolle in der Neuordnung des musikalischen Bildungswesens. Mit
Abb. In: HiFi-Stereophonie 13, 1974, 2, S. 130–132.

3.07.018 Schulze, Helmut:
Kein Talent darf uns verloren gehen ...
(Vgl. 3.05.094).

3.07.019 Sowa, Georg:
Die Stunde der Übergabe ...
(Vgl. 3.01.229).

3.07.020 Stumme, Wolfgang:
Über die Zusammenarbeit von Musikschulen und Musikhochschulen ...
(Vgl. 3.03.087).

3.07.021 Tantau, Kurt:
Musisches Gymnasium und Musikgymnasium ...
(Vgl. 3.05.100).

3.07.022 Träder, Willi:
Land der Seen und Musikschulen ...
(Vgl. 3.05.101).

3.07.023 Twittenhoff, Wilhelm:
Neue Musikschulen.
Schott, Mainz o. J.

3.07.024 Twittenhoff, Wilhelm:
Die Jugendmusikschule.
In: Hans Fischer, Handbuch ... (Vgl. 1.04).

3.07.025 Vetter, H. J.:
Das Vorzimmer der Musikhochschulen.
Studienermöglichende Fachausbildung an den Musikschulen wurde einge-
führt. In: Neue Musikzeitung 25, 1976, 1, S. 25 (Vgl. 2.45).

3.07.026 Vetter, H. J.:
Neue Lehrpläne für Musikschulen . . .
(Vgl. 3.04.066).

3.07.027 Vetter, H. V.:
Überprüfung der Leistungsanforderungen . . .
(Vgl. 3.04.067).

3.07.028 Wucher, Diethard:
Musikschulen in der Finanzkrise der Kommunen . . .
(Vgl. 3.02.177).

3.07.029 Wucher, Diethard:
Musiziergruppen als Ergänzungsfächer der Musikschule.
In: Die Musikschule 1 (Vgl. 2.14).

3.07.030 Wucher, Diethard:
Werden Musikschulen überhaupt gebraucht? . . .
(Vgl. 3.02.178).

3.08 Musikpädagogische Forschung

3.08.001 Abel-Struth, Sigrid:
Über musikalische Sozialisation . . .
(Vgl. 3.02.003).

3.08.002 Abel-Struth, Sigrid:
*Versuch über die Möglichkeiten einer Konvergenz von Musik und Pädago-
gik . . .*
(Vgl. 3.01.004).

3.08.003 Alt, Michael:
Aufgaben des Arbeitskreises „Forschung in der Musikerziehung".
In: Forschung i. d. Musikerziehung 1, 1969 (Vgl. 2.17).

3.08.004 Antholz, Heinz:
Revision der Reformen?
Versuch einer Tendenzbefragung gegenwärtiger Bildungskonzeptionen.
In: Schule ohne Musik? (Vgl. 2.53).

3.08.005 Bimberg, Siegfried:
Untersuchungen zur Hör- und Singfähigkeit in Dur und Moll.
Halle 1954.

3.08.006 Blaukopf, Kurt:
Schulversuch . . .
(Vgl. 3.01.035).

3.08.007 Blessinger, K.:
Musikalische Beobachtungen am Kleinkind.
In: Halbmonatsschrift f. Schulmusikpflege 3/4, Essen-Ruhr 1929.

3.08.008 Clauser, Günther:
Die vorgeburtliche Entstehung der Sprache ...
(Vgl. 3.02.032).

3.08.009 Darius, Peter:
Die Gliederung des Lehrangebots ...
(Vgl. 3.03.013).

3.08.010 Destunis, G. / Seebandt, R.:
Beitrag zur Frage der Musikeinwirkung auf die zwischenhirngesteuerten Funktionen des Kindes.
In: H. R. Teirich (Hrsg.): Musik in der Medizin. Stuttgart 1958, S. 34–42.

3.08.011 Distler-Brendel, Gisela:
Marginalien zum Oldenburger Versuch ...
(Vgl. 3.01.054).

3.08.012 Eckart-Bäcker, U.:
Erfahrungen mit dem Bentley-Test in der Grundschule.
In: Forschung i. d. Musikerziehung 5/6, 1971 (Vgl. 2.17).

3.08.013 Eicke, K. E.:
Experimentalforschung in der Musikerziehung – Themenkatalog für Forschungsaufgaben in der Musikerziehung.
In: Forschung i. d. Mus.erz. 1, 1969 (Vgl. 2.17).

3.08.014 Eicke, K. E.:
Methodenprobleme der Musikalitätsforschung.
In: Forschung i. d. Mus.erz. 3/4, 1970, S. 10–12 (Vgl. 2.17).

3.08.015 Elsner, H.:
Singgelegenheiten Zehn- bis Vierzehnjähriger.
Ergebnisse einer Befragung zu musikalischen Aktivitäten. In: Forschung i. d. Mus.erz. 7/8, 1972, S. 31–38 (Vgl. 2.17).

3.08.016 *Empirische Forschung in der Musikpädagogik.*
In: Forschung i. d. Mus.erz. 3/4, 1970 (Vgl. 2.17).

3.08.017 Ewert, U.:
Musikalische Fähigkeiten in der frühen Kindheit.
In: Forschung i. d. Mus.erz. 3/4, 1970 (Vgl. 2.17).

3.08.018 *Forschung in der Musikerziehung ...*
(Vgl. 2.17).

3.08.019 Friedrichs, Jürgen:
Forschungspläne zur Analyse des musikbezogenen Verhaltens in der Schule ...
(Vgl. 3.02.051).

3.08.020 Gundlach, Willi:
Musikdidaktik im Zusammenhang versuchsbegleitender Forschung ...
(Vgl. 3.01.085).

3.08.021 Günther, Ulrich:
10 Jahre Oldenburger „Arbeitsgemeinschaft Unterrichtsforschung".
In: Musik und Bildung 7, 1975, 3, S. 139–141 (Vgl. 2.40).

3.08.022 Günther, Ulrich:
Untersuchungen zum Musikhören in der Schule.
In: Forschung i. d. Mus.erz. 2, 1969, S. 60–68 (Vgl. 2.17).

3.08.023 Gutzmann, H.:
Beobachtungen der ersten sprachlichen und stimmlichen Entwicklung eines Kindes.
In: Med.päd. Monatsschrift für d. gesamte Sprachheilkunde. Berlin 1911.

3.08.024 Hartwich-Wiechell, Dörte:
Musikalisches Verhalten Jugendlicher ...
(Vgl. 3.02.037).

3.08.025 Helms, Siegmund:
Über die Beurteilung aussereuropäischer Musik – Zwischenergebnisse einer Schülerbefragung.
In: Forschung i. d. Mus.erz. 1975 (Vgl. 2.17).

3.08.026 Höchel, L.:
Untersuchungen über die harmonische Hörfähigkeit des Kindes in den ersten drei Schuljahren.
Berlin (Ost) 1960.

3.08.027 Hoffmann, Karl:
Musikpädagogische Forschung – ein Mittel zur Hebung des wissenschaftlichen Niveaus der Musikerziehung in Theorie und Praxis. In: Musik in der Schule 25, 1974, 1/2 (Vgl. 2.37).

3.08.028 Hoffmann, Karl:
Zum gegenwärtigen Stand musikpädagogischer Forschung.
In: Musik in der Schule 27, 1976, 5, S. 174–176 (Vgl. 2.37).

3.08.029 Imberty, M.:
L'acquisition des structures tonales chez les enfants.
Paris 1969.

3.08.030 Jost, Ekkehard:
Über den Fetischcharakter des Mittelwerts ...
(Vgl. 3.02.068).

3.08.031 Khadiri, Said:
Das Musikinteresse deutscher Gymnasiasten.
Eine Untersuchung an Gymnasien der Stadt Heidelberg. Diss. Heidelberg 1963.

3.08.032 Klausmeier, Friedrich:
Jugend und Musik im technischen Zeitalter ...
(Vgl. 3.02.071).

3.08.033 Kleinen, Günther:
Experimentelle Arbeiten im Bereich der Musikpsychologie ...
(Vgl. 3.02.077).

3.08.034 Kraus, Egon:
Musikpädagogische Forschung in den USA ...
(Vgl. 3.05.059).

3.08.035 Kraus, Egon u. a.:
Das musikalische Bildungswesen im Spiegel neuer statistischer Erhebungen . . .
(Vgl. 3.01.145).

3.08.036 Linke, Norbert:
Wertproblem und Musikerziehung . . .
(Vgl. 3.01.164).

3.08.037 Lukowsky, R.:
Untersuchungen über das einstimmige unbegleitete Singen.
Diss. Berlin (Ost) 1959.

3.08.038 Noll, Günther:
Lernmotivation und ihre Forschung . . .
(Vgl. 3.01.189).

3.08.039 Pape, Winfried:
Befragungen zum Musikinteresse 13- bis 15-jähriger Schüler . . .
(Vgl. 3.02.114).

3.08.040 Pape, Winfried:
Der Musikunterricht in der Sicht der Schüler . . .
(Vgl. 3.01.196).

3.08.041 Pape, Winfried:
Musikkonsum und Musikunterricht . . .
(Vgl. 3.02.115).

3.08.042 Pape, Winfried:
Untersuchungen zur Popmusik.
In: Musik und Bildung 3, 1971, 4, S. 185–189 (Vgl. 2.40).

3.08.043 Paul, Heinz Otto:
Die Hörfähigkeit saarländischer Grundschulkinder.
Musikerzieherische Auswertung von in der Grundschule durchgeführten Untersuchungen. Stuttgart 1962.

3.08.044 Preu, O.:
Systematische Untersuchungen des normalen Stimmwechselverlaufs bei Knaben und Mädchen und die sich daraus ergebenden Schlussfolgerungen für die Behandlung der Stimme während der Mutation.
Diss. Berlin (Ost) 1961.

3.08.045 Rauhe, Hermann:
Zum Problem der Beobachtung und Analyse musikalischer Verhaltensweisen . . .
(Vgl. 3.02.122).

3.08.046 Reinecke, H.-P.:
Erläuterungen zum Begriff „funktionelle Musik".
In: Forschung i. d. Mus.erz. 9/10, 1973 (Vgl. 2.17).

3.08.047 Reinecke, H.-P.:
Experimentelle Beiträge . . .
(Vgl. 3.02.128).

3.08.048 Reinecke, H.-P.:
Psychologische Konzepte zur Erforschung musikalischen Verhaltens . . .
(Vgl. 3.02.132).

3.08.049 Schaffrath, Helmut:
Der Einfluss von Information auf das Musikurteil.
Eine Kontextstudie am Beispiel fünfzehnjähriger Gymnasiasten. Dörig, Herrenberg 1978.

3.08.050 Schepping, Wilhelm:
Musikalische Volkskunde und Musikpädagogik – Ansätze einer integrativen Forschung.
In: Forschung i. d. Mus.erz. 1976 (Vgl. 2.17).

3.08.051 Schmidt, H.-Chr.:
Jugend und Neue Musik . . .
(Vgl. 3.02.144).

3.08.052 Schönburg, W. / Wolf, Ch. v.:
Ein Beitrag zur Musikrezeption von Berufsschülern und Gymnasiasten.
Versuch der Ermittlung kompensierenden Musikhörens. Verlag der Musikalienhandlung K. D. Wagner, Hamburg 1976.

3.08.053 Silbermann, Alphons:
Beat oder Beethoven?
Befragungen zum Musikunterricht . . . (Vgl. 3.01.226).

3.08.054 Simon, Walther:
Hören – Urphänomen der Weltbegegnung . . .
(Vgl. 3.02.158).

3.08.055 Thiele, J.:
Statistische Musikanalyse als Hilfsmittel der Didaktik.
In: Forschung i. d. Mus.erz. 1, 1969 (Vgl. 2.17).

3.09   Musikpädagogische Kommunikation – Interaktive Musikpädagogik

3.09.001 Decker-Voigt, H.-H.:
Anmerkungen zur Situation des Faches Musikpädagogik / Auditive Kommunikation . . .
(Vgl. 3.03.015).

3.09.002 Funk-Hennings, Erika:
Die musikalische Analyse unter dem pädagogischen Aspekt der dialogischen Kommunikation.
In: H.-J. Irmen (Hrsg.): Musik und Analyse. Tagungsbericht. Salvator Verlag, Steinfeld 1976, S. 10–50.

3.09.003 Jürgen, Fritz (Hrsg.):
Interaktionspädagogik.
Methoden und Modelle. Juventa Paperback, Juventa Verlag München 1975.

3.09.004 Jürgen, Fritz:
Möglichkeiten und Grenzen interaktionspädagogischer Methoden.
In: Interaktionspädagogik . . . (Vgl. 3.09.003).

3.09.005 Knolle, Niels:
Der Studiengang „Musik / Auditive Kommunikation" an der Universität Oldenburg . . .
(Vgl. 3.03.047).

3.09.006 Natale, Marco de:
Didaktische Aspekte der musikalischen Wahrnehmung und Kommunikation . . .
(Vgl. 3.01.186).

3.09.007 Noll, Günther:
Zum Problem der Kommunikation im Musikunterricht . . .
(Vgl. 3.01.191).

3.09.008 Rauhe, H. / Thiele, J.:
Handlungstheoretische Probleme musikpädagogischer Kommunikation . . .
(Vgl. 3.01.204).

3.10 Elternmitarbeit — Ausserschulische Musikerziehung

3.10.001 Antholz, Heinz:
Musik der Jugendschule im Horizont von Freizeiterziehung.
In: Musik und Bildung 1970, 6 (Vgl. 2.40).

3.10.002 Auerbach, Lore:
Über die Mitarbeit der Eltern.
In: Die Musikschule 3 (Vgl. 2.14).

3.10.003 *Das Verhältnis von schulischer und ausserschulischer Musikerziehung.*
In: Schule ohne Musik? (Vgl. 2.53).

3.10.004 Fellerer, K. G.:
Musik in Haus, Schule und Heim . . .
(Vgl. 3.01.062).

3.10.005 Friedrich, W. / Bergk, H.:
Freizeitverhalten und Freizeiterziehung . . .
(Vgl. 3.02.050).

3.10.006 Jakoby, Richard:
Schulische und ausserschulische Musikerziehung.
In: Schule ohne Musik? (Vgl. 2.53).

3.10.007 Klausmeier, Friedrich:
Sozio-musikalisches Verhalten . . .
(Vgl. 3.02.074).

3.10.008 Kraus, Egon:
Die gemeinsame Aufgabe der Schul- und Privatmusikerziehung . . .
(Vgl. 3.01.139).

3.10.009 Lehmacher, Heinrich:
Handbuch der Hausmusik.
Salzburg 1955.

3.10.010 Reinecke, H.-P.:
Musik in Arbeitswelt und Freizeit ...
(Vgl. 3.02.130).

3.10.011 Röblitz, G.:
Das Freizeitverhalten von Jugendlichen ...
(Vgl. 3.02.136).

3.10.012 Saladin, J. A.:
Musik im Hause.
Solothurn 1952.

3.10.013 Schmidt, G.:
Der Anteil der Musik an der Freizeitbeschäftigung werktätiger Jugendlicher ...
(Vgl. 3.02.145).

3.10.014 Schulze, H. / Schubert, L.:
Probleme der ausserunterrichtlichen Musikerziehung.
In: Musik in der Schule 16, 1965, S. 292–298 (Vgl. 2.37).

3.10.015 Sochor, Arnold:
Die Freizeit der Jugend und ihre Ausnützung für die musikalisch-ästhetische Erziehung ...
(Vgl. 3.02.159).

3.10.016 *Unser Kind geht zur Musikschule.*
In: Die Musikschule 6 (Vgl. 2.14).

3.10.017 Urban, Uve:
Musikunterricht und Laienmusizieren.
In: Schule ohne Musik? (Vgl. 2.53).

4.01   Musikalische Kreativitätserziehung

4.01.001 *Album*
(zwei 30 cm-Schallplatten) *mit ROTE REIHE Stücken, realisiert von*
verschiedenen Spielgruppen unter der Leitung von Peter Altmann.
Inhalt:
Dennis: Aquarelle / Kratochwil: Klangstudie / Self: Neue Klangwelten /
Bedford: Einige helle Sterne / Logothetis: Impulse / Self: Holloway /
Schafer: Epitaph / Haubenstock-Ramati: Ludus musicalis / Schafer: Mini-
music (Probe der Aufführung) / Kratochwil: Zaubersprüche / Bedford:
Leichter als es aussieht / Halffter: In Memoriam Anaick / Rands: Klang-
muster 1, 2, 4 / Bedford: Whitefield Music. Universal Edition 20506/7,
Wien.

4.01.002 Ammon, Günter (Hrsg.):
Gruppendynamik der Kreativität.
Kindler Taschenbücher Geist und Psyche, München 1974.

4.01.003 Amtmann, Paul:
Wir machen Musik.
Spiel mit musikalischen Elementen. In: Das Spiel in der Schule 4,
München 1963, S. 86–87.

4.01.004 Auerbach, Lore:
Hören lernen – Musik erleben.
100 Spiele und Beschäftigungen zur Vermittlung musikalischer Grund-
fertigkeiten. Anleitung für die musikalische Arbeit im Kindergarten und
in der Vorschulgruppe, verwendbar auch in der Familie, im Kinderheim,
in den ersten Klassen der Grundschule und in der Grundausbildung an
Musikschulen. Mit Zeichnungen, Notenbeispielen, Tabellen und 9 Klang-
beispielen auf einer 17-cm Schallplatte. Möseler Verlag, Wolfenbüttel und
Zürich.

4.01.005 Baer, Walter:
Verzauberungen.
Geschichten und Märchen mit Schallelementen für die Unterstufe. Peli-
kan-Edition 985, Zürich 1975.

4.01.006 Basic, E.:
Improvisation als schöpferische Mitteilung.
In: W. Stumme (Hrsg.): Über Improvisation. Schriftenreihe B21, Schott,
Mainz 1973.

4.01.007 Bedford, David:
Ein spannendes neues Spiel.
Rote Reihe 28, Universal Edition, Wien 1971.

4.01.008 Berzheim, Nora:
Gestaltungsaufgaben in der Elementarstufe.
In: Musik und Individuum (Vgl. 2.41).

4.01.009 Blasl, Franz:
Chormusik für die Schule.
Abschnitt d: Auf neuen Wegen. Universal Edition 20501, Wien 1975.

4.01.010 Blasl, Franz (Hrsg.):
Experimente im Musikunterricht.
Eine Sammlung von Protokollen. Universal Edition 20060, Wien 1974.

4.01.011 Bresgen, Cesar:
Das improvisierte Chorlied.
20 europäische Volksliedbeispiele und eine Einführung in die mehrstimmige vokale Improvisation. Schott, Mainz.

4.01.012 Brusatti, Otto:
Künstlerische Kreativität durch den Einsatz neuer Mini-Video-Techniken.
In: Bontinck / Brusatti (Hrsg.), Festschrift Kurt Blaukopf. Universal Edition, Wien 1975.

4.01.013 Coleman, S. N.:
Creative Music for Children.
New York 1922.

4.01.014 Constant:
Spielen oder töten.
Der Aufstand des Homo ludens. Gustav Lübbe Verlag 1971.

4.01.015 Dantlgraber, J.:
Kreativität und Erziehung.
Über den Einfluss der elementaren Musik- und Bewegungserziehung des Orff-Schulwerks auf die Kreativität. Salzburg 1970.

4.01.016 Decker-Voigt, Hans-Helmut:
Musik als Lebenshilfe A.
Übungen zum Lernkomplex *Aktion – Reaktion – Konzentration – Behutsamkeit und Geschicklichkeit*. Eres, Lilienthal/Bremen 1975.

4.01.017 Decker-Voigt, Hans-Helmut:
Musik als Lebenshilfe B.
Übungen zum Lernkomplex *Sozial-Integratives Verhalten – Simultan- und Gesamtkörperbeherrschung*. Eres, Lilienthal/Bremen 1975.

4.01.018 Dennis, Brian:
Crosswords, Tetrahedron, Chant for S. M., Aquarelle.
Universal Edition 20045, Wien 1973.

4.01.019 Dennis, Brian:
Experimental Music in Schools.
Oxford University Press, London 1970.

4.01.020 Dennis, Brian:
Projects in Sound.
Universal Edition 26908, Wien 1975.

4.01.021 Friedemann, Lilli:
Einstiege in neue Klangbereiche durch Gruppenimprovisation.
Rote Reihe 50, Universal Edition 20050, Wien 1973.

4.01.022 Friedemann, Lilli:
Gemeinsame Improvisation auf Instrumenten.
Mit ausführlichen Spielregeln. Bärenreiter, Basel 1974.

4.01.023 Friedemann, Lilli:
Improvisieren zu Weihnachtsliedern.
Bärenreiter, Basel 1968.

4.01.024 Friedemann, Lilli:
Instrumentale Kollektivimprovisation als Studium und Gestaltung neuer Musik (mit Schallplatte).
Universal Edition 20007. Schallplatte allein: Universal Edition 20 P 007, Wien.

4.01.025 Friedemann, Lilli:
Kinder spielen mit Klängen und Tönen.
Ein musikalischer Entwicklungsgang für Vorschulkinder, Schulanfänger und Sonderschüler, mit vielen Übungen und improvisierten Lernspielen.
Möseler, Wolfenbüttel und Zürich 1971.

4.01.026 Friedemann, Lilli:
Kollektivimprovisation als Studium und Gestaltung neuer Musik.
Universal Edition, Wien 1969.

4.01.027 Frommberger, H. u. a.:
Lernendes Spielen – Spielendes Lernen.
H. Schroedel Verlag, Hannover 1976.

4.01.028 Fuchs, Peter:
Schülergestaltungen mit Flaschen, Kisten, Saiten, Stimmen und anderem.
Textheft und 2 Schallplatten 17 cm. Klett, Stuttgart 1971.

4.01.029 Gabler, Barbara:
Gruppenimprovisation als Methode der Interaktionspädagogik.
In: F. Jürgen (Hrsg.): Interaktionspädagogik. Juventa Paperback, Juventa Verlag, München 1975.

4.01.030 Gaisbauer, Dieter:
Musikalische Selbsttätigkeit . . .
(Vgl. 3.02.054).

4.01.031 Graml, Karl:
Musik im 1. Schuljahr – Impulse für kognitives Erfassen und kreatives Gestalten.
In: Musik und Individuum (Vgl. 2.41).

4.01.032 Hanl, Ilse:
Ausführungen im Rahmen der vom 18. bis 27. Oktober 1976 abgehaltenen Animazione-Aktivität an der Musik-Akademie Basel.
In: Information und Versuche, 5 (Vgl. 2.20).

4.01.033 Hanl, Ilse:
Kreatives Schulspiel.
Verlag Jugend und Volk, Wien.

4.01.034 Hansen, Nils:
Kreativität im Musikunterricht.
Universal Edition 20066, Wien 1975.

4.01.035 Hartmann, F.:
Hemmung und Befreiung des menschlichen Ausdrucks.
In: Musik und Bildung 1972, 9 (Vgl. 2.40).

4.01.036 Haubenstock-Ramati, Roman:
Ludus musicalis, Modelle 1–6.
Universal Edition 20015, Wien 1970.

4.01.037 Haubenstock-Ramati, Roman:
Ludus musicalis, Modelle 7–12.
Universal Edition 20016, Wien 1970.

4.01.038 Heinelt, Gottfried:
Kreative Lehrer – Kreative Schüler.
Wie die Schule Kreativität fördern kann. Herderbücherei, Verlag Herder KG, Freiburg i. Br. 1976.

4.01.039 Hoch, Peter:
Ein Atem ringt in uns.
Universal Edition 20058, Wien 1973.

4.01.040 Hoch, Peter:
Spielplan I – Phasen für mehrere Instrumente oder Vokalstimmen ad lib. (auch gemischt), graphisch notiert.
Schott, Mainz 1974.

4.01.041 Hoch, Peter:
Spielplan II – Impulse.
Taktile, vokale und instrumentale Aktionen für ein Ensemble mit beliebigen Instrumenten und elektroakustischer Verstärkeranlage, graphisch notiert. Schott, Mainz 1974.

4.01.042 Hoch, Peter:
Spielplan III – Laute für eine beliebige Anzahl Vokalisten, graphisch notiert.
Schott, Mainz 1974.

4.01.043 Hölscher, B. u. a. (Hrsg.):
Klang und Zeichen.
Band I: Musiklehrbuch für die Grundschule. Rhythmus – Tonräume – Musik in unserer Welt – Improvisationen. Band II: Klassen 5–8, Schwann, Düsseldorf.

4.01.044 Jehn, Margarete und Wolfgang:
Wir spielen ein Bilderbuch.
Aufzeichnung eines sprachlich-musikalischen Experiments mit Kindern. Eres, Lilienthal/Bremen.

4.01.045 Jöde, Fritz:
Das schaffende Kind in der Musik.
Kallmeyer, Wolfenbüttel 1928.

4.01.046 Karkoschka, Erhard:
Komponiere selbst!
Ein Baukasten aus Klang-, Zeit-, Raum- und Bewegungselementen. Rote Reihe 32, Universal Edition 20032, Wien 1972.

4.01.047 Katzenberger, Günter:
Instrumente, Klänge, Strukturen.
Diesterweg, Frankfurt.

4.01.048 Keller, Wilhelm:
Erfindungs- und Improvisationsübung zur Einführung in die neue Musik.
In: Musik im Unterricht 10, 1964 (Vgl. 2.36).

4.01.049 Keller, Wilhelm:
Ludi musici II:
Schallspiele, Geräusche, Klänge, Töne. Fidula.

4.01.050 Keller, Wilhelm:
Ludi musici III;
Sprachspiele für die Früh- und Späterziehung. Fidula.

4.01.051 Keller, Wilhelm:
Musikalische Improvisation und Schallspiele mit Kindern.
In: Pahlen: Musik und Bewegung. P. Haupt, Bern 1976, S. 25–35.

4.01.052 Keller, Wilhelm:
Zur Didaktik und Methodik der musikalischen Erfindungs- und Improvisationsübung im Vorschulalter.
In: Institut für Frühpädagogik (Hrsg.): Musik und Bewegung im Elementarbereich. Kösel-Verlag, München 1974.

4.01.053 Kleinen, G. / Lägel, H.:
Tontechnik, Montagen, Collagen.
Medien im Musikunterricht. Schriftenreihe B 30, Schott, Mainz 1974.

4.01.054 Knieriem, Julius:
Bewegen – Hören, Hören – Bewegen.
Lernwege zu kreativem Musizieren. In: Musik und Individuum (Vgl. 2.41).

4.01.055 Knierim, Julius:
Schöpferisches Musizieren.
Grundübungen anhand neuer, in Beschützenden Werkstätten erbauter Musikinstrumente. In: Pahlen: Musik und Bewegung. P. Haupt, Bern 1976, S. 37–43.

4.01.056 Köneke, Hans W.:
Das darstellende Spiel.
2 Hefte. Schott, Mainz 1963, 1966.

4.01.057 Kraus, E. / Schoch, R.:
Der Musikunterricht.
Beiträge zu einer neuen Methodik. Heft 1: Die Improvisation. Heft 2: Die Weckung des Formgefühls. Wolfenbüttel.

4.01.058 Kraus, E. / Schoch, R.:
Weckung des Formgefühls.
Wolfenbüttel 1953.

4.01.059 Krause, Siegfried:
Darstellendes Spiel.
Elementarszenische Improvisationen, spielpädagogische Verfahren, didaktische Anstösse. Ferdinand Schöningh Verlag, Paderborn 1976.

4.01.060 Küntzel-Hansen, Margrit:
Musikkurs für Kindergärten.
27 Protokolle. Klett Verlag, Stuttgart 1975.

4.01.061 Küntzel-Hansen, Margrit:
Musik mit Kindern.
Versuche mit Geräusch und Klang. Klett, Stuttgart 1976.

4.01.062 Küntzel-Hansen, Margrit:
Musik mit Stimmen.
Friedrich, Velber 1972.

4.01.063 Küntzel, M. u. G.:
Klänge, Farben, Formen.
Vorschulkinder in Aktion. Velber 1971.

4.01.064 Kunz, H.:
Die anthropologische Bedeutung der Phantasie.
2 Bde. Basel 1946.

4.01.065 Land, L. R. / Vaughan, M. N.:
Music in todays Classroom: Creating, listening, performing.
Harcourt Brace Jovanovich Inc., New York 1973.

4.01.066 Lehr, Wilhelm:
Kreatives Spiel mit Klängen.
Verwendung von herkömmlichen Instrumenten und elektronischen Klangerzeugern. In: Musik und Individuum (Vgl. 2.41).

4.01.067 Lehr, Wilhelm:
Schöpferisches Spiel mit Klängen in der Sekundarstufe I.
Verwendung von herkömmlichen Instrumenten und elektronischen Klangerzeugern. In: Musik und Bildung 6, 1974, 9, S. 506–510 (Vgl. 2.40).

4.01.068 Logothetis, Anestis:
Impulse für Spielmusikgruppen (mit einer Einführung in Notationsprobleme).
Rote Reihe 34, Universal Edition, Wien 1973.

4.01.069 Lorenz, Ulrike:
Kreativität.
In: Ehrenwirth Grundschulmagazin 3, München 1976, 3, S. 1–2.

4.01.070 Ludwig, G.:
Schöpferische Kräfte.
Zur Genealogie des Begriffes. In: Musikpädagogik 2, 1970 (Vgl. 2.39).

4.01.071 Marton, Anna:
Noten-Puzzle.
Pelikan Edition, Zürich.

4.01.072 Meyer, W. / Seidel, G.:
Spielmacher – Szene.
Begleitband für den Spielleiter: Wir lernen uns kennen im Spiel – Wir spielen Lieder – Wir spielen Kinderreime – Improvisation nach Musik usw. Verlag Erziehung und Wissenschaft, Hamburg 1976.

4.01.073 Meyer-Denkmann, Gertrud:
Klangexperimente und Gestaltungsversuche im Kindesalter.
Rote Reihe 11, Universal Edition, Wien 1970.

4.01.074 Meyer-Denkmann, Gertrud:
Struktur und Praxis neuer Musik im Unterricht.
Experimente und Methode. Rote Reihe 43, Universal Edition 20043, Wien 1972.

4.01.075 Nestele, A.:
Die musikalische Produktion im Kindesalter . . .
(Vgl. 3.02.111).

4.01.076 Neuhäuser, Meinolf:
Klangspiele.
Neues Klangmaterial für die Schule. Diesterweg, Frankfurt o. J.

4.01.077 Neumann, E.:
Schöpferische Kraft und Unterbewusstsein . . .
(Vgl. 3.02.112).

4.01.078 Neumann, Friedrich:
Rhythmische Grundrisse als Modelle für Erfindungsübungen.
In: Musik im Unterricht 52, 1961, S. 119–121 (Vgl. 2.36).

4.01.079 Noll, Günther:
Zur Kreativität als Dimension der Musikdidaktik.
In: Forschung i. d. Musikerziehung 7/8, 1972 (Vgl. 2.17).

4.01.080 Paynter, J. / Aston, P.:
Klang und Ausdruck.
Rote Reihe 51, Universal Edition, Wien 1972.

4.01.081 Paynter, J. / Aston, P.:
Sound and Silence.
Classroom projects in creative music. Cambridge University Press 1970.

4.01.082 Pimmer, Hans:
Erfinde die zweite Stimme selbst.
Eine einfache Anleitung zum Singen und Spielen. Heinrichshofen, Wilhelmshafen 1977.

4.01.083 Rands, Bernard:
Klangmuster 1–4 für Spielmusikgruppen.
Universal Edition 20017, Wien 1968.

4.01.084 Ranta, Michael:
Einstimmen
Vetter, Michael:
Kleine Stücke
Zwei Stücke zum Mit- und Weiterspielen. 17-cm-Platte. Universal Edition 20609, Wien 1977.

4.01.085 Regner, Hermann:
Spiel und Erfindung.
In: Die Musikschule 3 (Vgl. 2.14).

4.01.086 Reinert, G.-B. / Arnold, M. Ch.:
Das darstellende Spiel in der Schule.
Fakten, Berichte, Erfahrungen und Anregungen aus der Primar- und Orientierungsstufe. Paul List Verlag, München 1976.

4.01.087 Reusch, Fritz:
Elementares Musikschaffen.
Bd. I: Wir finden Melodien und Begleitformen. Werkreihe B 110, Schott, Mainz 1952.

4.01.088 Reusch, Fritz:
Elementares Musikschaffen.
Bd. II: Klangspiele, Klangformen. Werkreihe B 116, Schott, Mainz.

4.01.089 Röösli, J. / Keller-Löwy, W.:
Mein Erlebnis Musik.
Ein Handbuch für schöpferischen Musikunterricht, aufgebaut auf praktischen Beispielen und vielen Lektionsvorschlägen. Band 1 „Grundschule": Wir erleben Geräusche und Klänge − Vom Geräusch und Klang zum Ton − Wir erleben Musik − Wir singen, spielen und tanzen − Elementare Musiklehre − Arbeitsblätter. Pelikan Verlag, Zürich 1977.

4.01.090 Röösli, J. / Zihlmann, H.:
Arbeitsheft Musik 1−3.
Comenius Verlag, Hitzkirch 1971.

4.01.091 Roscher, Wolfgang (Hrsg.):
Ästhetische Erziehung, Improvisation, Musiktheater.
Hannover 1970.

4.01.092 Roscher, Wolfgang:
Collagen, Montagen und Assemblagen mit Klangmaterialien.
In: Roscher: Polyästhetische Erziehung. Verlag DuMont Schauberg, Köln 1976, S. 216−224.

4.01.093 Roscher, Wolfgang:
Experimentelles Musiktheater.
In: Lexikon für Musikpädagogik, hrsg. H. Hopf und W. Heise. Lieferung 113. A. Henn Verlag, Kastellaun 1976.

4.01.094 Roscher, Wolfgang:
Improvisationspädagogische Experimente mit dem Instrumentarium von A. Lindner.
In: K. Sydow (Hrsg.): Musik hören und Werkbetrachtung in der Schule. Wolfenbüttel/Zürich 1970, S. 132−135.

4.01.095 Roscher, Wolfgang:
Improvisatorisches Musiktheater.
In: Roscher: Polyästhetische Erziehung. Verlag DuMont Schauenberg, Köln 1976, S. 173−192.

4.01.096 Roscher, Wolfgang:
Klangprozesse mit Skulpturinstrumenten.
In: Roscher: Polyästhetische Erziehung. Verlag DuMont Schauberg, Köln 1976, S. 91−100.

4.01.097 Roscher, W. / Thomas, C.:
Elementares Musiktheater.
Versuche improvisatorischer Entfaltung. In: Orff-Inst. Jahrb. 3, Mainz
1969.

4.01.098 Runze, Klaus:
Forderung an den Instrumentalunterricht, Beispiel Klavier.
In: Information und Versuche 3, 1976 (Vgl. 2.20).

4.01.099 Runze, Klaus:
Wie die Fledermaus das Hören lehrt.
Improvisation als Impuls zum Instrumentalspiel — Struktur und Emotion.
Mit Abb. In: Neue Musikzeitung 24, 1975, 6, S. 24 (Vgl. 2.45).

4.01.100 Sagi, Maria:
Über die schöpferische Fähigkeit Jugendlicher im Umgang mit Musik.
In: Schule und Umwelt (Vgl. 3.02.150).

4.01.101 Schafer, R. Murray:
Epitaph for Moonlight.
Rote Reihe 24, Universal Edition, Wien 1971.

4.01.102 Schafer, R. Murray:
Minimusic für Spielmusikgruppen.
Rote Reihe 29, Universal Edition 20029, Wien 1971.

4.01.103 Schafer, R. Murray:
Miniwanka.
Universal Edition 20065, Wien.

4.01.104 Schafer, R. Murray:
Schöpferisches Musizieren.
Rote Reihe 35, Universal Edition 20035, Wien 1971.

4.01.105 Schafer, R. Murray:
Statement in Blue für Spielmusikgruppen.
Rote Reihe 38, Universal Edition 20038, Wien 1971.

4.01.106 Schafer, R. Murray:
The Rhinoceros in the Classroom . . .
(Vgl. 3.01.215).

4.01.107 Schafer, R. Murray:
. . . wenn Wörter klingen.
Rote Reihe 37, Universal Edition 20037, Wien 1972.

4.01.108 Schaper, Heinz-Christian:
Ludus instrumentalis.
Eine Schule des Zusammenspiels. 4 Hefte. Rote Reihe 39—42, Universal
Edition 20039—20042, Wien 1972.

4.01.109 Schaper, Heinz-Christian:
Ludus vocalis.
Konzept zur Gruppenimprovisation. Rote Reihe 54, Universal Edition
20054, Wien 1974.

4.01.110 Scheuerl, H.:
Das Spiel.
Weinheim 1968[7].

4.01.111 Schibler, Armin:
Vokale Kollektivimprovisation.
Eulenburg EES 514, Adliswil.

4.01.112 Schnebel, Dieter:
Schulmusik.
Eine Konzeption von musikalischen Lernprozessen und Lehrstücken.
Klangerzeugung experimentell, graphisch notiert. *Erfahrungen I1: Blasmusik* für eine beliebige Anzahl von Vokalisten. *Erfahrungen I2: Gesums* für eine beliebige Anzahl von Vokalisten. WKS 17, Schott, Mainz 1974.

4.01.113 Schnebel, Dieter:
Schulmusik. Übungen mit Klängen für 6 oder mehr Spieler (Langtoninstrumente und Stimmen ad lib.).
WKS 18, Schott, Mainz 1975.

4.01.114 Schoch, R.:
Erfindungsübungen im Musikunterricht der Grundschule.
In: Der Musikunterricht, Wolfenbüttel 1954, 1, S. 5.

4.01.115 Seitz, Rudolf:
Ästhetische Elementarbildung – ein Beitrag zur Kreativitätserziehung.
Auer, Donauwörth 1976.

4.01.116 Self, George:
Make a new Sound.
Universal Edition 26909, Wien.

4.01.117 Self, George:
Neue Klangwelten für die Jugend.
Partitur: Universal Edition 20001, Schüler-Spielheft: Universal Edition
20 A 001, Wien 1971.

4.01.118 Sengstschmid, Johann:
Ein neuer Weg kreativer Musikerziehung.
Mit Notenbsp. In: Musikerziehung 29, 1975/76, 3, S. 109–112
(Vgl. 2.34).

4.01.119 Sengstschmid, Johann:
Kreatives Spiel mit Tönen.
Ein Leitfaden für den Musik- und Instrumentalunterricht sowie für das
Selbststudium. Schüler-Arbeitsmaterial. G. Bosse Verlag, Regensburg
1976.

4.01.120 Small, Christopher:
Towards a philosophy.
Bd. 3: Creation and Curricula ... (Vgl. 3.01.228).

4.01.121 Sons, Walter:
Spiel mit Tönen, Klängen und Geräuschen.
Neue deutsche Schule, Essen 1971.

4.01.122 Southworth, Mary:
Making Musical Sounds.
Strikers and beaters – Horses hooves – Claves – Flowerpot chimes –
Slian – Walnut castanets – Rhythm blocks – Bongos – Drum –
Japanese drum-Xylophone. Studia vista, London 1976.

4.01.123 Stiefel, Eberhard:
Kreativität.
In: Hopf, H. / Heise, W.: Lexikon der Musikpädagogik, Lieferung 120,
A. Henn Verlag, Kastellaun 1976.

4.01.124 Stumme, Wolfgang u. a.:
Bausteine für Musikerziehung und Musikpflege.
Schott, Mainz.

4.01.125 Thomas, W.:
Struktur und Ortsbestimmung einer Neuform improvisatorischen Musik-
theaters.
In: W. Roscher: Ästhetische Erziehung, Improvisation, Musiktheater.
Hannover 1970.

4.01.126 Truslit, A.:
Gestaltung und Bewegung in der Musik.
C. F. Vieweg, Berlin 1938.

4.01.127 Tüpker, Rosmarie:
Vorschläge zur Gruppenimprovisation.
In: Information und Versuche 4, 1976 (Vgl. 2.20).

4.01.128 Ulmann, Gisela:
Kreativität.
Weinheim / Berlin / Basel 1970[2].

4.01.129 Vetter, H. J.:
Gesellschaftsspiele lernen.
Ein erfreulicher Beitrag für den Gruppenunterricht. In: Neue Musikzei-
tung 25, 1976, 1, S. 24 (Vgl. 2.45).

4.01.130 Viera, Joe:
Neue Formen — Freies Spiel.
Grundlagen der Jazzpraxis. Universal Edition 20027, Schülerheft: Uni-
versal Edition 20S027, Wien 1971.

4.01.131 Werner, H.:
Die melodische Erfindung im frühen Kindesalter.
Wien 1917.

4.01.132 Wilbert, H. J.:
Die Förderung des musikalischen Gestaltungsvermögens im Kinde.
In: Beiträge zur Schulmusik 19, 1967 (Vgl. 2.04).

4.01.133 Wüthrich, Hans:
Kommunikationsspiele.
Hug & Co Musikverlag, Zürich 1975.

4.01.134 Zöller, Gerda:
Musik und Bewegung im Elementarbereich — Ein Beitrag zur Kommuni-
kations- und Kreativitätserziehung.
In: Institut für Frühpädagogik (Hrsg.): Musik und Bewegung im Elementarbereich. Kösel-Verlag, München 1974.

4.02 Hörerziehung – Werkbetrachtung – Analyse

4.02.001 Abel-Struth, Sigrid:
Ansätze einer Didaktik des Musikhörens – Bibliographie: Musikhören und Didaktik des Musikhörens. In: Forschung i. d. Musikerziehung 7/8, 1972 (Vgl. 2.17).

4.02.002 Adorno, Theodor W.:
Über den Fetischcharakter in der Musik und die Regression des Hörens. In: Dissonanzen. Göttingen 1956, S. 9–45.

4.02.003 Alt, Michael:
Die Erziehung zum Musikhören. Leipzig 1935.

4.02.004 Alt, Michael:
Zur Didaktik des Musikhörens und der Werkinterpretation in der Hauptschule. In: Musikhören und Werkbetrachtung in der Schule. Musikpädagogisches Forum Giessen 1968. Möseler, Wolfenbüttel 1970.

4.02.005 Auerbach, Lore:
Bedeutung und Möglichkeit der Hörererziehung in der Elementarstufe. In: Musik und Individuum (Vgl. 2.41).

4.02.006 Auerbach, Lore:
Hören lernen – Musik erleben . . . (Vgl. 4.01.004).

4.02.007 Auerbach, Lore:
Musikhören – Hörerziehung. In: Die Musikschule 3 (Vgl. 2.14).

4.02.008 Beloborodowa, W. K.:
Entwicklung des musikalischen Gehörs bei den Kindern der ersten Schulklasse. Moskau 1956.

4.02.009 Bimberg, Siegfried:
Musikhören im Unterricht. Arbeitstagung zum Thema „Probleme des Mitvollzugs beim Musikhören im Unterricht der Polytechnischen Ober-Schule". In: Musik in der Schule 25, 1974, 10, S. 406–409 (Vgl. 2.37).

4.02.010 Bimberg, Siegfried:
Untersuchungen zur Hör- und Singfähigkeit . . . (Vgl. 3.08.005).

4.02.011 Blaukopf, Kurt:
Probleme der klanglichen Erfahrung der jungen Generation . . . (Vgl. 3.02.019).

4.02.012 Borek, Christoph:
„Hören wir heute Platten? " „Au ja, toll!" Schule und Schallplatte – ein Problem? In: HiFi-Stereophonie 13, 1974, 2, S. 134, 136.

4.02.013 Borris, Siegfried:
Grundlagen einer musikalischen Umweltkunde.
In: Beiträge zur Schulmusik 30 (Vgl. 2.04).

4.02.014 Borris, Siegfried:
Werkanalyse — Stilanalyse.
In: Fortschritt und Rückbildung . . . (Vgl. 2.18).

4.02.015 Brace, G. / Burton, I.:
Listen! Music and nature.
Sound — The sounds of nature — The sounds of machines etc. Cambridge University Press, Cambridge 1976.

4.02.016 Breckoff, Werner:
„Sensibilisieren" ist modern.
Wird Hörerziehung Mittelpunkt des Musikunterrichts? . . . (Vgl. 3.01.038).

4.02.017 Brömse, Peter:
Der Eindrucksspielraum beim Musikhören Jugendlicher . . .
(Vgl. 3.02.028).

4.02.018 Brömse, P. / Kötter, E.:
Zur Musikrezeption Jugendlicher . . .
(Vgl. 3.02.031).

4.02.019 Brühl, Karl W.:
Materialien zur Hörschulung.
Mit 36 Hörbeispielen auf Tonband. Breitkopf & Härtel 1978.

4.02.020 Clasen, Siegfried:
Musikunterricht als auditive Wahrnehmungserziehung.
Unterrichtsbeispiel. In: Musik in Schule und Gesellschaft (Vgl. 2.38).

4.02.021 Clauser, Günter:
Die vorgeburtliche Entstehung der Sprache als anthropologisches Problem.
Kapitel 4: Die akustisch-rhythmische Prägung. Kapitel 5: Gehör und Rhythmus . . . (Vgl. 3.02.032).

4.02.022 Dahlhaus, Carl:
Analyse und Werturteil.
In: Musikpädagogik 8, 1970 (Vgl. 2.39).

4.02.023 Dahlhaus, Carl:
Über das Analysieren neuer Musik.
In: Fortschritt und Rückbildung . . . (Vgl. 2.18).

4.02.024 Daniélou, Alain:
Werte in der Musik.
In: Musica 19, Kassel 1965, S. 285—288.

4.02.025 *Das Hören als Grundlage der Musiktherapie.*
In: Information und Versuche 1, 1974 (Vgl. 2.20).

4.02.026 Daube, Otto:
Johann Sebastian Bach.
Heft 2: Methodik und Werkbetrachtung. Crüwell, Dortmund 1952.

4.02.027 *Die Stellung des jungen Menschen in der Schallumwelt von heute* ...
(Vgl. 3.02.036).

4.02.028 Distler-Brendel, Gisela:
Befähigung zum musikalischen Hören als zentrales Lernziel des Musikunterrichts ...
(Vgl. 3.01.053).

4.02.029 Dopheide, Bernhard (Hrsg.):
Hörerziehung.
Wissenschaftliche Buchgesellschaft, Darmstadt 1977.

4.02.030 Dopheide, Bernhard (Hrsg.):
Musikhören.
Wissenschaftliche Buchgesellschaft, Darmstadt 1975.

4.02.031 Dopheide, Bernhard:
Musikhören — Hörerziehung.
Wissenschaftliche Buchgesellschaft, Darmstadt 1978.

4.02.032 Edmund, Lars:
Modus vetus.
Sight singing and ear-training in major/minor tonality. Nordiska Musikförlaget, Hansen, Stockholm 1974.

4.02.033 Ehrenforth, Karl-Heinrich:
Der Stellenwert des musikalischen Kunstwerks im Unterricht.
In: Musik in Schule und Gesellschaft (Vgl. 2.38).

4.02.034 Ehrenforth, Karl-Heinrich:
Verstehen und Auslegen ...
(Vgl. 3.01.056).

4.02.035 Eicke, K. E.:
Die Entwicklung des Musikbewusstseins durch Musikhören und Werkinterpretation in der Oberstufe der Haupt- und Realschule.
In: Musikhören und Werkbetrachtung in der Schule. Möseler, Wolfenbüttel 1970.

4.02.036 Ettl, E.:
Petruschka — Ein Modell zur Werkbetrachtung im Musikunterricht.
Stuttgart 1968.

4.02.037 Feudel, Elfriede:
Hören, Sehen, Bewegen.
Eine musikerzieherische Forderung. In: Musik im Unterricht 44, 1953, S. 73—75 (Vgl. 2.36).

4.02.038 Finkel, Klaus:
Rezeption — Perzeption — Apperzeption.
In: Hopf, H. / Heise, W.: Lexikon der Musikpädagogik, Lieferung 121. A. Henn Verlag, Kastellaun 1976.

4.02.039 Finkel, K. / Wünnenberg, U.:
Musikalische Struktur und graphische Notierung.
Hörerziehung bei musikalisch nicht vorgebildeten Schülern der Sekundarstufe. Katzbichler, München & Salzburg 1975.

4.02.040 Fischer, H.:
Zur Werkbetrachtung in der Schule.
In: Handbuch der Musikerziehung. Berlin 1964[2].

4.02.041 Flügel, Siegfried:
Einige Probleme der Aneignung und Erschliessung musikalischer Werke.
In: Musik in der Schule 25, 1974, 10, S. 377–380 (Vgl. 2.37).

4.02.042 Fortner, Wolfgang:
Musik will interpretiert werden.
In: Musica 18, Kassel 1964, S 233–235.

4.02.043 Freitag, W. D.:
Zur Emanzipation des Musikhörens und Gefahren einer Erziehung zur Musik.
In: E. Kraus (Hrsg.): Bildungsziele und Bildungsinhalte des Faches Musik (Vgl. 3.01.136).

4.02.044 Friedrichs, Jürgen:
Musikrezeption und Ziele der Pädagogik.
Kommentar zu Nauseds „Rauhe-Kritik". In: Neue Musikzeitung 23, 1974, 3 (Vgl. 2.45).

4.02.045 Frisius, Rudolf:
Musikunterricht als auditive Wahrnehmungserziehung.
Fachwissenschaftliche Grundlagen. In: Musik in Schule und Gesellschaft (Vgl. 2.38).

4.02.046 Fuchs, Peter (Hrsg.):
Musikhören.
Klett, Stuttgart 1969.

4.02.047 Fuchs, Peter:
Musikunterricht als auditive Wahrnehmungserziehung.
Thesen zur Entwicklung eines didaktischen Konzeptes. In: Musik in Schule und Gesellschaft (Vgl. 2.38).

4.02.048 Funk-Hennings, Erika:
Die musikalische Analyse unter dem pädagogischen Aspekt der dialogischen Kommunikation . . .
(Vgl. 3.09.002).

4.02.049 Gallon, Noel:
Cours complet de Dictée Musicale: 200 Dictées Musicales progressives à une partie.
Jobert, Paris 1949.

4.02.050 Gieseler, Walter:
Grundriss der Musikdidaktik.
Kapitel 5: Funktionsfelder des Musikunterrichtes: II Hören, III Hörinhalte. (Vgl. 3.01.077).

4.02.051 Götze, G.:
Klassische Stoffe für das Musikdiktat und für Gesangübungen vorgeschrittener Schüler.
Vieweg.

4.02.052 Grabner, Hermann:
Neue Gehörübung.
Bärenreiter, Basel 1968[3].

4.02.053 Graf, W.:
Klanganalyse und Musikerleben.
Vortr. Symp. der H.-v.-Karajan-Stift., Salzburg 1973.

4.02.054 Grandjany, L.:
500 Dictées graduées.
Lemoine 1946.

4.02.055 Guggenmoos, J.:
Ich habs mit eigenen Ohren gesehn.
Ravensburger Taschenbücher.

4.02.056 Güldenstein, Gustav:
Gehörbildung für Musiker.
Ein Lehrbuch. Schwabe, Basel und Stuttgart 1971.

4.02.057 Günther, Ulrich:
Musikhören – das musikpädagogische Hauptproblem der Gegenwart? ...
(Vgl. 3.01.088).

4.02.058 Günther, Ulrich:
Untersuchungen zum Musikhören in der Schule.
In: Forschung i. d. Musikerziehung 2, 1969, S. 60–68 (Vgl. 2.17).

4.02.059 Gutknecht, Henning:
Stil- und sozialgeschichtliche Musiktheateranalysen im Unterricht.
In: Roscher (Hrsg.): Polyästhetische Erziehung. Verlag DuMont Schauberg, Köln 1976, S. 235–238.

4.02.060 Hansberger, J.:
Anton Webern – Die vierte Bagatelle für Streichquartett als Gegenstand einer Übung im Musikhören.
In: Musica 23, Kassel 1969, 3, S. 236 ff.

4.02.061 Helms, Siegmund (Hrsg.):
Schlager in Deutschland.
Beiträge zur Analyse der Popularmusik und des Musikmarktes. Breitkopf & Härtel, Wiesbaden 1972.

4.02.062 Hempel, Christoph:
Gehörbildung.
Anleitung und Material für das gemeinsame Üben. Möseler, Wolfenbüttel u. Zürich 1976.

4.02.063 Herder, Ronald:
Tonal/atonal.
Progressive ear training, singing and dictation studies in diatonic, chromatic and atonal music. Broude, New York 1973.

4.02.064 Höchel, L.:
Untersuchungen über die harmonische Hörfähigkeit ...
(Vgl. 3.08.026).

4.02.065 Hoffmann, Karl:
Zur Anwendung des musikalischen Wissens und Könnens bei der Erschliessung von Musikwerken.
Praxisanalysen der Pädagogischen Hochschule Zwickau. In: Musik in der Schule 25, 1974, 9, S. 366—371 (Vgl. 2.37).

4.02.066 Hoffmann, Volker:
Hörerziehung oder auditive Wahrnehmungserziehung?
In: Musik und Bildung 7, 1975, 6, S. 305—308 (Vgl. 2.40).

4.02.067 Jost, Ekkehard:
Sozialpsychologische Faktoren der Popmusik-Rezeption.
In: Musikpädagogik 11 (Vgl. 2.39).

4.02.068 Karkoschka, Erhard:
Eine Hörpartitur elektronischer Musik.
In: Musik und Bildung 5, 1972 (Vgl. 2.40).

4.02.069 Keil, Siegmar:
Werkbetrachtung im Musikunterricht.
(Klasse 5—7). Sikorski, Hamburg 1972.

4.02.070 Kirchner, Gerhard:
Hören und Musizieren als didaktisches Problem im Zeitalter der Massenmedien, aufgezeigt am Beispiel der Kunstmusik.
In: Fortschritt und Rückbildung . . . (Vgl. 2.18).

4.02.071 Kleinig, K.:
Musikerziehung als Aktivierung der Grundkräfte in Analyse und Improvisation.
Berlin 1956.

4.02.072 Knieriem, Julius:
Bewegen — Hören . . .
(Vgl. 4.01.054).

4.02.073 Kober, Anita:
Die Verwendung des Lesestreifens zur Entwicklung des geistigen Mitvollzugs beim Musikhören.
Mit Abb. In: Musik in der Schule 25, 1974, 11, S. 453—455 (Vgl. 2.37).

4.02.074 Koch, Peter:
Über einige Unterrichtsversuche mit Werken von Webern bis Stockhausen.
In: Fortschritt und Rückbildung . . . (Vgl. 2.18).

4.02.075 Koch, P. / Menzel, H.:
Der Stellenwert des musikalischen Kunstwerkes im Unterricht.
In: Musik in Schule und Gesellschaft (Vgl. 2.38).

4.02.076 Kolneder, Walter:
Singen — Hören — Schreiben.
5 Hefte. Werkreihe B 150, B152, B154, B156, B164, Schott, Mainz. Übungshefte: Werkreihe B151, B153, B155, B157, B165, Schott, Mainz 1963.

4.02.077 Kral, W. / Rudolf, K. H. / Teiner, M.:
Rezeptionsfähigkeit und Hörpräferenzen von Kindern der ersten und zweiten Schulstufe.
Universal Edition, Wien 1973.

4.02.078 Kraus, Egon:
Die Bedeutung des Hörens im optischen Zeitalter.
In: Musik und Bildung 1, 1969, 4, S. 176–178 (Vgl. 2.40).

4.02.079 Krause, Christoph:
Musikunterricht als auditive Wahrnehmungserziehung ...
(Vgl. 3.01.146).

4.02.080 Kühn, Hellmut:
Analyse von Rundfunkprogrammen nebst einem Anhang über Ausdruckscharaktere in der Filmmusik sowie Hinweisen auf die Struktur eines Medieninstituts.
In: R. Stephan (Hrsg.): Schulfach Musik. Schott, Mainz 1976, S. 62–69.

4.02.081 Küntzel-Hansen, Margrit:
Klänge hören, lesen, zeichnen.
Einführung, 20 Blätter mit Zeichnungen & Unterrichtshilfen, Schallplatte. Velber, 1973.

4.02.082 Land, L. R. / Vaughan, M. A.:
Music in todays Classroom ...
(Vgl. 4.01.065).

4.02.083 Lange, Christian:
Musikhören in Klasse 3 und Möglichkeiten einer Verbindung mit dem Singen.
Mit Notenbsp. In: Musik in der Schule 26, 1975, 7/8, S. 260–269 (Vgl. 2.37).

4.02.084 Leeb, Helmut:
Werkanalyse oder Gemütsbewegung.
Überlegungen zur Popmusik im Unterricht. In: Musik und Bildung 6, 1974, 5, S. 293–295 (Vgl. 2.40).

4.02.085 Lüdeke, R.:
Die Entwicklung des musikalischen Hörens.
In: Wiss. Ztschr. Univ. Halle. Ges.-Sprachw. Halle 11, 1962.

4.02.086 Lugert, Wulf Dieter:
Grundriss einer neuen Musikdidaktik.
Kapitel 3: Musikrezeption als akustische Wahrnehmung? (Vgl. 3.01.166).

4.02.087 Machlis, Joseph:
The Enjoyment of Music.
An Introduction to Perspective Listening. Norton, New York 1955, 1977.

4.02.088 Mackamul, Roland:
Lehrbuch der Gehörbildung.
Bärenreiter 1969, 1970.

4.02.089 Martens, Heinrich:
Das Musikdiktat.
In: Beiträge zur Schulmusik 1, 1957 (Vgl. 2.04).

4.02.090 Mayer-Rosa, Eugen:
Arnold Schönbergs „Sechs kleine Klavierstücke op. 19".
In: Fortschritt und Rückbildung ... (Vgl. 2.18).

4.02.091 Mehner, Klaus:
Aufgaben des Gehörbildungsunterrichts.
Mit Abb. In: Musik und Gesellschaft 23, 1973, 11, S. 654–661.

4.02.092 Mersmann, Hans:
Musikhören.
Frankfurt a. M. 1952.

4.02.093 Meyer, H.:
„Aufmerksamkeit" als Lernziel der Hörerziehung.
In: Musik und Bildung 1972, 5 (Vgl. 2.40).

4.02.094 Motte-Haber, Helga de la:
Über musikalische Urteilsbildung.
In: Forschung i. d. Musikerziehung 1, 1969 (Vgl. 2.17).

4.02.095 Müller-Blattau, J.:
Gehörbildung.
In: Musik in Geschichte und Gegenwart 4, Kol. 1533, Bärenreiter 1949 –.

4.02.096 *Musikhören und Werkbetrachtung in der Schule.*
Musikpädagogisches Forum Giessen 1968. Vorträge und Berichte aus der 3. Bundestagung der Arbeitsgemeinschaft der Musikdozenten an Pädagogischen Hochschulen. Möseler, Wolfenbüttel.

4.02.097 Natale, Marco de:
Didaktische Aspekte der musikalischen Wahrnehmung . . .
(Vgl. 3.01.186).

4.02.098 Naused, Erich:
Den Musikhörer muss man zum Reden bringen.
Erwiderung auf Hermann Rauhe: Der Musikhörer ist schwer zu durchschauen. In: Neue Musikzeitung 23, 1974, 1 (Vgl. 2.45).

4.02.099 Noll, Günther:
Von der Gehörbildung zur Hörerziehung.
In: Die Musikschule (Vgl. 2.14).

4.02.100 Noll, Günther:
Zum Problem der musikalischen Rezeption bei Kindern und Jugendlichen.
In: Musik und Bildung 1969, 5 (Vgl. 2.40).

4.02.101 Painter, Genevieve:
Baby-Schule.
Entwicklungsanregungen für Kleinkinder. Rowohlt Taschenbuch Verlag GmbH, Reinbek bei Hamburg 1975.

4.02.102 Paul Heinz Otto:
Die Hörfähigkeit . . .
(Vgl. 3.08.043).

4.02.103 Paynter, J. / Aston, P.:
Sound and Silence . . .
(Vgl. 4.01.081).

4.02.104 Pech, K.:
Hören im „optischen Zeitalter".
Karlsruhe 1969.

4.02.105 Pech, K.:
Hören im optisch-technischen Zeitalter.
In: Musica 1, Kassel 1971.

4.02.106 Pfrogner, H.:
Über Hören und Hörerziehung.
In: Handbuch der Schulmusik, Regensburg 1962.

4.02.107 Pötschke, Margot:
Zeige, was du hörst.
2 Bde. Edition Wilhelm Hansen, Frankfurt a. M. 1960/70.

4.02.108 Prinz, Ulrich:
Der Stellenwert des musikalischen Kunstwerkes im Unterricht.
Demonstration an einem Beispiel. In: Musik in Schule und Gesellschaft
(Vgl. 2.38).

4.02.109 Pütz, W.:
Zur Hörerziehung in der musikalischen Berufsausbildung.
In: Musik und Bildung 5, 1972 (Vgl. 2.40).

4.02.110 Quistorp, Monika:
Die Gehörbildung.
Das Kernfach musikalischer Erziehung. Breitkopf & Härtel, Wiesbaden
1970.

4.02.111 Ranke, F. O.:
Gehör, Stimme, Sprache.
Berlin 1953.

4.02.112 Rauhe, Hermann:
Der Musikhörer ist schwer zu durchschauen.
Musikpublikum und Musikpädagogik – Analyse musikalischer Verhal-
tensweisen. In: Neue Musikzeitung 22, 1973, 6, S. 1, 8–9 (Vgl. 2.45).

4.02.113 Rauhe, Hermann:
*Hören und Musizieren als didaktisches Problem im Zeitalter der Massen-
medien,* aufgezeigt am Beispiel Lied – Schlager – Jazz . . .
(Vgl. 3.01.201).

4.02.114 Rauhe, Hermann u. a.:
Hören und Verstehen.
Kösel, München 1975.

4.02.115 Rauhe, Hermann:
Hörerziehung als Hauptaufgabe des Musikunterrichts . . .
(Vgl. 3.01.202).

4.02.116 Rauhe, Hermann:
*Individuation und Sozialisation durch Wahrnehmungs- und Verhaltenser-
ziehung . . .*
(Vgl. 3.02.120).

4.02.117 Rauhe, Hermann:
Kritischer Schallplattenvergleich aus den Bereichen Folklore und Beat.
In: E. Kraus (Hrsg.): Der Einfluss der technischen Mittler . . . (Vgl.
3.01.137).

4.02.118 Rauhe, Hermann:
Probleme der Feststellungsästhetik und ihre didaktische Relevanz.
In: Forschung i. d. Musikerziehung 3/4, 1970 (Vgl. 2.17).

4.02.119 Regner, Hermann:
Hören lernen – Materialien zur Hörerziehung.
Grundschule, Stufe 1 (Schülerhefte, Lehrerhefte, Testbogen und Schulfunksendungen). Klett, Stuttgart 1970.

4.02.120 Reinecke, H.-P.:
Die emotionellen Kategorien des Musikhörens ...
(Vgl. 3.02.127).

4.02.121 Reinecke, H.-P.:
Experimentelle Beiträge zur Psychologie des musikalischen Hörens ...
(Vgl. 3.02.128).

4.02.122 Richter, Christoph:
Theorie und Praxis der didaktischen Interpretation von Musik.
Diesterweg, Frankfurt 1976.

4.02.123 Riemann, Hugo:
Handbuch des Musik-Diktates.
Systematische Gehörsbildung. Berlin 1916.

4.02.124 Röösli, J. / Keller-Löwy, W.:
Erlebnis Musik.
30 cm st/m-Langspielplatte. Seite A: Instrumentenkunde, Seite B: Musikhören. Pelikan Verlag, Zürich.

4.02.125 Röösli, J. / Keller-Löwy, W.:
Mein Erlebnis Musik ...
(Vgl. 4.01.089).

4.02.126 Saporoshez, A. W.:
Einige psychologische Fragen der Entwicklung des musikalischen Gehörs bei Vorschulkindern ...
(Vgl. 3.02.139).

4.02.127 Schafer, R. Murray:
Die Schallwelt in der wir leben.
Rote Reihe 30, Universal Edition 20030, Wien 1971.

4.02.128 Schafer, R. Murray:
Schule des Hörens.
Rote Reihe 36. Universal Edition 20036, Wien 1972.

4.02.129 *Schallplatten für den Unterricht:*
Britten, Benjamin: Variation und Fuge über ein Thema von Henry Purcell. LK 40 238.
Händel, Georg Friedrich: Feuerwerksmusik. DGA 13 012 AP.
Haydn, Joseph: Andante aus der Paukenschlag-Sinfonie. LM 1789.
Haydn, Joseph: Letzter Satz aus der Abschieds-Sinfonie. LM/Decca 50 054.
Humperdinck, Engelbert: Hänsel und Gretel. Opernquerschnitt. DG 17 100 PE.
Kuhnau, Johann: Aus den biblischen Historien (1700).
Loewe, Carl: Balladen. Col. C 30 208 EPL.

Mozart, Leopold: Musikalische Schlittenfahrt. Phi Nr 40 050. DGA 14 084 APM.
Mozart, Leopold: Die Kinder-Sinfonie. Dtsch. Gram. Ges. 30 283.
Mozart, W. A.: Wolfgang, von Gott geliebt. DG 19 052 LPEM.
Mozart, W. A.: Die Geschichte des Kindes Mozart. DG 30 340 EPL.
Mozart, W. A.: Im Mirabell-Garten. Phi A 01 237 L.
Mozart, W. A.: Mozart-Miniatur. Phi S 06 100 R.
Mozart, W. A.: Menuette. Phi 409 028 AE.
Mozart, W. A.: Marsch in D-Dur KV 249. Tel LT 6552.
Mozart, W. A.: Andante (2. Satz a. d. D-Dur Sinfonie), KV 385. DG 30 306 EPL.
Mozart, W. A.: Eine kleine Nachtmusik. DG 17101 LPE. Dec VD 577. Col C 90 376.
Orff, Carl: Musik für Kinder. Col C 80 107, 80 108.
Prokofieff, Serge: Peter und der Wolf. LPE 17 117.

4.02.130 Schering, A.:
Musikalische Bildung und Erziehung zum musikalischen Hören.
Leipzig 1924.

4.02.131 Schmidt, Hans-Christian:
Auditive und audiovisuelle musikalische Wahrnehmung im experimentellen Vergleich.
Fernsehdidaktische Überlegungen für die Sekundarstufe 1 und 2. Lit.-Verz. In: R. Stephan (Hrsg.): Schulfach Musik. Schott, Mainz 1976, S. 79–105.

4.02.132 Schmidt, Hans-Christian:
Erziehung zum Musikhören: Fernsehen.
Mit Tab. In: Musik und Bildung 8, 1976, 1, S. 24–32 (Vgl. 2.40).

4.02.133 Schmidt, Hans-Christian:
Fernsehen (auditive/audiovisuelle musikalische Rezeption).
In: Hopf/Heise (Hrsg.): Lexikon der Musikpädagogik, Lieferung 122. A. Henn Verlag, Kastellaun 1976.

4.02.134 Schmidt, Wolfgang:
Der Stellenwert des musikalischen Kunstwerks im Unterricht.
Entwicklung eines didaktischen Konzepts. In: Musik und Bildung 5, 1973, 2, S. 53–58 (Vgl. 2.40).

4.02.135 Schmolzi, Herbert:
Arnold Schönberg, Pierrot lunaire.
In: Fortschritt und Rückbildung ... (Vgl. 2.18).

4.02.136 Scholes, Percy A.:
ABC des Musikhörens.
Einführung zu besserem Verstehen. Albert Müller Verlag, Rüschlikon 1976.

4.02.137 Schönburg, W. / Wolf, Christoph von:
Ein Beitrag zur Musikrezeption von Berufsschülern und Gymnasiasten ...
(Vgl. 3.08.052).

4.02.138 Schuhmacher, Gerhard (Hrsg.):
Zur musikalischen Analyse.
(Sammlung musikalischer Analysen). Wissenschaftl. Buchgesellschaft, Darmstadt 1974.

4.02.139 Shumway, Stanley:
Harmony and Ear Training at the Keyboard.
Brown, Dubuque 1976.

4.02.140 Simon, Walther:
Hören – Urphänomen der Weltbegegnung.
In: Graber (Hrsg.): Pränatale Psychologie ... (Vgl. 3.02.158).

4.02.141 Stilz, Ernst:
Musikhören in der Volksschuloberstufe.
In: Fortschritt und Rückbildung ... (Vgl. 2.18).

4.02.142 Stoverock, Dietrich:
Gehörbildung.
In: W. Kolneder (Hrsg.): Musikpädagogische Bibliothek 8. Heinrichs-
hofen-Wilhelmshafen 1978.

4.02.143 Stoverock, Dietrich:
Prinzipien der Werkbehandlung im Musikunterricht der höheren Schule.
In: Valentin, E. (Hrsg.), Handbuch der Schulmusik ... (Vgl. 1.20).

4.02.144 Sydow, Kurt von (Hrsg.):
Musikhören und Werkbetrachtung in der Schule.
Musikpäd. Forum Giessen 1968. Vorträge und Berichte aus der dritten
Bundestagung der Arbeitsgemeinschaft der Musikdozenten an päd. Hoch-
schulen. Wolfenbüttel 1970.

4.02.145 Taubert, Karl Heinz:
Neue Praktik der Gehörbildung.
12 Übungsblätter mit Kommentar. Zum Gebrauch der Hochschulen,
Musikschulen, Oberschulen. Ries & Erler, Berlin 1977.

4.02.146 Venus, Dankmar:
Unterweisung im Musikhören ...
(Vgl. 3.01.254).

4.02.147 Warner, Theodor:
Das Undurchhörbare.
Beiträge zur Hörpsychologie und Didaktik der Moderne. Baden-Baden
1969.

4.02.148 Watzke, Oswald:
Wir analysieren einen Schlagertext.
Dargestellt am Beispiel „Steig in das Boot heute nacht, Anna-Lena" für
das 8. oder 9. Schuljahr. In: Scho Jg. 1976, H. 6, S. 369–377.

4.02.149 Wildgrube, Wolfgang:
Gefühle beim Musikhören ...
(Vgl. 3.02.175).

4.02.150 Willems, Edgar:
Le Jazz et loreille musicale.
Genf 1945.

4.02.151 Willems, Edgar:
L'oreille musicale.
2 Bde. Genf 1940 und 1946.

4.02.152 Woll, Erna u. a.:
Einführung in das Notenhören.
Diesterweg, Frankfurt 1971.

4.03 Musik und Bewegung – Rhythmus – Rhythmik

4.03.001 Bannmüller, E.:
Rhythmische Erziehung in der Grundschule.
In: Reflektierte Schulpraxis, Teil G 19, Neckarverlag, Villingen 1972 ff.

4.03.002 Bekker, P.:
Die Dalcroze-Schule in Hellerau.
Leipzig 1912.

4.03.003 Benesch, H.:
Der Rhythmus als psycho-physisches Prinzip.
In: Wissenschaftliche Zeitschrift der Friedrich-Schiller-Universität Jena, Naturwissenschaftliche Reihe 1954/55, 2/3.

4.03.004 Bensdorf, Ch.:
Die Rhythmik im Kindergarten.
In: E. Feudel (Hrsg.): Rhythmik. München 1926.

4.03.005 Bensdorf, O.:
Die Methode der rhythmischen Gymnastik von Jaques-Dalcroze.
In: Musik und Schule, Leipzig 1922.

4.03.006 Bensdorf, O.:
Praxis der Rhythmik und Körpertechnik.
Bad Godesberg o. J.

4.03.007 Bergese, Hans:
Schulwerk für Spiel – Musik – Tanz.
Band 2: Tanzen und Musizieren. Bewegung als formende Kraft. Möseler, Wolfenbüttel.

4.03.008 Berzheim, N. / Meier, U.:
Aus der Praxis der elementaren Musik- und Bewegungserziehung.
Auer, Donauwörth 1975.

4.03.009 Bode, Rudolf:
Der Rhythmus als Erzieher.
Berlin 1941.

4.03.010 Bode, Rudolf:
Musik und Bewegung.
Frankfurt/M. 1953[3].

4.03.011 Bogisch, E.:
Rhythmische und melodische Übungen.
Lehrmittelbeiblatt. Hrsg. vom Deutschen Zentralinstitut für Lehrmittel, Volk und Wissen Volkseigener Verlag, Berlin 1958.

4.03.012 Böhmer, Helmut u. Ingeborg:
Die Rhythmische Erziehung im Dienste der Musikerziehung.
In: Musik und Schule 6, Berlin 1955, S. 157–167.

4.03.013 Bresgen, Cesar:
„Im Anfang war der Rhythmus . . ."
In: Musikpädagogische Bibliothek 14, Heinrichshofen, Wilhelmshaven 1977.

4.03.014 Brunet-Lecomte, H.:
Jaques-Dalcroze.
Sa vie, son oeuvre. Genf 1950.

4.03.015 Bücher, K.:
Arbeit und Rhythmus.
Leipzig 1909[4].

4.03.016 Bünner, G. / Röthig, P.:
Grundlagen und Methoden Rhythmischer Erziehung.
Klett Verlag, Stuttgart 1971.

4.03.017 Busse, H.:
Rhythmische Gestaltenbildung bei der Arbeit in der Gruppe.
In: Archiv für die gesamte Psychologie 99, S. 213.

4.03.018 Christiansen, H.:
Bodily Rhythmic Movement of Young Children in Relation to Rhythm in Music.
New York 1938.

4.03.019 Clauser, Günther:
Die vorgeburtliche Entstehung der Sprache als anthropologisches Problem.
Der Rhythmus als Organisator der menschlichen Entwicklung, Kapitel 4, 5, 6 . . . (Vgl. 3.02.032).

4.03.020 Dantlgraber, J.:
Kreativität und Erziehung . . .
(Vgl. 4.01.015).

4.03.021 Dohrn, Wolf:
Die Aufgabe der Bildungsanstalt Jaques-Dalcroze.
In: Hellerauer Jahrbuch 1911.

4.03.022 Dohrn, Wolf:
Die Bildungsanstalt Emile Jaques-Dalcroze.
Dresden 1912.

4.03.023 Driver, A.:
Music and Movement.
New York 1935.

4.03.024 Driver, E.:
A Pathway to Dalcroze Eurhythmics.
London 1951.

4.03.025 Erdmann, Alies:
Entwurf einer Neuordnung des Rhythmikstudiums an Musikhochschulen.
Bonn 1973.

4.03.026 Erdmann, Alies:
Mehr Rhythmik!
Eine Forderung. Bonn 1972.

4.03.027 Erdmann, Alies:
Rhythmik. Ihre Herkunft und Stellung in der heutigen Pädagogik.
In: Musik im Unterricht 56, 1965, S. 191–193 (Vgl. 2.36).

4.03.028 Erdmann, Alies:
Rhythmik in Kunst und Pädagogik.
Bonn 1968.

4.03.029 Feudel, Elfriede:
Durchbruch zum Rhythmischen in der Erziehung.
Stuttgart 1965[2].

4.03.030 Feudel, Elfriede:
Emile Jaques-Dalcroze.
Musiker und Pädagoge. In: Musik im Unterricht 1955, 5 (Vgl. 2.36).

4.03.031 Feudel, Elfriede:
Hören, Sehen, Bewegen . . .
(Vgl. 4.02.037).

4.03.032 Feudel, Elfriede:
Jaques-Dalcroze als Pädagoge.
In: Musica, Kassel 1964, 2.

4.03.033 Feudel, Elfriede:
Rhythmik – Theorie und Praxis der körperlich-musikalischen Erziehung.
München 1926.

4.03.034 Feudel, Elfriede:
Rhythmische Erziehung.
Wolfenbüttel 1965.

4.03.035 Feudel, Elfriede:
Rhythmisch-musikalische Erziehung.
Wolfenbüttel 1965.

4.03.036 Feudel, Elfriede:
Wesen und Bedeutung des Rhythmischen für die Heilerziehung.
In: Jugendwohl 31, 1960, S. 207–208.

4.03.037 Finkel, Klaus:
Rhythmik als Bestandteil musikalisch-ästhetischer Erziehung im Elementarbereich.
In: Handreichungen für den Musikunterricht 3. Eres Edition, Lilienthal/Bremen 1976.

4.03.038 Fontaine, Fernand:
Traité pratique du rythme mesuré.
Lemoine, Paris 1955.

4.03.039 Froböse, E. und E.:
Die Entstehung und Entwicklung der Eurythmie.
Dornach 1965.

4.03.040 Gass-Tutt, A.:
Das Tanzkarussell.
Fidula, Boppard.

4.03.041 Gauster, Ch.:
Rhythmisch-musikalische Erziehung im Kindergarten.
Wien 1973.

4.03.042 Gell, H.:
Music Movement and the Young Child.
Sidney 1953.

4.03.043 Gell, H.:
Music through Movement.
Sidney 1949.

4.03.044 Gerhardt, K.:
Tanzen und Singen.
In: Unsere Volksschule 17, Stuttgart 1966, S. 431–447.

4.03.045 Glathe-Seifert, Brita:
Rhythmik für Kinder.
Beispiele für die rhythmisch-musikalische Erziehung. Wolfenbüttel 1961.

4.03.046 Glathe, Brita:
Stundenbilder zur rhythmischen Erziehung.
Georg Kallmeyer Verlag, Wolfenbüttel o. J.

4.03.047 Göllnitz, G. / Wulf, F.:
Orff-Schulwerk in Verbindung mit einer gezielten rhythmisch-psychomotorischen Gymnastik und Heilerziehung hirngeschädigter Kinder.
In: Orff-Institut, Jahrbuch 1963, Mainz 1964.

4.03.048 Görschen, Roselinde-Marie von:
Rhythmische Musikerziehung.
Einwände und Erfahrungen. In: Musik im Unterricht 44, 1953, S. 73–75
(Vgl. 2.36).

4.03.049 Graefe, A.:
Wesen und Grenzen rhythmisch-musikalischer Bildung des Hilfsschulkindes.
In: Zeitschrift für Heilpädagogik 9, 1954.

4.03.050 Günther, Dorothee:
Die Bewegungserziehung innerhalb des Orff-Schulwerks:
In: Orff-Inst. Jahrb. II, Mainz 1963.

4.03.051 Günther, Dorothee:
Elementarer Tanz.
Orff-Inst. Jahrb. 1, Mainz 1962.

4.03.052 Günther, Dorothee:
Rhythmische Grundübungen.
München o. J.

4.03.053 Günther, Helmut:
Rhythmus und Struktur.
In: Muttersprache 1965, 1/2.

4.03.054 Günther, Helmut:
Tanz und Erziehung.
In: Die Schulwarte 13, Stuttgart 1960, S. 738–744.

4.03.055 Harvey, J. W.:
The Eurhythmics of Jaques-Dalcroze.
London 1917.

4.03.056 Haselbach, Barbara:
Die Verbindung von Musik und Bewegung als Unterrichtsprinzip.
In: Kongress-Bericht „Die Gestaltung", Stuttgart 1967.

4.03.057 Haselbach, Barbara:
Musik in der Tanzerziehung.
In: Bericht des Salzburger Gymnastikkongresses, Salzburg 1970.

4.03.058 Haselbach, Barbara:
Tanz als Beitrag ästhetischer Erziehung im Elementarbereich.
In: Inst. f. Frühpädagogik (Hrsg.): Musik und Bewegung im Elementarbereich. Kösel-Verlag, München 1974.

4.03.059 Haselbach, Barbara:
Tanzerziehung.
Grundlagen und Modelle für Kindergarten, Vor- und Grundschule. Klett, Stuttgart 1971.

4.03.060 Haselbach, Barbara:
Über die Beziehung von Musik und Bewegung.
In: Musik und Bildung 1961, 1 (Vgl. 2.40).

4.03.061 Hawelka, L.:
Bewegung, Rhythmus und Musik in der Unterstufe.
In: Schule und Gegenwart 36, München 1951, 1, S. 12–16.

4.03.062 Heinitz, W.:
Vom Takt zum Rhythmus.
In: Studium generale 2, 1949, S. 96.

4.03.063 Herwig, H.:
Rhythmisch-musikalische Erziehung im Deutschunterricht.
Ein Stundenbild aus einer Hilfsschule. Päd. Blätter 9/10, 1953.

4.03.064 Hofer, E.:
Untersuchungen über den Rhythmus des menschlichen Ganges.
Diss. Phil. Fak. Wien 1951.

4.03.065 Hoellering, Amélie:
Die rhythmische Erziehung.
In: Handbuch des Musikunterrichts für Musikschullehrer und freie Musikerzieher. Regensburg 1970.

4.03.066 Hoellering, Amélie:
Zur Theorie und Praxis der rhythmischen Erziehung.
Berlin 1974.

4.03.067 Hölscher, B. / Pietzsch, M.:
Klang und Zeichen ...
(Vgl. 4.01.043).

4.03.068 Hönigswald, R.:
Das Problem des Rhythmus.
Leipzig/Berlin 1926.

4.03.069 Hood, M. V.:
Learning Music Through Rhythm.
Boston 1949.

4.03.070 Houghton, W. E.:
Eurhythmics.
A Scheme of Work for Children aged from 4 to 14. London 1941.

4.03.071 Houghton, W. E.:
First Lessons Rhythmic Movement.
A Suggested Sequence of Instruction in the Dalcroze Method. London
1922.

4.03.072 Institut für Frühpädagogik (Hrsg.):
Musik und Bewegung im Elementarbereich.
Mit Beiträgen von Sigrid Abel-Struth, Barbara Haselbach, Wilhelm Keller,
Gertrud Meyer-Denkmann, Hans-Peter Reinecke, Gerda Zöller. Kösel-
Verlag, München 1974.

4.03.073 Jacob, Käthe:
Musikerziehung durch Bewegung.
Beispiele und Anregungen für den elementaren Rhythmikunterricht.
Wolfenbüttel 1964.

4.03.074 Jacob, Käthe:
Musikerziehung und Körperbildung.
In: Unsere Schule 8, Hannover 1953, S. 495–498.

4.03.075 Jaques-Dalcroze, Emile:
La rythmique.
2 Bde., frz. und deutsch. Lausanne 1907.

4.03.076 Jaques-Dalcroze, Emile:
L'Homme – Le Compositeur – Le Créateur de la Rythmique.
Neuchâtel 1965.

4.03.077 Jaques-Dalcroze, Emile:
Méthode Jaques-Dalcroze.
Pour le développement de l'instinct rythmique, du sens auditif et du
sentiment tonal. 5 Bde. Paris 1905 (1913–1923).

4.03.078 Jaques-Dalcroze, Emile:
Reden und Aufsätze in den „Hellerauer Jahrbüchern" 1911/12.

4.03.079 Jaques-Dalcroze, Emile:
Rhythmische Gymnastik.
Leipzig 1906.

4.03.080 Jaques-Dalcroze, Emile:
Rhythmus, Musik und Erziehung, aus dem Französischen übersetzt von
J. Schwabe.
Basel 1921.

4.03.081 Jaques-Dalcroze, Emile:
Sa vie et son oeuvre.
Genf 1935.

4.03.082 Jauss, Gerhard:
Kind und Musik.
Ein Beitrag zur musikalisch-rhythmischen Erziehung. In: Welt der Schule 12, München 1959, S. 257–262.

4.03.083 Jentges, Chr.:
Musik- und Bewegungsunterricht mit 4- bis 6-jährigen Kindern.
In: Musik und Bildung 1969, 12 (Vgl. 2.40).

4.03.084 Keetman, G.:
Elementare Bewegungsimprovisation – Bewegungsbegleitung.
In: Musik und Bildung 1971, 1 (Vgl. 2.40).

4.03.085 Kiphard, E. / Huppertz, H.:
Erziehung durch Bewegung.
Bad Godesberg 1968.

4.03.086 Knieriem, Julius:
Bewegen – Hören . . .
(Vgl. 4.01.054).

4.03.087 Konrad, R.:
Rhythmische Erziehung – Versuch einer Systematik.
Wolfenbüttel 1966.

4.03.088 Konrad, R. u. a.:
Ich-Wir-Wohin?
Differenzierung menschlichen Verhaltens durch Rhythmik. Braunschweig 1974.

4.03.089 Krause, H.:
Lehrer für rhythmisch-musikalische Erziehung . . .
(Vgl. 3.03.050).

4.03.090 Krause, H. (Hrsg.):
Rhythmisch-musikalische Erziehung.
Ein Tagungsprotokoll. Remscheid 1959.

4.03.091 Kreye, B. u. a.:
Musik und Bewegung.
München 1965.

4.03.092 Krimm-v. Fischer, C. u. a.:
Musikalisch-rhythmische Erziehung.
Herder, Freiburg 1974.

4.03.093 Kügler, E.:
Die pädagogische Bedeutung des Rhythmus.
Göttingen 1954.

4.03.094 Küntzel-Hansen, Margrit:
Spielen und Lernen. Rhythmisch-musikalische Erziehung in der Grundschule.
Heft 1: Darstellung der Arbeitsweise mit praktischen Übungen. Rhythmisch-musikalische Übungen bei den verschiedenen Sachgebieten des Anfangsunterrichtes: 1. Im Schreibunterricht, 2. Im Rechenunterricht, 3. Im Lese- und Sprachunterricht, 4. Im Musikunterricht. Heft 2: Vier Schulspiele (1.–4. Schuljahr). Werkreihe B 161 und B 162, Schott, Mainz 1966.

4.03.095 Kuttler, Marianne:
Rhythmische Erziehung.
Schott, Mainz.

4.03.096 Leibold, R.:
Akustisch-motorischer Rhythmus in früher Kindheit.
In: Arbeiten zur Entwicklungspsychologie 18, München 1936.

4.03.097 Lorenz, K.:
Die tänzerisch-musikalische Erziehung der Kinder.
In: Musikerziehung 22, 1969, 3, S. 124–129 (Vgl. 2.34).

4.03.098 Lorenzen, Hermann:
Vom Wesen des Rhythmus.
In: Musik im Unterricht 55, 1967, S. 73–77 (Vgl. 2.36).

4.03.099 Maak, Rudolf:
Rhythmus in Sprache und Musik.
In: Musik im Unterricht 48, 1957, S. 164–167 (Vgl. 2.36).

4.03.100 Manns, I.:
Die rhythmisch-musikalische Erziehung in der Schule.
In: Handbuch der Schulmusik. Regensburg 1962.

4.03.101 Martens-Münnich:
Rhythmisch-musikalische Übung.
Beiträge zur Schulmusik. Möseler Verlag, Wolfenbüttel 1972.

4.03.102 Martin, Frank:
De la rhythmique: la méthode Jaques-Dalcroze.
In: La musique dans l'éducation. UNESCO, Paris 1955.

4.03.103 Martin, Frank (Hrsg.):
Emile Jaques-Dalcroze.
Neuchâtel 1965.

4.03.104 Marton, Anna:
Rhythmus-Schule.
Pelikan Verlag, Zürich 1973.
Liederanhang zur Rhythmusschule (Separatdruck).
Pelikan, Zürich 1973.
Noten-Puzzle zur Rhythmusschule.
Pelikan, Zürich 1973.

4.03.105 Matthes, R.:
Motorik, Metrik, Takt und Rhythmus in der Musikpraxis.
Zürich 1952.

4.03.106 Müller, A.:
Rhythmische Gymnastik.
Eine Abhandlung über ihre Grundzüge. Jena o. J.

4.03.107 Müller, E. Jos.:
Die rhythmische Gymnastik auf der Schule.
In: Handbuch der Musikerziehung. Potsdam 1931.

4.03.108 Müller, U.:
Der Rhythmus.
Bern/Stuttgart 1966.

4.03.109 Neumann, Friedrich:
Rhythmische Grundrisse . . .
(Vgl. 4.01.078).

4.03.110 Nohl, H.:
Das Pulsieren aller Lebensfunktionen im Rhythmus von Spannung und Entspannung.
In: Die Sammlung 1, 1945.

4.03.111 Nohl, H.:
Der Rhythmus.
In: Die Sammlung 3, 1954, S. 113 ff.

4.03.112 Pfeffer, Ch.:
Bewegung – aller Erziehung Anfang.
Zürich 1958.

4.03.113 Pfisterer, Trudi:
Rhythmisch-musikalische Erziehung in Kindergarten und Schule.
PE 787, Pelikan, Zürich 1971.

4.03.114 Pontvik, Aleks:
Der tönende Mensch . . .
(Vgl. 3.02.116).

4.03.115 Popard, I.:
Gymnastique harmonique et rythmique.
Paris 1945.

4.03.116 Reckling, H. J.:
Rhythmisch musikalische Erziehung in der Sprachheilschule.
Berlin 1965.

4.03.117 *Rhythmisch-musische Erziehung.*
Unterrichtsplan für Lehrer und Erzieher zur Unterweisung von Kindern ab 4 und 5 Jahren. Mit Elternblättern. 4 Bände. Hänssler, Neuhausen-Stuttgart 1975/1976.

4.03.118 Röösli, J. / Keller-Löwy, W.:
Männli, Männli, spil e chly.
42 Dialekt-Lieder im 2- bis 5-Tonraum zum Singen, Spielen und Tanzen.
Pelikan-Edition 788, Zürich.

4.03.119 Rosenstengel, Albrecht:
Freude am Rhythmus.
Beltz.

4.03.120 Rothacker, E.:
Rhythmus in Natur und Geist.
In: Studium generale 3, 1949, S. 161 ff.

4.03.121 Röthig, Peter:
Anspruch und Aufgabe der rhythmischen Bewegungsbildung.
In: Leibesübungen/Leibeserziehung 3/1973.

4.03.122 Röthig, Peter:
Beiträge zur Theorie und Lehre vom Rhythmus.
Reihe: Theorie der Leibeserziehung, Texte/Quellen/Dokumente 2.
Schorndorf 1966.

4.03.123 Röthig, Peter:
Gestaltungskräfte im rhythmischen Bewegungsverhalten des Menschen.
In: Die Gestaltung, 4. Kongress für Leibeserziehung. Kongressbericht,
Schorndorf 1967, S. 144–156.

4.03.124 Röthig, Peter:
Perspektiven einer rhythmischen Leibeserziehung.
Prof. O. F. Bollnow zum 65. Geburtstag. In: Die Leibeserziehung 4,
1968.

4.03.125 Röthig, Peter:
Rhythmus als Bewegungsprinzip.
In: Bericht des Salzburger Gymnastikkongresses 1970. Salzburg 1970.

4.03.126 Röthig, Peter:
Rhythmus und Bewegung.
Verlag Karl Hofmann, Schorndorf bei Stuttgart 1970.

4.03.127 Röthig, Peter:
Über den Rhythmus und das Rhythmische in der Erziehung.
Nachwort zu E. Feudel: Durchbruch zum Rhythmischen in der Er-
ziehung. 2. Aufl. Stuttgart 1965.

4.03.128 Röthig, Peter:
Zur Begriffsbestimmung des Rhythmus.
In: Die Leibeserziehung 11, 1963.

4.03.129 Rudder, B. de:
Der Mensch im Jahreszeitenrhythmus.
In: Studium generale 8, 1955, S. 776 ff.

4.03.130 Rudder, B. de:
Über sogenannte kosmische Rhythmen beim Menschen.
Stuttgart 1948[4].

4.03.131 Rutz, Hella:
Rhythmische Erziehung als Vorstufe zum Instrumentalunterricht.
In: Musik im Unterricht 41, 1950, S. 168–171 (Vgl. 2.36).

4.03.132 Scheiblauer, M.:
Musikalisch-rhythmische Erziehung.
Zürich 1954. Ferner in: Kinderheim 39, München 1961, S. 169–173.

4.03.133 Schibler, Armin:
Schlag- und Stimmspiele für Schulklassen I.
EES503, Eulenburg, Adliswil-Zürich 1973.

4.03.134 Schibler, Armin:
Sing- und Schlagspiele für Schulklassen II.
EES505, Eulenburg, Adliswil-Zürich.

4.03.135 Schibler, Armin:
Vom Körper zum Schlagzeug.
Lehrerhefte I–III. EES501, Eulenburg, Adliswil-Zürich.

4.03.136 Schindler, R.:
Psychologische Grundlagen von Musik und Bewegung . . .
(Vgl. 3.02.143).

4.03.137 Schlepper, Margaret:
Der Jugendliche und seine Beziehung zum Tanz.
In: Blätter des Pestalozzi-Fröbel Verbandes 15, Heidelberg 1964,
S. 142–150.

4.03.138 Schlepper, Margaret:
Über den Tanz.
In: Blätter des Pestalozzi-Fröbel Verbandes 15, Heidelberg 1964,
S. 107–115.

4.03.139 Schmidt, E.:
Über den Aufbau rhythmischer Gestalten.
In: Neue psychologische Studien 19, 1939, 2.

4.03.140 Schmolke, Anneliese:
Das Bewegungstheater.
Hilfen und Anregungen für das Spielen mit Kindern und Erwachsenen.
Experimentieren mit neuen Formen – Vom Wesen des Bewegungstheaters – Arbeitsbegriffe – Vom Üben zum Spielstück – Zur Situation
des Spielleiters usw. Mit Lit.-Verz. und Diskogr. Möseler Verlag, Wolfenbüttel 1976.

4.03.141 Schmolke, A. / Bergsee, H.:
Schulwerk für Musik, Tanz und Spiel.
Möseler, Wolfenbüttel 1951.

4.03.142 Schmoke, A. / Langhans, H.:
Europäische Tänze in der Schule.
Lehrheft. Möseler Verlag, Wolfenbüttel 1976.

4.03.143 Schneider, Margrit:
Musikerfahrung über Körper und Bewegung.
In: Die Musikschule 3 (Vgl. 2.14). Ferner in: Musikalische Grundausbildung 3, Bausteine B 27, Schott 1974.

4.03.144 Schoop, Trudi:
Die Bedeutung des Tanzes in der Erziehung.
In: Schweizerische Lehrerzeitung 101, Zürich 1956, S. 1035–1038.

4.03.145 Schubert-Jahnke, Irene:
Die Bedeutung der rhythmisch-musikalischen Erziehung und ihre Anwendung im Musikunterricht.
In: Musik in der Schule 6, 1955, S. 150–157 (Vgl. 2.37).

4.03.146 Schunko, Franz:
Über Tanzerziehung in der Hauptschule.
In: Erziehung und Unterricht 106, Wien 1956, S. 105–109.

4.03.147 Segler, Helmut:
Kein Interesse am Tanz?
In: Deutsche Jugend 8, München 1960, S. 80–84.

4.03.148 Seidel, Günter:
Elemente des musikalischen Bewegungsspiels im Volksschulspiel.
In: Das Spiel in der Schule 6, München 1965, S. 155–158.

4.03.149 Seidenfaden, F.:
Gedanken zur Wesensdeutung des Rhythmus in anthropologischer und pädagogischer Sicht.
In: Neue Sammlung 1, 1961, 4.

4.03.150 Sieler, Ruth:
Kindertänze und Rhythmikspiele.
Chronik meiner Kinderspiele 1920–1975 – Ringelspiele – Spiele im Kreis – In der Reihe – Zu Paaren usw. Jeweils mit Tanzbeschreibung. Edition Wilhelm Hansen, Frankfurt/M. 1976.

4.03.151 Sieler, Ruth:
Lernen mit Musik und Bewegung.
Stuttgart 1964.

4.03.152 Sieler, Ruth:
Musikalische Früherziehung auf der Grundlage rhythmisch-musikalischer Bewegungsübungen.
In: Empirische Forschung in der Musikpädagogik, hrsg. M. Alt. Schott, Mainz 1970.

4.03.153 Sieler, Ruth:
Rhythmikstunden mit Kindern.
Eigenverlag R. Sieler/7 Stuttgart West, Reinsburgerstr. 171, 1964.

4.03.154 Sommer, A.:
Die Bedeutung der Rhythmischen Erziehung für die Vor- und Grundschulpädagogik.
In: Rhythmik in der Erziehung 1, Kallmeyer, Wolfenbüttel 1974.

4.03.155 Steiner, Rudolf:
Eurhythmie als sichtbarer Gesang.
Dornach 1956[2].

4.03.156 Steiner, Rudolf:
Eurhythmie als sichtbare Sprache.
Dornach 1968[3].

4.03.157 Steiner, Rudolf:
Eurhythmie.
Ansprachen zu Eurhythmie-Aufführungen. Dornach 1972.

4.03.158 Struwe, F.:
Erziehung durch Rhythmus.
Mainz 1970.

4.03.159 Tappolet, W.:
Der Begründer der rhythmischen Gymnastik: Emile Jaques-Dalcroze.
In: Musica, Kassel 1959, 4.

4.03.160 Tappolet, W.:
Emile Jaques-Dalcroze.
In: Schweizerische Musikzeitung, Zürich 1950.

4.03.161 Taubert, K. H.:
Wege der rhythmischen Erziehung.
In: Musik im Unterricht 1956, 2 (Vgl. 2.36).

4.03.162 Tauscher, Hildegard:
Bewegungsspiele und getanzte Lieder.
In: Musikerziehung in der Grundschule. Berlin 1958.

4.03.163 Tauscher, Hildegard:
Die Aufgaben der rhythmisch-musikalischen Erziehung der heutigen Pädagogik.
In: Pädagogische Blätter 5, Berlin 1954, S. 275–280.

4.03.164 Tauscher, Hildegard:
Die rhythmisch-musikalische Entwicklung in der Schule.
In: Musik im Unterricht 51, Mainz 1960, S. 249–252.

4.03.165 Tauscher, Hildegard:
Lied und Bewegung – Elementare Musiklehre.
Bad Godesberg 1968.

4.03.166 Tauscher, Hildegard:
Praxis der rhythmisch-musikalischen Erziehung.
Darmstadt 1952.

4.03.167 Tauscher, Hildegard:
Praxis der rhythmisch-musikalischen Erziehung.
Edition Merseburg, Berlin 1952.

4.03.168 Thiel, Jörn:
Ene mene Tintenfass.
Szenisches Schulspiel für Kinder zum Singen, Spielen und Tanzen, für 1–3st. Kinderchor und Instrumente. Schott, Mainz.

4.03.169 Thomas, C.:
Musikalisch-rhythmische Sprech-, Klang- und Bewegungsformen (Orff-Schulwerk) als Medien für eine elementare Sprecherziehung und Musiktherapie.
In: Die Sprachheilarbeit 5, 1971, S. 129–137.

4.03.170 Torrebruno, Leonida:
Rhythmusschulung.
Elemente der Rhythmik, Isorhythmik und Polyrhythmik für Musikstudenten und Laien. Universal Edition 20504, Wien 1972.

4.03.171 Truslit, A.:
Gestaltung und Bewegung . . .
(Vgl. 4.01.126).

4.03.172 Viera, Joe:
Grundlagen der Jazzrhythmik.
Universal Edition 24001, Wien 1970.

4.03.173 Wachholder, K.:
Selbstgewähltes Bewegungstempo und seine Beziehung zum Eigenrhythmus und zur Ökonomie der Bewegung.
In: Zeitschrift für Arbeitsphysiologie 7, 1933, 4.

4.03.174 Werdin, Eberhard:
Rhythmisch-musikalische Übung.
In: Beiträge zur Schulmusik 1959, 4 (Vgl. 2.04).

4.03.175 Werner, Hans:
Rhythmik – mehrwertige Gestaltenverkettung.
In: Zeitschrift für Psychologie 82, 1921.

4.03.176 Werner, Hans:
Vom Rhythmus im Musikunterricht der Volksschule.
Praktische Gestaltungen. In: Unsere Schule 5, Hannover 1950,
S. 300–303.

4.03.177 Zihlmann, Hans:
Rhythmische Erziehung.
Comenius Verlag, Hitzkirch.

4.03.178 Zöller, Gerda:
Musik und Bewegung . . .
(Vgl. 4.01.134).

4.04   Melodische Schulung

4.04.001 Bimberg, Siegfried:
Die Erziehung zum Melodiebewusstsein als ganzheitsbestimmendes Prinzip.
In: Fischer H. (Hrsg.): Musikerziehung in der Grundschule . . . (Vgl.
3.01.067).

4.04.002 Bogisch, E.:
Rhythmische und melodische Übungen . . .
(Vgl. 4.03.011).

4.04.003 Brehmer, F.:
Melodieauffassung und melodische Begabung des Kindes.
In: Ztschr. f. ang. Psych. Beiheft 36. Leipzig 1926.

4.04.004 Hefti, Jacques:
Halbschlagnoten. Herausheben, Bewusstmachen und Einführen in die melodische Schulung.
In: Schweizerische Lehrerzeitung, Zürich 111, 1966, S. 142–149.

4.04.005 Metzler, F.:
Strukturen kindlicher Melodik.
In: Psychologische Beiträge 7, Meisenheim 1962.

4.04.006 Reusch, Fritz:
Elementares Musikschaffen I.
Wir finden Melodien und Begleitformen . . . (Vgl. 4.01.087).

4.04.007 Schuhmann, Reinhard:
Aspekte der musikerzieherischen Arbeit am Lied.
1. Strukturerhellung, 2. Stimmbildung, 3. Ausgestaltung. In: Ehrenwirth Grundschulmagazin 3, München 1976, 7, S. 7–10.

4.04.008 Werner, H.:
Die melodische Erfindung im frühen Kindesalter . . .
(Vgl. 4.01.131).

4.05   Atmen – Sprechen – Singen

4.05.001 Andersen, Hedwig:
Atmung und Stimme.
Kallmeyer, Wolfenbüttel 1928.

4.05.002 Aubel, Hermann:
Haltungsübungen und Atmung.
In: Dienst am Leben, Berlin SW 11.

4.05.003 Baum, Günther:
Abriss der Stimmphysiologie, mit Vorschlägen für die Stimmbildung.
Schriftenreihe B 22, Schott, Mainz 1972.

4.05.004 Baum, Günther:
Stimmkunde.
A. Henn Verlag, Kastellaun 1976.

4.05.005 Behr, Viktor:
Atemgymnastik als Heilfaktor.
1938.

4.05.006 Berg, Ragnar:
Richtiges Atmen als Heilmittel.
In: Med. Welt 1930, 271.

4.05.007 Bernet, G.:
Unsere Singarbeit.
Werkheft für Singleiter . . . (Vgl. 3.03.008).

4.05.008 Biehle, H.:
Der gesundheitliche Wert des Singens.
In: Musikerziehung 1964, 1, S. 12–15 (Vgl. 2.34).

4.05.009 Bimberg, Siegfried:
Untersuchungen zur Hör- und Singfähigkeit . . .
(Vgl. 3.08.005).

4.05.010 Blasl, Franz:
Chormusik für die Schule.
Abschnitt d: Auf neuen Wegen. Universal Edition 20501, Wien 1975.

4.05.011 Buess, H.:
Die Atmung.
Zur Geschichte der Atmungslehre. In: Ciba Ztschr. 91, Basel 1943.

4.05.012 Cavin, M.:
Atme richtig – werde frei.
Olten 1955.

4.05.013 Daube, Otto:
Singendes Musizieren.
Dortmund 1950.

4.05.014 Douglas, Th.:
Atme dich gesund!
In: Lebensweiser, Gelnhausen 1949.

4.05.015 Drach, E.:
Sprecherziehung in der Schule in Wechselwirkung zwischen Gesang und Deutschunterricht.
In: Musikpädagogische Gegenwartsfragen. Leipzig 1928, S. 160.

4.05.016 Dreyer:
Sprache und Sprechen.
In: Die Musikschule 3 (Vgl. 2.14).

4.05.017 Eitz, K.:
Das Tonwort.
Leipzig 1911.

4.05.018 Ehmann, Wilhelm:
Chorische Stimmbildung.
Kassel 1956.

4.05.019 Ehmann, Wilhelm:
Die Chorführung.
Basel/Kassel 1951.

4.05.020 Fischer-Junghann:
Gesangsbildungslehre.
In: W. Kolneder (Hrsg.): Musikpädagogische Bibliothek 9. Wilhelmshafen.

4.05.021 Forchhammer, J.:
Theorie und Technik des Singens und Sprechens.
Heidelberg 1928.

4.05.022 Forneberg, Erich:
Stimmbildungsfibel.
Diesterweg, Frankfurt/M. 1959.

4.05.023 Freitag, Siegfried:
Chor, Singeklub und jugendgemässes Singen.
In: Musik in der Schule 26, 1975, 11, S. 394–397 (Vgl. 2.37).

4.05.024 Freitag, Siegfried:
Überlegungen zur höheren Effektivität des Singens.
In: Musik in der Schule 25. 1974, 2, S. 63–66, 71–72 (Vgl. 2.37).

4.05.025 Freitag, Siegfried:
Zur Diskussion gestellt.
„Nun will der Lenz uns grüssen". Vorschlag zur Erarbeitung des zweistimmigen Liedsatzes im Rahmen der STE 7/Kl. 6. Mit Notenbsp. In: Musik in der Schule 25, 1974, 6, S. 253–256 (Vgl. 2.37).

4.05.026 Fuchs, Viktor:
Die Kunst des Singens.
Musizieren mit der eigenen Stimme. Mit zahlreichen Skizzen und Notenbeispielen. Bärenreiter, Basel 1967.

4.05.027 Gäbel, Christian:
Praktische Anleitungen zum richtigen Singen.
Singen – ein Muskeltraining. Wichtige Merksätze für das Studium – Wichtige Erkenntnisse für die Atmung – Wir müssen unser Instrument selbst bauen – Teilziele der Stimmschulung usw. Verlag der Musikalienhandlung Karl Dieter Wagner. Hamburg 1976.

4.05.028 Gabl, J.:
Der Volksschulgesangsunterricht nach der Eitz'schen Tonwortmethode.
Köln/Wien o. J.

4.05.029 Gauger, Kurt:
Der richtige Atem.
Stuttgart 1950.

4.05.030 Glaser, V.:
Indikationen und Grenzen der Atemtherapie.
In: Moderne Gymnastik 4, 1965.

4.05.031 Glaser, V.:
Sinnvolles Atmen.
Berlin 1957.

4.05.032 Gless, Dieter:
Ein Weg zur nachholenden Entwicklung der Singfähigkeit bei falsch-
singenden Schulanfängern.
In: Musik in der Schule 25, 1974, 4, S. 104–110, 115 (Vgl. 2.37).

4.05.033 Götze, G.:
Klassische Stoffe für das Musikdiktat und für Gesangsübungen vorge-
schrittener Schüler . . .
(Vgl. 4.02.051).

4.05.034 Greiner, Albert:
Stimmbildung.
Mainz 1938.

4.05.035 Gümmer, Paul:
Erziehung der menschlichen Stimme.
Bärenreiter, Basel 1951.

4.05.036 Gutzmann, H.:
Beobachtungen der ersten sprachlichen und stimmlichen Entwicklung
eines Kindes . . .
(Vgl. 3.08.023).

4.05.037 Gutzmann, H.:
Physiologie der Stimme und Sprache.
Braunschweig 1928.

4.05.038 Gutzmann, H.:
Stimmbildung und Stimmpflege.
München 1920.

4.05.039 Händel, Georg Friedrich:
Anregungen zur Stimmbildung im Unterricht.
In: Musik in der Schule 25, 1974, 11/12; 26, 1975, 1/2/7/8/9; 27, 1976,
1/2/3/5 (Vgl. 2.37).

4.05.040 Helm, Hannelore:
Gedanken zur Verbesserung der Singqualität in den Klassen 5 bis 10.
In: Musik in der Schule 25, 1974, 4, S. 115–119 (Vgl. 2.37).

4.05.041 Hensel, O.:
Die geistigen Grundlagen des Gesanges.
Kassel 1953.

4.05.042 Herder, Ronald:
Tonal/atonal . . .
(Vgl. 4.02.063).

4.05.043 Hess, L.:
Die Behandlung der Stimme in der Mutation.
Berlin 1927.

4.05.044 Hess, W. R.:
Die Regulierung der Atmung.
Leipzig 1931.

4.05.045 Heuler, R.:
Das Ende der Eitz'schen Tonwortmethode.
Würzburg 1929.

4.05.046 Hey, Julius:
Der kleine Hey.
Die Kunst des Sprechens. Nach dem Urtext neu bearbeitet und ergänzt
von Fritz Reusch. Schott, Mainz 1912.

4.05.047 Husler, F. / Rodd-Marling, Y.:
Singen.
Die physische Natur des Stimmorgans. Anleitung zum Aufschliessen der
Singstimme. Mit Schallplatte. Schott, Mainz 1965.

4.05.048 Jöde, Fritz:
Elementarlehre der Musik.
Gegeben als Anweisung im Notensingen. Kallmeyer, Wolfenbüttel u.
Zürich 1932 ff.

4.05.049 Katzenstein/du Bois-Reymond:
Über Brust- und Falsettstimme.
In: Zeitschr. f. klin. Med. 62.

4.05.050 Kemper, Josef:
Stimmpflege.
Schriftenreihe B 2, Schott, Mainz 1952.

4.05.051 Klusen, Ernst:
Zur Situation des Singens . . .
(Vgl. 3.05.046).

4.05.052 Kofler, Leo:
Die Kunst des Atmens.
Bärenreiter, Basel 1900.

4.05.053 Kolneder, Walter:
Singen – Hören – Schreiben . . .
(Vgl. 4.02.076).

4.05.054 Küntzel-Hansen, Margrit:
Musik mit Stimmen.
In: Bilderbücher zum Spielen und Lernen. Friedrich, Velber 1972.

4.05.055 Lohmann, Paul:
Stimmfehler – Stimmberatung.
Erkennen und Behandlung der Sängerfehler in Frage und Antwort.
Schott, Mainz 1938.

4.05.056 Luchsinger, R.:
Lehrbuch der Stimmheilkunde.
Wien 1949.

4.05.057 Luchsinger, R.:
Stimmphysiologie und Stimmbildung.
Wien 1951.

4.05.058 Luchsinger, R.:
Zur Genese und Therapie von Stimm- und Sprachstörungen.
In: Ciba 123, Basel 1950, S. 4522.

4.05.059 Markert, Eva-Marie:
Die Schulung des gesanglichen Ausdrucksvermögens als bildende und erzieherische Aufgabe des Singens in der Schule.
In: Musik in der Schule 25, 1974, 6/7/8 (Vgl. 2.37).

4.05.060 Meissner, H.:
Die jugendliche Stimme und ihre Pflege.
In: Studienmaterial für die künstlerischen Lehranstalten der DDR, o. O.

4.05.061 Morgenstern, Günter:
Gedanken zur zielorientierten Arbeit im Teilbereich Singen.
In: Musik in der Schule 25, 1974, 9, S. 361–363 (Vgl. 2.37).

4.05.062 Moser, H. J.:
Technik der deutschen Gesangskunst.
Berlin 1954.

4.05.063 Münnich, Richard:
Jale.
In: Beiträge zur Schulmusik 1959, 3 (Vgl. 2.04).

4.05.064 Münnich, Richard:
Jale. Ein Beitrag zur Tonsilbenfrage.
Lahr 1930.

4.05.065 Naumilkat, Hans:
Die singende Schule.
Gedanken zum musischen Klima. Mit Abb. In: Musik in der Schule 25, 1974, 10, S. 385–388 (Vgl. 2.37).

4.05.066 Nehrlich, C. G.:
Gesangschule für gebildete Stände.
Berlin 1844.

4.05.067 Nitsche, Paul:
Die Pflege der Kinderstimme.
Schott, Mainz 1952/1954.

4.05.068 Nitsche, Paul:
Die Pflege der Kinder- und Jugendstimme.
Bd. I: Theoretischer Teil. Schriftenreihe B 4, Schott, Mainz 1952. Bd. II: Stimmbildung am Lied. Schriftenreihe B 120, Schott, Mainz 1952.

4.05.069 Nitsche, Paul:
Entwicklung und Bildung der Kinderstimme.
In: Die Musikschule 3 (Vgl. 2.14).

4.05.070 Pahn, J.:
Stimmübungen für Sprechen und Singen.
Verlag Volk und Gesundheit. Berlin 1968.

4.05.071 Pandion, Franz:
Erfolgreicher Schulgesang.
Wien 1950.

4.05.072 Preu, O.:
Systematische Untersuchungen des normalen Stimmwechselverlaufs bei Knaben und Mädchen . . .
(Vgl. 3.08.044).

4.05.073 Ranke, F. O.:
Gehör, Stimme, Sprache . . .
(Vgl. 4.02.111).

4.05.074 Reusch, Fritz:
Sprechfibel für Kinder und Jugendliche.
Schriftenreihe B 14, Schott, Mainz 1965.

4.05.075 Riesch, Anneliese:
Lebendige Stimme.
Stimmbildung für Sprache und Gesang. Schott, Mainz 1972.

4.05.076 Rinderer, Leo:
Musikerziehung.
Ganzheitlicher Unterricht im Schulgesang. Helbling, Innsbruck 1955.

4.05.077 Röösli, Josef:
Didaktik des Schulgesanges.
Comenius, Hitzkirch 1971.

4.05.078 Rüdiger, Adolf:
Stimmbildung im Lied.
Diesterweg, Frankfurt 1974.

4.05.079 Rüdiger, Adolf:
Was ich über meine Stimme wissen sollte.
Als Grundlage im Unterricht. Kassel 1954.

4.05.080 Schilling, Rudolf:
Das kindliche Sprechvermögen.
Seine Entwicklung, seine Störung und seine Pflege im Bereich der Erziehung. Lambertus, Freiburg i. Br. 1956.

4.05.081 Schlaffhorst, A. / Andersen, H.:
Atmung und Stimme.
Wolfenbüttel 1954[2].

4.05.082 Schnebel, Dieter:
Schulmusik. Erfahrungen I1: Blasmusik . . .
(Vgl. 4.01.112).

4.05.083 Schnebel, Dieter:
Schulmusik. Erfahrungen I2: Gesums . . .
(Vgl. 4.01.112).

4.05.084 Schuhmann, Reinhard:
Aspekte der musikerzieherischen Arbeit am Lied.
Kapitel 2: Stimmbildung . . . (Vgl. 4.04.007).

4.05.085 Schulze, Anka:
Lebendige Ordnungen durch Atmen, Sprechen, Singen.
Aus der Schule Schlaffhorst-Andersen. Wolfenbüttel.

4.05.086 *Solfège* siehe 4.08.

4.05.087 Stampa, Aribert:
Atem, Sprache und Gesang.
Bärenreiter, Basel 1956.

4.05.088 Stancowic, P.:
Auch das Atmen beim Musizieren ist heilsam.
In: Instrumentenbau-Zeitschrift 28, 1974, 1, S. 4.

4.05.089 Stolte, W.:
Das Eitz'sche Tonwort im Dienste musischer Erziehung.
Berlin 1953.

4.05.090 Thomas, C.:
Musikalisch-rhythmische Sprech-, Klang- und Bewegungsformen . . .
(Vgl. 4.03.169).

4.05.091 Thomas, C.:
Neue Wege zu erklingender Sprache.
Zu den „Stücken für Sprechchor" von Carl Orff. In: Musik und Bildung 11, 1969 (Vgl. 2.40).

4.05.092 Thomas, C.:
Sprecherziehung in der Schule.
In: Orff-Inst. Jahrb. II, Mainz 1963/64.

4.05.093 Thomas, W.:
Bildung zur Sprache im Orff-Schulwerk.
In: Orff-Inst. Jahrb. I, Mainz 1962.

4.05.094 Thomas, W.:
Erklingende Sprache.
In: Musikerziehung in der Schule (Vgl. 2.35).

4.05.095 Tolnai, M.:
Sprech- und Gesangsbildung.
In: Schweizerische Musikpädagogische Berichte 3, 1955, S. 146.

4.05.096 Träder, Willi:
Leistungsziele für den Singunterricht.
Neue Aufgaben für erweiterte Vokalarbeit an Musikschulen. In: Neue Musikzeitung 23, 1974, 1, S. 25 (Vgl. 2.45).

4.05.097 Träder, Willi:
Zeitfragen des Singens.
In: Die Musikschule 1 (Vgl. 2.14).

4.05.098 Tschache, Reinhard:
Anregungen zum kind- und jugendgemässen, erlebnishaften Singen im Unterricht.
I. Hinweise für Klasse 2. Mit Notenbsp. In: Musik in der Schule 26, 1975, 11, S. 382—385 (Vgl. 2.37). II. Hinweise für Klasse 3. Mit Notenbsp. In:

Musik in der Schule 27, 1976, 1, S. 14—16. III. Hinweise für Klasse 4. In: Musik in der Schule 27, 1976, 2/3, S. 75—78. IV. Hinweise für die Klassen 5 bzw. 6. In: Musik in der Schule 27, 1976, 5, S. 155—161.

4.05.099 Vogelsänger, Siegfried:
Zur Neubestimmung des Stellenwertes von Volkslied und Singen im Musikunterricht.
In: Musik und Bildung 5, 1973, 9, S. 450—453 (Vgl. 2.40). Erwiderung von Weyer, Reinhold: Um den Stellenwert von Volkslied und Singen im Musikunterricht. Anmerkungen zu den Beiträgen von Heinz Antholz und Siegfried Vogelsänger. In: Musik und Bildung 6, 1974, 2, S. 127—129.

4.05.100 Watkinson, Gerd:
Singleitung. Eine Werkstattlehre.
In: W. Kolneder (Hrsg.): Musikpädagogische Bibliothek 10. Wilhelmshaven 1970.

4.05.101 Witte, Gerd:
Grundriss einer chorischen Stimmbildung.
Bärenreiter, Basel 1963.

4.06   Das Instrument im Unterricht — Bau von Musikinstrumenten

4.06.001 *Anschauungstafeln über Musikinstrumente.*
Wilhelmiana Musikverlag, Frankfurt/M.

4.06.002 Brace, G. / Burton, I.:
Listen! . . .
Kapitel 6: The first musical instruments (Sticks, Scrapers, Rattles, Tubes, Bullroarer, Bows u. a.) . . . (Vgl. 4.02.015).

4.06.003 Brandl, Willy:
Instrumentenkunde.
Willi Müller Verlag 1950.

4.06.004 Casella, A. / Mortari, V.:
Die Technik des modernen Orchesters.
Ricordi, Milano 1961.

4.06.005 Cees, See:
Das Schlagzeug im Jazz.
Universal Edition 24004, Wien.

4.06.006 Dickreiter, Michael:
Musikinstrumente.
TR-Verlagsunion, München 1976.

4.06.007 *Die Musikschule. Bd. 4: Der Instrumentalunterricht.*
Probleme — Reformen . . . (Vgl. 2.14).

4.06.008 Drey, Wilhelm:
In Japans Kindergärten wird viel musiziert . . .
(Vgl. 3.05.016).

4.06.009 Fuchs, Peter:
Schülergestaltungen mit Flaschen, Kisten, Saiten ...
(Vgl. 4.01.028).

4.06.010 Gohl, Willi u. a.:
Musik auf der Oberstufe. Kapitel Musikinstrumente ...
(Vgl. 4.11.095).

4.06.011 Gschwendtner, Hermann:
ABC der Schlaginstrumente in der Schulpraxis.
Universal Edition, Wien 1977.

4.06.012 Gschwendtner, Hermann:
Kinder spielen mit Orff-Instrumenten.
Anleitung – Themen – Modelle. Don Bosco Verlag, München 1976.

4.06.013 Günther, U.:
Zur Bedeutung des Instruments in Musikerziehung und Musikunterricht.
Essen, 1964.

4.06.014 Hausemann, Heiko Sven:
Nicht nur auf die Pauke hauen.
Zur Situation der Schlaginstrumente im Unterricht. In: Neue Musikzeitung 24, 1975, 6, S. 25. (Vgl. 2.45).

4.06.015 Hils, K.:
Der Bau von Musikinstrumenten.
In: Schweiz. Lehrerzeitung 25, 1955, S. 812.

4.06.016 Hoffmann, A. E.:
Der Instrumentalunterricht in den Schulen der USA ...
(Vgl. 3.05.035).

4.06.017 *Instrumentaler Gruppenunterricht.*
Vgl. Kapitel 4.25.

4.06.018 Jöde, Fritz:
Die Volksmusikinstrumente und die Jugend.
Edition Intermusica, Trossingen 1956.

4.06.019 Knieriem, Julius:
Schöpferisches Musizieren.
Grundübungen anhand neuer, in beschützenden Werkstätten erbauter Musikinstrumente ... (Vgl. 4.01.055).

4.06.020 Kolneder, Walter:
Musikinstrumentenkunde.
Ein Studien- und Prüfungshelfer. In: W. Kolneder (Hrsg.): Musikpädagogische Bibliothek 7, Wilhelmshaven 1963.

4.06.021 Küntzel-Hansen, Margrit:
Instrumentenbuch für Kinder.
Reich illustriert. Schroedel, Hannover 1972, 1976.

4.06.022 Land, L. R. / Vaughan, M. N.:
Music in today's Classroom.
Kapitel 3: Exploring Classroom Percussion Instruments ... (Vgl. 4.01.065).

4.06.023 Lange, Christian:
Zur Verwendung der Blasharmonika im Musikunterricht der unteren Klassen.
In: Musik in der Schule 25, 1974, 12, S. 482–485 (Vgl. 2.37).

4.06.024 Meyer, J.:
Den Klang von Gitarren und Klavieren unter die Lupe genommen.
Mit Abb. In: Instrumentenbau-Zeitschrift 28, 1974, 10, S. 674.

4.06.025 Montagu, Jeremy:
Making early percussion instruments.
Shells – Heads – Fittings – Beaters – usw. In: Early music Series 3, Oxford University Press, London 1976.

4.06.026 Moser-Kühhass, Renate:
Instrumentales Musizieren in der Hauptschule.
Mit Tab. In: Musikerziehung 29, 1975/76, 3/4 (Vgl. 2.34).

4.06.027 *Orff-Instrumentarium.*
Vgl. Kapitel 4.26.

4.06.028 Peinkofer, K. / Tannigel, F.:
Handbuch des Schlagzeugs.
Schott, Mainz 1969.

4.06.029 Perkins, Norma:
Melody Method for Pre-Instruments (Flutophone, Tonette, Fife, Song Flute, Recorder).
Fischer, New York 1953.

4.06.030 Regner, Hermann:
Das Orff-Schulwerk und seine Instrumente.
In: Handbuch des Musikunterrichts, Regensburg 1970.

4.06.031 Regner, Hermann:
Die Blasinstrumente in der Jugendarbeit.
Wolfenbüttel.

4.06.032 Röösli, J. / Keller-Löwy, W.:
Erlebnis Musik.
Langspielplatte Seite B: Instrumentenkunde ... (Vgl. 4.02.124).

4.06.033 Roscher, Wolfgang:
Klangprozesse mit Skulpturinstrumenten ...
(Vgl. 4.01.096).

4.06.034 Rosenstengel, Albrecht:
Erstes Singen mit Tsching-bumm.
Kap. Instrumente zum Selbstbasteln. Tenuto-Musik-Edition, Frankfurt/M. 1976.

4.06.035 Runze, Klaus:
Forderungen an den Instrumentalunterricht.
Beispiel Klavier. In: Information und Versuche 3, 1976 (Vgl. 2.20).

4.06.036 Sambeth, Heinrich:
Kinder bauen Musik-Instrumente.
Schott, Mainz o. J.

4.06.037 Schneider, Willy:
Handbuch der Blasmusik.
Schott 1954.

4.06.038 Schneider, Willy:
Transponierende Instrumente.
Schott, Mainz 1971.

4.06.039 Schumann, Heinrich:
Die Bambusflöte.
Herstellungsanweisung. Schott, Mainz 1952.

4.06.040 Sieler, Ruth:
Mit Geräuschinstrumenten Musik machen.
Edition W. Hansen, Frankfurt/M. o. J.

4.06.041 Southworth, Mary:
Making Musical Sounds . . .
(Vgl. 4.01.122).

4.06.042 Stumme, Wolfgang:
Das Instrument im Unterricht.
In: Die Musikschule 3 (Vgl. 2.14).

4.06.043 Stumme, Wolfgang (Hrsg.):
Der Instrumentalunterricht.
In: Die Musikschule 4 (Vgl. 2.14).

4.06.044 Tenta, F.:
Welche Instrumente benützt das Orff-Schulwerk?
In: Österr. Musikzeitschrift, Sonderheft „Das Orff-Schulwerk", Wien 1962.

4.06.045 Tüpker, Rosemarie:
Musikerziehung mit Hilfe des Klaviers.
In: Information und Versuche 3, 1976 (Vgl. 2.20).

4.06.046 Valentin, Erich:
Handbuch der Musikinstrumentenkunde.
Bosse, Regensburg 1954.

4.06.047 Werdin, Eberhard:
Das rhythmische Instrumentarium in der Jugendmusik.
Möglichkeiten und Grenzen. In: Musik im Unterricht 43, 1952, S. 170–173 (Vgl. 2.36).

4.06.048 Zeraschi, Helmut:
Der Esel, die Grossmutter und andere Musikinstrumente.
VEB, Leipzig 1974.

4.07   Improvisation

4.07.001 Addison, Richard:
Children (even musical ones) make music.
In: Music in Education 39, 1975, 2, S. 60−63 (Vgl. 2.30).

4.07.002 *Album mit „Rote Reihe"-Stücken . . .*
(Vgl. 4.01.001).

4.07.003 Baer, Walter:
Verzauberungen . . .
(Vgl. 4.01.005).

4.07.004 Bašič, E.:
Improvisation als schöpferische Mitteilung . . .
(Vgl. 4.01.006).

4.07.005 Blasl, Franz (Hrsg.):
Chormusik für die Schule.
Abschnitt d: Auf neuen Wegen. Universal Edition 20501, Wien 1975.

4.07.006 Bresgen, Cesar:
Das improvisierte Chorlied . . .
(Vgl. 4.01.011).

4.07.007 Bresgen, Cesar:
Die Improvisation.
In: W. Kolneder (Hrsg.): Musikpädagogische Bibliothek 3. Wilhelmshaven 1960.

4.07.008 Bresgen, Cesar:
Improvisation und Folklore.
In: W. Stumme (Hrsg.): Über Improvisation. Schott, Mainz 1973.

4.07.009 Buschmann, R. G.:
Über Improvisation im Jazz und ihre Lehrbarkeit.
In: W. Stumme (Hrsg.): Über Improvisation. Schott, Mainz 1973.

4.07.010 Coker, Jerry:
Improvising Jazz.
Prentice-Hall, Englewood Cliffs N. J. 1964.

4.07.011 Deharde, Fridel:
Improvisationspädagogik in der Ästhetischen Erziehung, erläutert am Beispiel des Tanzes.
In: Pahlen (Hrsg.): Musik und Bewegung. P. Haupt, Bern 1976, S. 15−24.

4.07.012 Dennis, Brian:
Experimental Music in Schools . . .
(Vgl. 4.01.019).

4.07.013 Dennis, Brian:
Projects in Sound . . .
(Vgl. 4.01.020).

4.07.014 Epping, Anna:
ABC der Improvisation.
Berlin 1954.

4.07.015 Ferand, Ernst:
Die Improvisation in der Musik.
Eine entwicklungsgeschichtliche und psychologische Untersuchung.
Rhein-Verlag, Zürich 1938.

4.07.016 Förstel, Friedrich:
Improvisation im Musikunterricht.
In: Österr. Musikzeitschrift 30, 1975, 1/2, S. 45–49.

4.07.017 Friedemann, Lilli:
Begegnungen mit der Gruppenimprovisation.
In: W. Stumme (Hrsg.): Über Improvisation. Schott, Mainz 1973.

4.07.018 Friedemann, Lilli:
Einstiege in neue Klangbereiche durch Gruppenimprovisation ...
(Vgl. 4.01.021).

4.07.019 Friedemann, Lilli:
Gemeinsame Improvisation auf Instrumenten ...
(Vgl. 4.01.022).

4.07.020 Friedemann, Lilli:
Improvisieren zu Weihnachtsliedern ...
(Vgl. 4.01.023).

4.07.021 Friedemann, Lilli:
Instrumentale Kollektivimprovisation ...
(Vgl. 4.01.024).

4.07.022 Friedemann, Lilli:
Kinder spielen mit Klängen und Tönen ...
(Vgl. 4.01.025).

4.07.023 Friedemann, Lilli:
Kollektivimprovisation ...
(Vgl. 4.01.026).

4.07.024 Gabler, Barbara:
Gruppenimprovisation als Methode der Interaktionspädagogik ...
(Vgl. 4.01.029).

4.07.025 Gohl, W. u. a.:
Musik auf der Oberstufe.
Kap. Klangimprovisationen. Verlag Schweizer Singbuch Oberstufe,
Amriswil 1976.

4.07.026 Hanl, Ilse:
Ausführungen im Rahmen der vom 18. bis 27. Oktober 1976 abgehaltenen Animazione-Aktivität an der Musik-Akademie Basel.
In: Information und Versuche 5, 1977 (Vgl. 4.01.032).

4.07.027 Haselböck, Hans:
Überlegungen zur Orgelimprovisation.
In: W. Stumme (Hrsg.): Über Improvisation. Schott, Mainz 1973.

4.07.028 Heinsch, Wolfgang:
Instrumentalunterricht und Improvisation.
In: Musik und Bildung 7, 1975, 3, S. 120–125 (Vgl. 2.40).

4.07.029 Hoch, Peter:
Spielpläne I–III.
(Vgl. 4.01.040/041/042).

4.07.030 Hölscher, B. / Pietzsch, M.:
Klang und Zeichen . . .
(Vgl. 4.01.043).

4.07.031 Karkoschka, Erhard:
Komposition – Improvisation.
In: W. Stumme (Hrsg.): Über Improvisation. Schott, Mainz 1973.

4.07.032 Keetman, G.:
Elementare Bewegungsimprovisation . . .
(Vgl. 4.03.084).

4.07.033 Keller, Wilhelm:
Erfindungs- und Improvisationsübungen . . .
(Vgl. 4.01.048).

4.07.034 Keller, Wilhelm:
Ludi musici II . . .
(Vgl. 4.01.049).

4.07.035 Keller, Wilhelm:
Musikalische Improvisation . . .
(Vgl. 4.01.051).

4.07.036 Keller, Wilhelm:
Zur Didaktik und Methodik der musikalischen Erfindungs- und Improvisationsübung . . .
(Vgl. 4.01.052).

4.07.037 Kleinig, K.:
Musikerziehung als Aktivierung der Grundkräfte in Analyse und Improvisation . . .
(Vgl. 4.02.071).

4.07.038 Koerppen, Alfred:
Improvisation und Komposition.
In: W. Stumme (Hrsg.): Über Improvisation. Schott, Mainz 1973.

4.07.039 Kraus, E.:
Einführung in die Gregorianik auf dem Wege der improvisatorischen Musikübung.
In: Der Musikunterricht, Beiträge zu einer neuen Methodik 1, Wolfenbüttel 1954, S. 17.

4.07.040 Kraus, E. / Schoch, R.:
Der Musikunterricht. Beiträge zu einer neuen Methodik.
Heft 1: Die Improvisation . . . (Vgl. 4.01.057).

4.07.041 Kumpf, Hans:
Vom Spiel zur Improvisation.
Gunter Hampel berichtet über seine Jazz-Arbeit mit Kindern. Mit Abb.
In: Jazz-Podium 25, 1976, 7, S. 27–29.

4.07.042 Küntzel-Hansen, Margrit:
Musik mit Kindern . . .
(Vgl. 4.01.061).

4.07.043 Küntzel, M. u. G.:
Klänge, Farben, Formen . . .
(Vgl. 4.01.063).

4.07.044 Mehegan, John:
The Jazz Improvisation Series.
Tonal and Rhythmic Principles – Jazz Rhythm and the Improvised
Line – Swing and Early Progressive Piano Styles etc. Watson-Guptill
Publ. New York sechziger Jahre.

4.07.045 Meyer-Denkmann, Gertrud:
Klangexperimente und Gestaltungsversuche . . .
(Vgl. 4.01.073).

4.07.046 Meyer-Denkmann, Gertrud:
Struktur und Praxis neuer Musik . . .
(Vgl. 4.01.074).

4.07.047 Michel, Paul:
Improvisation auch in Karl-Marx-Stadt . . .
(Vgl. 3.05.073).

4.07.048 Nettl, Bruno:
Thoughts on improvisation: A comparative approach.
In: The Musical Quarterly 60, 1974, 1, S. 1–19.

4.07.049 Noll, Günther:
Bibliographie zur Improvisation.
In: W. Stumme (Hrsg.): Über Improvisation. Schott, Mainz 1973.

4.07.050 Noll, Günther:
Zur Didaktik der musikalischen Improvisation (in der allg. bildenden
Schule).
In: W. Stumme (Hrsg.): Über Improvisation. Schott, Mainz 1973.

4.07.051 Noll, Günther:
Zur didaktischen Position der musikalischen Improvisation – heute.
In: Forschung i. d. Musikerziehung 5/6, 1971 (Vgl. 2.17).

4.07.052 Paynter, J. / Aston, P.:
Sound and Silence . . .
(Vgl. 4.01.081).

4.07.053 Philipp, Günter:
Erfahrungen mit der Improvisation.
In: Musik und Gesellschaft 25, 1975, 11, S. 668–672.

4.07.054 Ranta, Michael:
Einstimmen . . .
(Vgl. 4.01.084).

4.07.055 Regner, H.:
Bücher zu Filmen und Schallplatten:
Das Orff-Institut Salzburg – Orff-Schulwerk 2: Improvisation.

4.07.056 Riley, Howard:
„But you can't teach improvisation".
The challenge of jazz & improvised music. In: Music in Education 39,
1975, 3, S. 112–113 (Vgl. 2.30).

4.07.057   Roscher, Wolfgang (Hrsg.):
           Ästhetische Erziehung, Improvisation, Musiktheater . . .
           (Vgl. 4.01.091).

4.07.058   Roscher, Wolfgang:
           Improvisationspädagogische Experimente . . .
           (Vgl. 4.01.094).

4.07.059   Roscher, Wolfgang:
           Improvisatorisches Musiktheater . . .
           (Vgl. 4.01.095).

4.07.060   Roscher, Wolfgang:
           Klangprozesse mit Skulpturinstrumenten . . .
           (Vgl. 4.01.096).

4.07.061   Roscher, W. / Thomas, C.:
           Elementares Musiktheater . . .
           (Vgl. 4.01.097).

4.07.062   Runze, Klaus:
           Forderung an den Instrumentalunterricht . . .
           (Vgl. 4.01.098).

4.07.063   Runze, Klaus:
           Wie die Fledermaus das Hören lehrt.
           Improvisation als Impuls zum Instrumentalspiel . . . (Vgl. 4.01.099).

4.07.064   Schaper, Heinz-Christian:
           Ludus instrumentalis . . .
           (Vgl. 4.01.108).

4.07.065   Schaper, Heinz-Christian:
           Ludus vocalis.
           Konzept zur Gruppenimprovisation . . . (Vgl. 4.01.109).

4.07.066   Schibler, Armin:
           Vokale Kollektivimprovisation . . .
           (Vgl. 4.01.111).

4.07.067   Schnebel, Dieter:
           Schulmusik . . .
           (Vgl. 4.01.112).

4.07.068   Schnebel, Dieter:
           Schulmusik. Übungen mit Klängen . . .
           (Vgl. 4.01.113).

4.07.069   Schoch, Rudolf:
           Neue Wege zu Melodie- und Formgefühl durch Improvisation.
           Hug, Zürich 1957.

4.07.070   Schramowski, Herbert:
           Schaffenspsychologische Untersuchungen . . .
           (Vgl. 3.02.148).

4.07.071   Schramowski, Herbert:
           Zur Psychologie des instrumental-improvisatorischen Schaffens . . .
           (Vgl. 3.02.149).

4.07.072 Self, George:
Make a new sound . . .
(Vgl. 4.01.116).

4.07.073 Stumme, Wolfgang:
Improvisation als Funktion und Prinzip in der musikalischen Ausbildung.
In: Die Musikschule 1 (Vgl. 2.14).

4.07.074 Stumme, Wolfgang:
Improvisation in der musikalischen Laien- und Fachausbildung.
In: W. Stumme (Hrsg.): Über Improvisation. Schott, Mainz 1973.

4.07.075 Stumme, Wolfgang (Hrsg.):
Über Improvisation.
Mit Beiträgen von E. Bašič, C. Bresgen, R. G. Buschmann, L. Friedemann, H. Haselböck, E. Karkoschka, A. Koerppen, G. Noll, W. Stumme. Schriftenreihe B 21, Schott, Mainz 1973.

4.07.076 Sturany, Gerhard:
Communio ludi musici.
Mit Abb. In: Jazz-Podium 23, 1974, 10, S. 27.

4.07.077 Thomas, W.:
Struktur und Ortsbestimmung einer Neuform improvisatorischen Musiktheaters . . .
(Vgl. 4.01.125).

4.07.078 Tüpker, Rosmarie:
Vorschläge zur Gruppenimprovisation.
In: Information und Versuche 4, 1976 (Vgl. 2.20).

4.07.079 Viera, Joe:
Arrangement und Improvisation.
Universal Edition 24003, Wien 1971.

4.07.080 Viera, Joe:
Neue Formen – Freies Spiel . . .
(Vgl. 4.01.130).

4.07.081 Watkinsin, G.:
Improvisieren – Ordnen.
Handreichung für den Umgang mit dem Orffschen Instrumentarium. In: Hausmusik 21, Kassel 1957.

4.07.082 Wilbert, H. J.:
Die Förderung des musikalischen Gestaltungsvermögens . . .
(Vgl. 4.01.132).

4.07.083 Witte, Gerd:
Methodische Ansätze im Improvisationsunterricht.
Mit Notenbsp. In: Musica sacra 95, 1975, 6, S. 341–358.

4.07.084 Wüthrich, Hans:
Kommunikationsspiele . . .
(Vgl. 4.01.133).

4.08.001   Bovet, Jeanne:
Das Solfeggio mit Freude gelernt.
4 Hefte. Biel 1971/72.

4.08.002   Brömse, P.:
Graphische Strukturveranschaulichung der Zwölftonmusik durch Bildprojektion, dargestellt an Weberns Variationen op. 27 für Klavier.
In: Musik im Unterricht 59, 1968, 6, S. 207 ff.

4.08.003   Buerick, R.:
Sept Leçons de Solfège sur 7 clés.
Delrieu, Nice 1956.

4.08.004   Depelsenaire, J.:
Solfège préparatoire.
Amphion, Paris 1977.

4.08.005   Detoni, Dubravko:
Graphik IV.
WKS 8, Schott, Mainz 1972.

4.08.006   Distler-Brendel, Gisela:
Erarbeiten einer Klangfarbenpartitur – Unterrichtsversuche in einem
7. Schuljahr.
In: Musikhören und Werkbetrachtung in der Schule, S. 119 ff. (Vgl.
4.02.096).

4.08.007   Edmund, Lars:
Modus novus.
Lehrbuch in freitonaler Melodielesung. Nordiska Musikförlag, Hansen,
Stockholm 1974.

4.08.008   Edmund, Lars:
Modus vetus . . .
(Vgl. 4.02.032).

4.08.009   Favre, Georges:
Douze Leçons de Solfège.
Durand, Paris 1963.

4.08.010   Finck/Theuring:
Schule des Blattlesens.
Universal Edition, Wien 1976.

4.08.011   Finkel, K. / Wünnenberg, U.:
Musikalische Struktur und graphische Notierung . . .
(Vgl. 4.02.039).

4.08.012   Foltz, Karl:
Melografie.
Musikschrift für Kinder, dargestellt an vielen europäischen und eigenen
Kinderliedern. Möseler, Wolfenbüttel.

4.08.013   Frisius, R.:
Die Notation im Musikunterricht.
In: Forschung in der Musikerziehung 9/10, 1973 (Vgl. 2.17).

4.08.014 Gallon, Noel:
Cinquante Leçons de Solfège avec rythmique.
Eschig, Paris 1964.

4.08.015 Gallon, Noel:
Vingt Leçons de Solfège avec accompagnement de Piano.
Lemoine, Paris & Bruxelles 1950.

4.08.016 Gieseler, Walter:
Grundriss der Musikdidaktik.
Kapitel 6 (Vgl. 3.01.077).

4.08.017 Gojowy, D.:
Multimedia und graphische Komposition.
In: Musik und Bildung 2, 1970, 6, S. 273 ff. (Vgl. 2.40).

4.08.018 Gundlach, W.:
Neue Musik – neue Notation.
In: Neue Wege im Unterricht. Bochum 1971, S. 207 ff.

4.08.019 Günther, Ulrich:
Die Notation als Beispiel zu einer Didaktik der Musik.
In: Fortschritt und Rückbildung . . . (Vgl. 2.18).

4.08.020 Haubenstock-Ramati, Roman:
Ludus musicalis . . .
(Vgl. 4.01.036/037).

4.08.021 Helldén, D.:
Notenlesen in der Schule.
In: Orff-Institut, Jahrbuch 1963, Mainz 1963.

4.08.022 Hermann, Kurt:
Vom Blatt.
Hug, Zürich 1971.

4.08.023 Hollmann, H.:
Singen nach Noten.
Graz 1951.

4.08.024 Hollmann, H.:
Vom Wesen der Trefflehr-Methoden.
In: Musikerziehung 1952, 3, S. 165 (Vgl. 2.34).

4.08.025 Hollmann, H.:
Wir singen nach Noten.
3 Hefte. Wien 1953.

4.08.026 Hölscher, B. / Pietzsch, M.:
Klang und Zeichen . . .
(Vgl. 4.01.043).

4.08.027 Karkoschka, Erhard:
Das Schriftbild der Neuen Musik.
Celle 1966.

4.08.028 Karkoschka, Erhard:
Eine Hörpartitur elektronischer Musik . . .
(Vgl. 4.02.068).

4.08.029 Kaufmann, Otto:
Musicus. Schule des Notensingens.
Eine praktische Einführung in die Musik. Wolfenbüttel.

4.08.030 Kaufmann, O. / Rühling, K.:
Schaubild des Dur-Moll-Systems.
Wolfenbüttel.

4.08.031 Koch, Peter:
Blattlesen in der Schule.
Die nü-Methode. Universal Edition 20502, Wien 1972.

4.08.032 Kolneder, Walter:
Singen − Hören − Schreiben . . .
(Vgl. 4.02.076).

4.08.033 Kühlenthal, Michael:
Musikalische Graphik im Unterricht.
Mit Abb. In: Musik und Bildung 8, 1976, 1, S. 20−24 (Vgl. 2.40).

4.08.034 Küntzel-Hansen, Margrit:
Klänge hören, lesen, zeichnen . . .
(Vgl. 4.02.081).

4.08.035 Küntzel-Hansen, Margrit:
Musikkurs für Kindergärten . . .
(Vgl. 4.01.060).

4.08.036 Lange, Christian:
Zur Darstellung rhythmisch-metrischer Vorgänge.
In: Musik in der Schule 15, 1964, S. 370, 377−383 (Vgl. 2.37).

4.08.037 Lavignac, Albert:
Solfèges des Solfèges.
Lemoine, Paris 1949.

4.08.038 Lee, Ed.:
A note on conventions of notation in Afro-American music.
In: Vulliamy/Lee: Pop music in school. Cambridge University Press, Cambridge 1976, S. 62−73.

4.08.039 Mies:
Bilder und Buchstaben werden Musik.
Tonger Verlag, Köln.

4.08.040 Musik in neuen Notationen:
Bedford: Ein spannendes neues Spiel . . . (Vgl. 4.01.007).
Bedford: Zwei Klangstücke . . . (Vgl. 4.09.010).
Dennis: Crosswords, Tetrahedron . . . (Vgl. 4.01.018).
Dennis: Projects in Sound . . . (Vgl. 4.01.020).
Hoch: Ein Atem ringt in uns . . . (Vgl. 4.01.039).
Hoch: Spielplan I . . . (Vgl. 4.01.040/041/042).
Istvanits: Happapäsch . . . (Vgl. 4.09.058).
Karkoschka: Komponiere selbst . . . (Vgl. 4.01.046).
Kratochwil: Zaubersprüche . . . (Vgl. 4.11.179).
Logothetis: Impulse . . . (Vgl. 4.01.068).
Rands: Klangmuster . . . (Vgl. 4.01.083).
Schafer: Epitaph . . . (Vgl. 4.01.101).
Schafer: Minimusic . . . (Vgl. 4.01.102).

Schafer: Miniwanka . . . (Vgl. 4.01.103).
Schafer: Statement . . . (Vgl. 4.01.105).
Schaper: Ludus instrumentalis . . . (Vgl. 4.01.108).
Schaper: Ludus vocalis . . . (Vgl. 4.01.109).
Self: Neue Klangwelten . . . (Vgl. 4.01.117).
Self: Vier Stücke neuester Musik . . . (Vgl. 4.09.114).

4.08.041 Pozzoli, Ettore:
Solfeggi parlati e cantati.
Ricordi, Milano 1944.

4.08.042 Pozzoli/Desportes:
Cours complet de Solfège avec accompagnement de Piano de Ettore Pozzoli.
8 Bde. Ricordi, Paris 1952.

4.08.043 Reymond-Sauvain, Mathilde:
Éducation musicale de Base.
Solfège. Ed. de la Bacconière, Neuchâtel 1960.

4.08.044 Schilder, Manfred:
Audiovisueller Musikunterricht und seine Breitenwirkung.
In: Musikerziehung 28, 1974/75, 5, S. 212–216 (Vgl. 2.34).

4.08.045 Stockhausen, Karl-Heinz:
Musik und Graphik.
In: Darmstädter Beiträge zur Neuen Musik 3, Mainz 1960.

4.08.046 Tappolet, W.:
Notenschrift und Musizieren.
Berlin 1967.

4.08.047 Thomas, E. (Hrsg.):
Notation neuer Musik.
In: Darmstädter Beiträge zur Neuen Musik 9, Mainz 1965.

4.08.048 Venus, Dankmar:
Übertragung akustischer Eindrücke in eine elementare Partitur – Unterrichtsversuche in einem 4. Schuljahr.
In: Musikhören u. Werkbetrachtung in der Schule, S. 109 ff. (Vgl. 4.02.096).

4.08.049 Willems, Edgar:
Solfège.
Cours élémentaire, Editions Pro Musica Sarl, Bienne 1971.

4.09   Zusammenspiel – Schallspiele – Spielmusik

4.09.001 Addison, Richard:
Children (even musical ones) make music . . .
(Vgl. 4.07.001).

4.09.002 Album mit ,,Rote Reihe''-Stücken . . .
(Vgl. 4.01.001).

4.09.003 *Altindianische Tänze* für Blockflöten, Gitarre und Schlagwerk; Bass ad lib.
Hrsg. Guillermo Graetzer. Schott, Mainz.

4.09.004 Altmann, Peter:
Mein Name ist Urlappi.
Universal Edition 20062, Wien 1974.

4.09.005 Amtmann, Paul:
Wir machen Musik . . .
(Vgl. 4.01.003).

4.09.006 Auerbach, Lore:
Hören lernen – Musik erleben . . .
(Vgl. 4.01.004).

4.09.007 Baer, Walter:
Verzauberungen . . .
(Vgl. 4.01.005).

4.09.008 Bartok, Bela:
Bilderbuch für Kinder.
Noten und Schallplatte. Schott, Mainz.

4.09.009 Bedford, David:
Ein spannendes neues Spiel . . .
(Vgl. 4.01.007).

4.09.010 Bedford, David:
Zwei Klangstücke (Whitefield Music 1 und 2) für Spielmusikgruppen.
Universal Edition 20012, Wien 1967.

4.09.011 Bergese, Hans:
Schulwerk für Spiel – Musik – Tanz . . .
(Vgl. 4.03.007).

4.09.012 Biebl, Franz:
Was wir gerne tun.
Kinderspiele für 1 und 2 Singstimmen, Sopranblockflöte (auch andere Melodie-Instrumente) und kleines Schlagwerk. Werkreihe B 134, Schott, Mainz.

4.09.013 Bimberg, S. / Bachmann, F.:
Musizieren mit klingendem Schlagwerk.
In: Wir fangen an 6, VEB F. Hofmeister Musikverlag, Leipzig.

4.09.014 Blasl, Franz (Hrsg.):
Experimente im Musikunterricht . . .
(Vgl. 4.01.010).

4.09.015 Blasl, Franz (Hrsg.):
Spielmusik für die Schule.
Universal Edition 14720 oder 147200, Wien 1968.

4.09.016 Böhm, S.:
Spiele mit dem Orff-Schulwerk.
Bildband. Metzler, Stuttgart 1975.

4.09.017 Bräutigam, Helmut:
Tänzerische Spielmusik für 2 Flöten, 2 Violinen und Violoncello.
Werkreihe B 111, Schott, Mainz.

4.09.018 Bresgen, Cesar:
Der Komponist und die Volksmusik.
Universal Edition 20019, Wien 1970.

4.09.019 Bresgen, Cesar:
Morgenmusik für Blockflötenchor und kleines Schlagzeug.
Schott, Mainz.

4.09.020 Buhé, Klaus:
Irische Flöte.
Irische Volksweisen in Sätzen für Flöte, Violine, Tenorbanjo, Gitarre,
Kontrabass und Schlagwerk. Spielpartitur (hierzu Schallplatte).
Eres Edition, Bremen/Lilienthal 1976.

4.09.021 *Concertino.*
Werke für Schul- und Liebhaberorchester. Schott, Mainz.

4.09.022 *Das Spielwerk.*
Spielstücke für Blockflöten, Stabspiele und Schlaginstrumente. Schott,
Mainz.

4.09.023 Deinhart, E.:
Wir spielen mit den Kleinen.
Finkenverlag, Fulda.

4.09.024 Deinhart, E.:
Wir üben und spielen.
Finkenverlag, Fulda.

4.09.025 Dennis, Brian:
Crosswords . . .
(Vgl. 4.01.018).

4.09.026 Dennis, Brian:
Experimental Music in Schools . . .
(Vgl. 4.01.019).

4.09.027 Dennis, Brian:
Projects in Sound . . .
(Vgl. 4.01.020).

4.09.028 Drahts, Willi (Bearb.):
Rund um die Welt.
Folkloristische Tanzmelodien für Blockflötenquartett (od. Streicher) und
Schlagwerk, Gitarre ad lib. Schott, Mainz.

4.09.029 Drusenthal, Herbert:
Musik zum Spiel.
In: Die Scholle 26, Ansbach 1958, S. 360–364.

4.09.030 Ebenhöh, Horst:
Heiteres Finale für Spielmusikgruppen.
Universal Edition 20006, Einzelstimmen 20A006, Wien 1969.

4.09.031 Ebenhöh, Horst:
Zehn Stücke für drei Violinen.
Universal Edition 20014, Wien.

4.09.032 Eckart, Walter:
Gespielte Lieder.
In: Das Spiel in der Schule 4, München 1963, S. 134–137.

4.09.033 *Ensemblespiel und Ergänzungsfächer.*
In: Die Musikschule 5 (Vgl. 2.14).

4.09.034 Fanderl, Martin:
Spiel im Musikunterricht.
In: Das Spiel in der Schule 3, München 1962, S. 17–19.

4.09.035 Fegers, Karl:
Suite nach französischen Volksliedern für 3 Blockflöten, 1 bis 3 andere Instrumente, Gitarre oder Bass, Stabspiele oder Klavier.
Werkreihe B 180, Schott, Mainz.

4.09.036 Fheodoroff, Nikolaus:
Drei Zwölftonspiele für Spielmusikgruppen.
Universal Edition 20004, Einzelstimmen 20A004, Wien 1969.

4.09.037 Foellbach/Zimmermann:
Spielen, lachen, Freude machen.
VEB F. Hofmeister Musikverlag, Leipzig 1955.

4.09.038 Friedemann, Lilli:
Einstiege in neue Klangbereiche durch Gruppenimprovisation ...
(Vgl. 4.01.021).

4.09.039 Friedemann, Lilli:
Gemeinsame Improvisation auf Instrumenten ...
(Vgl. 4.01.022).

4.09.040 Friedemann, Lilli:
Instrumentale Kollektivimprovisation ...
(Vgl. 4.01.024).

4.09.041 Friedemann, Lilli:
Kinder spielen mit Klängen und Tönen ...
(Vgl. 4.01.025).

4.09.042 Frisius, R.:
Thesen ...
(Vgl. 3.02.052).

4.09.043 Fuchs, Peter:
Schülergestaltungen ...
(Vgl. 4.01.028).

4.09.044 Furer, Arthur:
Spielmusik für Streicher und Kontrastinstrumente op. 19.
Pelikan, Zürich.

4.09.045 Gass-Tutt, A.:
Das Tanzkarussell ...
(Vgl. 4.03.040).

4.09.046 Gattermeyer, Heinrich:
Suite für Spielmusikgruppen op. 101/3.
Universal Edition 15001, Wien.

4.09.047 Gieseler, Walter:
Grundriss der Musikdidaktik.
Kapitel 5 . . . (Vgl. 3.01.077).

4.09.048 Hahn, Grete (Hrsg.):
Lied und Spiel.
Schroedel, Hannover 1970.

4.09.049 Halffter, Cristobal:
In memoriam Anaick.
Universal Edition 20059, Wien 1973.

4.09.050 Hanl, Ilse:
Kreatives Schulspiel . . .
(Vgl. 4.01.033).

4.09.051 Haubenstock-Ramati, Roman:
Ludus musicalis . . .
(Vgl. 4.01.036/037).

4.09.052 Hauer, Josef Matthias:
Hausmusik für 2 Violinen u. Klavier.
Universal Edition 20031, Wien 1971.

4.09.053 Heer, Josef u. a.:
Ein Buch zum Singen und Spielen vom 5. Schuljahr an.
Diesterweg, Frankfurt.

4.09.054 Hentig, H. von:
Spielraum und Ernstfall.
Stuttgart 1969².

4.09.055 Hoch, Peter:
Spielplan . . .
(Vgl. 4.01.040/041/042).

4.09.056 Hoffmann, A.:
Corona. Werkreihe für Schulorchester.
60 Nummern bis 1958. Wolfenbüttel.

4.09.057 *Indo-Amerikanische Tänze* für Sopran- und Altflöte, Gitarre (Laute), Bass
und Schlagwerk, hrsg. G. Graetzer.
Werkreihe B 143, Schott, Mainz.

4.09.058 Istvánits, Franz:
Happapäsch für 5 Spieler.
Universal Edition 20026, Wien 1971.

4.09.059 Jäger, Konrad:
Aus der Werkstatt eines Schulspielmusikers.
In: Das Spiel in der Schule 4, München 1963, S. 148–154.

4.09.060 Jakoby, Werner:
Spiel ohne Rhythmus für Spielmusikgruppen.
Universal Edition 20005, Wien.

4.09.061 Jehn, Margarete u. Wolfgang:
28 Kinderspiele aus aller Welt.
In: Eine Werkreihe für die musikalische Grundstufe 3, hrsg. M. u W. Jehn.
Edition Eres, Lilienthal/Bremen 1976.

4.09.062 Jöde, Fritz:
Die Musikantenfibel, mit vielen vierfarbigen Illustrationen von Heiner Rothfuchs (Neuausgabe).
Werkreihe B 109, Schott, Mainz.

4.09.063 Jöde, F. / Kraus, E. (Hrsg.):
Der Fünfton.
Pentatonische Weisen zum Singen und Spielen. Werkreihe B 123, Schott, Mainz.

4.09.064 Kagerer, Anton:
Spiel im Adventsingen.
In: Das Spiel in der Schule 5, München 1964, S. 205–207.

4.09.065 Kagerer, Anton:
Musikalische Spielformen.
In: Das Spiel in der Schule 6, München 1965, S. 206–213.

4.09.066 Keller, Wilhelm:
Ludi musici II . . .
(Vgl. 4.01.049).

4.09.067 Keller, Wilhelm:
Musikalische Improvisation und Schallspiele . . .
(Vgl. 4.01.051).

4.09.068 Kirchner, G.:
Hören und Musizieren als didaktisches Problem im Zeitalter der Massenmedien . . .
(Vgl. 3.01.129).

4.09.069 *Kleine Instrumentalstücke.*
Heft 1 bis 13: Spielmusiken für verschiedene Melodieinstrumente. Volk u. Wissen Volkseigener Verlag, Berlin.

4.09.070 Korda, Viktor:
Festliche Suite für Spielmusikgruppen.
Universal Edition 15003, Wien.

4.09.071 Korda, Viktor:
Sechs Stücke für 2 Melodieinstr. od. -gruppen.
Universal Edition 20018, Wien 1969.

4.09.072 Kratochwil, Heinz:
Klangstudie f. Instrumente u. Singstimmen.
Universal Edition 20020, Wien.

4.09.073 Land, L. R. / Vaughan, M. N.:
Music in todays Classroom . . .
(Vgl. 4.01.065).

4.09.074 Langhans, H. / Lau, H.:
Das Schlagwerk.
Eine Sammlung von Werken für Orff-Instrumentarium. Spielfibel: Übungen, Spielstücke und Liedbegleitungen. PE 810, Pelikan, Zürich.

4.09.075 Lehr, Wilhelm:
          Kreatives Spiel . . .
          (Vgl. 4.01.066).

4.09.076 Lehr, Wilhelm:
          Schöpferisches Spiel . . .
          (Vgl. 4.01.067).

4.09.077 *Lied- und Bläserspiel.*
          Volksliedsätze für Bläser. Schott, Mainz.

4.09.078 Logothetis, Anestis:
          Impulse . . .
          (Vgl. 4.01.068).

4.09.079 Mathé, Otto Karl:
          Polymix für Spielmusikgruppen.
          Universal Edition 20046, Wien 1972.

4.09.080 Meyer-Denkmann, Gertrud:
          Klangexperimente . . .
          (Vgl. 4.01.073).

4.09.081 Meyer-Denkmann, Gertrud:
          Struktur und Praxis . . .
          (Vgl. 4.01.074).

4.09.082 Moser-Kühhass, Renate:
          Instrumentales Musizieren in der Hauptschule . . .
          (Vgl. 4.06.026).

4.09.083 Neuhäuser, Meinolf:
          Klangspiele . . .
          (Vgl. 4.01.076).

4.09.084 *Orff-Schulwerk*
          siehe Kap. 4.26.

4.09.085 Oetke, Herbert (Hrsg.):
          Der Tanzmusikant.
          Volkstänze für 3 beliebige Melodie-Instrumente oder Klavier (Akkordeon), Gitarre ad lib. Werkreihe B 139, Schott, Mainz.

4.09.086 Paynter, J. / Aston, P.:
          Klang und Ausdruck . . .
          (Vgl. 4.01.080).

4.09.087 Paynter, J. / Aston, P.:
          Sound and Silence . . .
          (Vgl. 4.01.081).

4.09.088 Rands, Bernard:
          Klangmuster . . .
          (Vgl. 4.01.083).

4.09.089 Rauhe, Hermann:
          Hören und Musizieren . . .
          (Vgl. 3.01.201).

4.09.090 Regner, Hermann:
Spiel und Erfindung . . .
(Vgl. 4.01.085).

4.09.091 Renggli, W.:
Schule für Schlagwerk-Spielgruppen.
PE 820, Pelikan, Zürich.

4.09.092 Reusch, Fritz:
Elementares Musikschaffen.
Bd. 2: Klangspiele, Klangformen . . . (Vgl. 4.01.088).

4.09.093 Röösli, J. / Keller-Löwy, W.:
Mein Erlebnis Musik . . .
(Vgl. 4.01.089).

4.09.094 Roscher, Wolfgang:
Klangprozesse . . .
(Vgl. 4.01.096).

4.09.095 Runze, Klaus:
Wie die Fledermaus das Hören lehrt . . .
(Vgl. 4.07.099).

4.09.096 Salziger, Dietmar:
Das erste Konzert.
Vorspielstück mit Einführung für einen Sprecher und Orff-Instrumente.
Schott, Mainz.

4.09.097 Schaaf, Peter:
Zwei moderne Tänze.
1. Bounce, 2. Bossa nova für Sopranblockflöte, Gitarre, Stabspiele und Schlagwerk. Werkreihe B 181, Schott, Mainz.

4.09.098 Schafer, R. M.:
Epitaph for Moonlight . . .
(Vgl. 4.01.101).

4.09.099 Schafer, R. M.:
Minimusic . . .
(Vgl. 4.01.102).

4.09.100 Schafer, R. M.:
Miniwanka . . .
(Vgl. 4.01.103).

4.09.101 Schafer, R. M.:
Statement in Blue . . .
(Vgl. 4.01.105).

4.09.102 Schaper, Heinz-Christian:
Ludus instrumentalis. Eine Schule des Zusammenspiels . . .
(Vgl. 4.01.108).

4.09.103 Scheuerl, H.:
Das Spiel . . .
(Vgl. 4.01.110).

4.09.104 Schibler, Armin:
Concert pour la jeunesse für 5 Schlagzeuger, Klavier und Streichorchester.
Eulenburg, Adliswil-Zürich.

4.09.105 Schibler, Armin:
Schlag- und Stimmspiele . . .
(Vgl. 4.03.133).

4.09.106 Schibler, Armin:
Sing- und Schlagspiele . . .
(Vgl. 4.03.134).

4.09.107 Schmidt/Weber:
Spielbuch für allerlei Instrumente.
In: Die Garbe, Gerig, Köln.

4.09.108 Schmolke/Bergese:
Schulwerk für Musik, Tanz und Spiel . . .
(Vgl. 4.03.141).

4.09.109 Schnebel, Dieter:
Schulmusik. Übungen mit Klängen . . .
(Vgl. 4.01.113).

4.09.110 Seidel, Günter:
Elemente des musikalischen Bewegungsspiels . . .
(Vgl. 4.03.148).

4.09.111 Self, George:
Make a new sound . . .
(Vgl. 4.01.116).

4.09.112 Self, George:
Neue Klangwelten für die Jugend . . .
(Vgl. 4.01.117).

4.09.113 Self, George:
Shriek – Der Abend zieht herauf – Wild, zahm oder halbzahm.
Universal Edition 20049, Wien.

4.09.114 Self, George:
Vier Stücke neuester Musik für Spielmusikgruppen.
Mappe mit vier Einlageblättern. Universal Edition 20010, Wien.

4.09.115 Sieler, Ruth:
Kindertänze und Rhythmikspiele . . .
(Vgl. 4.03.150).

4.09.116 Sons, Walter:
Spiel mit Tönen, Klängen und Geräuschen . . .
(Vgl. 4.01.121).

4.09.117 Stracke, Theo:
Das Lied im Spiel.
In: Das Spiel in der Schule 4, München 1963, S. 144–146.

4.09.118 *Tänze der Völker.*
Ein Spielbuch für Blas-, Streich-, Zupf- und Schlaginstrumente.
Schott, Mainz.

4.09.119 Uhl, Alfred:
Allerlei Spielmusik.
Universal Edition 15006, Wien.

4.09.120 Uhl, Alfred:
Eine vergnügliche Spielmusik.
Universal Edition 15009, Wien.

4.09.121 Viera, Joe:
Neue Formen – Freies Spiel . . .
(Vgl. 4.01.130).

4.09.122 *Weihnachtliches Spiel* für Blockflöten und andere Melodie-Instrumente, hrsg. J. Runge.
Werkreihe B 149, Schott, Mainz.

4.09.123 Werdin, Eberhard:
Europäische Tänze für Schulorchester.
Schott, Mainz.

4.09.124 Werdin, Eberhard (Hrsg.):
Tanzstücke grosser Meister für Violine I (Sopranblockflöte, Querflöte), Violine II (Altblockflöte), Violoncello (Kontrabass) und Gitarre.
Werkreihe B 170, Schott, Mainz.

4.09.125 Winters, Geoffrey:
Cowboy – Suite für Spielmusikgruppen.
Universal Edition 15011, Wien.

4.09.126 *Workshop . . .*
(Vgl. 2.57).

4.09.127 Ziller, Dietrich:
Spielmusik für drei Blockflöten-Gruppen.
Schott, Mainz.

4.10   Darstellendes Spiel – Musiktheater

4.10.001 Biebl, Franz:
Märchenspiele:
Der Wolf und die sieben Geisslein.
PE 935, Pelikan, Zürich.
Dornröschen.
PE 926, Pelikan, Zürich.
Hänsel und Gretel.
PE 925, Pelikan, Zürich.
Rötkäppchen.
PE 934, Pelikan, Zürich.

4.10.002 Biebl, Franz:
Was wir gerne tun.
Kinderspiele für eine oder zwei Singstimmen, Sopranblockflöten (auch andere Melodie-Instrumente) und kleines Schlagwerk: 1. Wir fahren mit der Eisenbahn – 2. Der Briefträger – 3. Was wir gerne tun – 4. Der Kaiser von Pilatus – 5. Auf einem weissen Rössli. Schott, Mainz.

4.10.003 Biebl. Franz:
Zwei Spiele für Kinder für Einzelstimmen, Chor und Instrumente: Fürchtet Ihr den schwarzen Mann? – Bäuerlein und Esel. Werkreihe B 146, Schott, Mainz.

4.10.004 Bollmann, Hans:
Integration des ästhetischen Bereichs mit Berücksichtigung des darstellenden Spiels durch Projektarbeit.
In: Musik in Schule und Gesellschaft (Vgl. 2.38).

4.10.005 Bresgen, Cesar:
Brüderlein Hund.
Oper für die Jugend in drei Bildern (Ludwig Andersen) für 9 Gesangs- und mehrere Sprechrollen, 3st. Kinderchor, Tanzgruppe, Statisten und Orchester. Schott, Mainz.

4.10.006 Bresgen, Cesar:
Christkindl Kumedi.
Ein geistliches Komödienspiel aus Bayern für Gesangsrollen, 1–3st. Kinderchor, 3–4st. gem. Chor, Sprechrollen u. Instrumente. Schott, Mainz.

4.10.007 Bresgen, Cesar:
Das Riesenspiel.
Eine kleine szenische Kantate für Kinderchor, Schulflöten (Geigen) und Schlagzeug. Werkreihe B 119, Schott, Mainz.

4.10.008 Bresgen, Cesar:
Das Schlaraffenland.
Kleine szenische Kantate für ein- bis dreistimmigen Jugendchor und Instrumente. Werkreihe B 130, Schott, Mainz.

4.10.009 Bresgen, Cesar:
Der Igel als Bräutigam.
Oper für grosse und kleine Leute in fünf Bildern (12 Gesangsrollen, 1 stumme Rolle, Kinderchor und Tanzgruppen, kleines Orchester). Schott, Mainz.

4.10.010 Bresgen, Cesar:
Der Mann im Mond.
Ein musikalisches Märchenspiel in 6 Bildern (Ludwig Andersen und Cesar Bresgen) für 9 Gesangs- und 5 Sprechrollen, 2–3st. Kinderchor, gem. Chor und Orchester. Schott, Mainz.

4.10.011 Bresgen, Cesar:
Der Struwelpeter.
Szenische Kantate für 1–2st. Kinderchor, Blockflöten, Schlaginstrumente und Klavier. Schott, Mainz.

4.10.012 Bresgen, Cesar:
Die alte Lokomotive.
Szenische Kantate für Kinder, für 2–3st. Kinderchor, Vorsänger und Solostimmen, Blockflöten, Stabspiele, Schlaginstrumente und Klavier. Schott, Mainz.

4.10.013 Bresgen, Cesar:
Die Bettlerhochzeit zum Singen, Spielen und Tanzen, für Kinderchor und Instrumente.
Schott, Mainz.

4.10.014 Bresgen, Cesar:
L'Europe curieuse.
Eine kuriose Europa-Kantate für Kinder. Werkreihe B 175, Schott, Mainz.

4.10.015 Bresgen, Cesar:
Uns ist kommen ein liebe Zeit.
Kantate nach den Tanzweisen des Neithardt von Reuenthal zum Singen, Spielen und Tanzen für 1–3st. Chor. Schott, Mainz.

4.10.016 Bresgen, C. / Gärtner, E.:
Armer, kleiner Tanzbär.
Szenische Kantate für Solostimmen, 2–3st. Kinderchor od. Jugendchor und Instrumente. Schott, Mainz.

4.10.017 Coenen, Hans:
Es wollt ein Schneider wandern.
Szenische Spielmusik. PE 915, Pelikan, Zürich.

4.10.018 Eckert, Alex:
Dier vier Jahreszeitenelemente für 4 im Raum verteilte Instrumentalgruppen mit 4 Sprechern.
Komposition für Kinder mit Blockflöten, Stabspielen, Zupfinstrumenten, Geräusch- und Klangerzeugern und Schlagwerk. Graphisch notiert. Schott, Mainz.

4.10.019 Fischer, Erich:
Dur und Moll.
Ein lustig-lehrhaftes Singspiel für 2 gleiche Chöre mit Klavier oder 3 Geigen. PE 255, Pelikan, Zürich.

4.10.020 Gebhard, Ludwig:
Die Spielzeugtruhe op. 20.
Eine szenische Kantate für Kinder-Solostimmen, 1–3st. Kinderchor, Melodieinstrumente, Schlaginstrumente ad lib. und Klavier. Schott, Mainz.

4.10.021 Geese, Heinz:
Die Seefahrt nach Rio (James Krüss).
Szenische Kantate für 3st. Kinderchor, Sprecher, Klavier od. Akkordeon und andere Instrumente ad lib. Bearb. von Heinz Cammin. Schott, Mainz.

4.10.022 Goller, Fritz:
Die Vogelhochzeit.
Eine Variationskantate zum Singen und Darstellen für Kinder mit Klavierbegleitung; Flöte, Violine und Violoncello ad lib. Schott, Mainz.

4.10.023 Hansen Nils:
Start zu den Planeten.
Musikalische Szenen zu einer Weltraumfahrt. Rote Reihe 67, Universal Edition 20067, Wien.

4.10.024 Hindemith, Paul:
Wir bauen eine Stadt (Robert Seitz).
Spiel für Kinder mit Sing- und Instrumentalstimmen. Schott, Mainz.

4.10.025 Huber, Susi:
Max und Moritz.
Szenische Kantate für 1–3st. Mädchenchor und Instrumente. PE 949 Part, Pelikan, Zürich.

4.10.026 Jehn, Margarete u. Wolfgang:
28 Kinderspiele aus aller Welt.
Texte – Melodien – Spielanleitungen – Spielpausen. Abzählreime – Fingerspiele – Reigenspiele – Partnerwahl und Ablösen – Nachahmung und Darstellung – Reihenspiele – Wett-, Rate- und Fangspiele. Mit Schallplatte. In: M. und W. Jehn (Hrsg.): Eine Werkreihe für die musikalische Grundstufe, Edition Eres, Lilienthal/Bremen 1976.

4.10.027 Keller-Löwy, W.:
Wienachtszyt.
Ein Krippenspiel für Kinder, mit Blockflöten und Orff-Instrumenten. PE 874, Pelikan, Zürich.

4.10.028 *Kinderchor, Lied, Szenisches Spiel.*
Schott, Mainz.

4.10.029 Knab, Armin:
Das Lebenslicht.
Ein Märchen in sieben Bildern für Soli, Sprechrollen und Kinderchor mit Orchester. Schott, Mainz.

4.10.030 Köneke, Hans W.:
Das darstellende Spiel...
(Vgl. 4.01.056).

4.10.031 Krause, Siegfried:
Darstellendes Spiel...
(Vgl. 4.01.059).

4.10.032 Küntzel-Hansen, Margrit:
Spielen und lernen.
Rhythmisch-musikalische Erziehung in der Grundschule. Heft 2: Vier Schulspiele (1. bis 4. Schuljahr): 1. Goldkätchens Traum, 2. Frau Holle, 3. Sterntaler, 4. Abenteuer im Walde. Werkreihe B 162, Schott, Mainz.

4.10.033 Meyer, W. / Seidel, G.:
Spielmacher – Szene...
(Vgl. 4.01.072).

4.10.034 Reinert, G.-B. / Arnold, M. Ch.:
Das darstellende Spiel in der Schule...
(Vgl. 4.01.086).

4.10.035 Reusch, Fritz:
Das Christkindelspiel.
Ein Weihnachtsspiel für Kinder zum Singen und Spielen mit zwei und drei Melodie-Instrumenten. Schott, Mainz.

4.10.036 Röösli, J. / Keller-Löwy, W.:
Männli, Männli, spil e chly...
(Vgl. 4.03.118).

4.10.037 Roscher, Wolfgang (Hrsg.):
Ästhetische Erziehung...
(Vgl. 4.01.091).

4.10.038 Roscher, Wolfgang:
Experimentelles Musiktheater...
(Vgl. 4.01.093).

4.10.039 Roscher, Wolfgang:
Improvisatorisches Musiktheater . . .
(Vgl. 4.01.095).

4.10.040 Roscher, Wolfgang:
Oratorische Klangszenen.
In: W. Roscher: Polyästhetische Erziehung, Verlag DuMont Schauenberg,
Köln 1976, S. 212–215.

4.10.041 Roscher, W. / Thomas, C.:
Elementares Musiktheater . . .
(Vgl. 4.01.097).

4.10.042 Schmolke, Anneliese:
Das Bewegungstheater . . .
(Vgl. 4.03.140).

4.10.043 Schmolke/Bergese:
Schulwerk für Musik, Tanz und Spiel . . .
(Vgl. 4.03.141).

4.10.044 Seeger, Peter:
Augen auf im Verkehr.
Ein Spiel vom Grossstadtverkehr für Kinder- und Jugendstimmen (Soli
und 2st. Chor) mit Instrumenten. Eingangslied – Unfallteufel – Streitge-
spräch – Der Leichtsinnige – Die Rennfahrer – Der Träumer – Der
Rücksichtslose – Der Betrunkene – Die Krachmeier – Die Verkehrs-
opfer – Die Verkehrsschilder – Beschluss. Schott, Mainz.

4.10.045 Sieler, Ruth:
Kindertänze und Rhythmikspiele.
Kapitel „Spielgeschichten aus der Rhythmikstunde" . . . (Vgl. 4.03.150).

4.10.046 Stern, Alfred u. Klara:
Em Früelig zue.
Liederspiel zum Singen, Aufsagen, Tanzen und Musizieren. PE 704, Peli-
kan, Zürich.

4.10.047 Stöcklin-Meier, S.:
Der Schneider hat ne Maus erwischt.
Lebendiges Kreisspiel. Flamberg, Zürich.

4.10.048 Tauscher, Hildegard:
Bewegungsspiele und getanzte Lieder . . .
(Vgl. 4.03.162).

4.10.049 Thiel, Jörn:
Ene mene Tintenfass . . .
(Vgl. 4.03.168).

4.10.050 Thomas, W.:
*Struktur und Ortsbestimmung einer Neuform improvisatorischen Musik-
theaters* . . .
(Vgl. 4.01.125).

4.10.051 Vetter, H. J.:
Gesellschaftsspiele . . .
(Vgl. 4.01.129).

4.10.052 Warner, Theodor:
Musische Erziehung zwischen Kult und Kunst.
Kapitel 10: Darstellendes Spiel . . . (Vgl. 3.01.262).

4.10.053 Werdin, Eberhard:
Das Märchen von den tanzenden Schweinen.
Ein musikalisches Stegreifspiel für 1–3st. Kinderchor, 11 Sprechrollen, Tanzrollen und Instrumente. Werkreihe B 158, Schott, Mainz.

4.10.054 Werdin, Eberhard:
Das Spielwerk.
Schott, Mainz.

4.10.055 Werdin, Eberhard:
Die Heinzelmännchen.
Ein musikalisches Stegreifspiel nach dem Gedicht von August Kopisch zum Singen und Spielen mit Melodie-Instrumenten und kleinem Schlagwerk. Werkreihe B 126, Schott, Mainz.

4.10.056 Werdin, Eberhard:
Zirkus Troll.
Ein Spiel für 1–2st. Kinderchor und Instrumente. Werkreihe B 173, Schott, Mainz.

4.10.057 Wüthrich, Hans:
Kommunikationsspiele . . .
(Vgl. 4.01.133).

4.10.058 Zipp, Friedrich:
Heiteres Tierliederspiel mit verbindenden Reimen von Margareta Fries für Sprecher, ein- bis zweistimmigen Jugendchor und Instrumente, op. 42. Werkreihe B 129, Schott, Mainz.

4.11 Vokalmusik – Lieder – Kantaten – Liedbegleitung

4.11.001 Abel-Struth, Sigrid (Hrsg.):
Hirtenweihnacht.
Fröhliche Hirtenlieder aus Bayern und Österreich zum Singen und Spielen mit Blockflöte, Gitarre und Orff-Instrumenten. Sätze von Günter Bialas. Werkreihe B 135, Schott, Mainz.

4.11.002 Abel-Struth, Sigrid:
Zur musikalischen Sozialisation des jungen Kindes, unter besonderer Berücksichtigung des Kinderliedes . . .
(Vgl. 3.02.004).

4.11.003 *Alle singen.*
Die neue Singstunde. 153 1st. Liedmelodien und Kanons zum Einsingen und zur Übungsarbeit auf 24 Einzelblättern oder in 2 Bänden gebunden. Schott, Mainz.

4.11.004 Andersen, Ludwig (Hrsg.):
Mein Heimatland.
Die schönsten Volks-, Wander-, Trink- und Scherzlieder. Melodieausgabe für 1—2st. Gesang, Gitarre ad lib. Sätze von Willi Drahts und Wilhelm Lutz. Ferner Ausgaben für verschiedene Instrumente (Klavier, Violine, Violoncello, Akkordeon). Schott, Mainz.

4.11.005 Antholz, Heinz:
Das Ende vom Lied?
Zur musikpädagogischen Situation im Spiegel didaktischer Diskussion. In: Musik und Bildung 5, 1973, 9, S. 439—445 (Vgl. 2.40).

4.11.006 Antholz, Heinz:
Der didaktische Stellenwert des Volksliedes — heute.
In: Fortschritt u. Rückbildung . . . (Vgl. 2.18).

4.11.007 Arbeitsgemeinschaft Deutscher Chorverbände (Hrsg.):
22 Volkslieder zum gemeinsamen Singen.
Dazu von Willy Schneider: Bläsersätze zu den 22 Volksliedern für Klarinette, Hörner, Posaune, Bässe. Schott, Mainz.

4.11.008 Auerbach, Lore:
Überlegungen zur Liedauswahl.
In: Die Musikschule 3 (Vgl. 2.14).

4.11.009 Baer, Walter:
Zmittst i de Nacht.
Eine kleine Weihnachtsmusik für Kinderchor und Klavier (Orgel), Instrumente ad lib. PE 938, Pelikan, Zürich.

4.11.010 Bartok, Béla:
18 Chorlieder für 2—3 gleiche Stimmen a. c., dt./ung.
Achtet auf das Licht! — Böser schwarzer Habicht — Brautschau — Der Spiegel — Fort flog das Vögelein — Glück und Frieden — Hab' ein goldnes Ringelein — Hätt' es Gott gegeben — In der alten Mühle — In steiler Felsen Höh' — Irrwege — Kanon — Lebe wohl! — Scheiden — Schmerz — Vogellied — Tanzlied — Zum Michaelitag.
Schott, Mainz.

4.11.011 Benzing-Vogt, Irmgard:
En Igeli schloot d'Trummle.
Kinderlieder und -reime aus der deutschen Schweiz. PE 784, Pelikan, Zürich.

4.11.012 Bergese, Hans:
Gesungen — gespielt.
127 Lieder für Kinder, mit Orff- und Melodie-Instrumenten. Möseler, Wolfenbüttel.

4.11.013 Bergese, Hans:
Schulwerk für Spiel — Musik — Tanz.
Band 1: Singen und Spielen . . . (Vgl. 4.03.007).

4.11.014 Bergmann, Walter:
A Limerick and The Cormorant.
Zwei heitere Weisen für 1st. Chor und einstimmige Sopranblockflöten (engl.). Schott, Mainz.

4.11.015 Bergmann, Walter:
Easter für 1st. Chor und zweistimmige Sopranblockflöten (engl.).
Schott, Mainz.

4.11.016 Bergmann, Walter:
John Brown's Body für 1–2st. Kinderchor, Blockflöten, Streicher, Klavier und Schlagzeug, engl./dt.
Schott, Mainz.

4.11.017 Bergmann, Walter:
Mark Matthew für 1st. Chor und zweistimmige Sopranblockflöten (engl.).
Schott, Mainz.

4.11.018 Bergmann, Walter:
The Drummer Boy.
Eine Geschichte in Musik nach einem französischen Volkslied für 1st. Kinderchor, Blockflöten, Schlagzeug und Klavier (engl.). Schott, Mainz.

4.11.019 Bialas, Günter:
Die alte Weise im neuen Satz.
Für gem. Chor zu 3 Stimmen. Schott, Mainz.

4.11.020 Bialas, Günter:
Hirtenweihnacht.
Fröhliche Hirtenlieder aus Bayern und Österreich für Singkreise und Schulen für 1–3 gleiche Stimmen und Instrumentalbegleitung ad lib., hrsg. S. Abel-Struth u. G. Bialas. Schott, Mainz.

4.11.021 Biebl. Franz:
Vier Abend- und Schlaflieder 1–2st. a. c.
Schott, Mainz.

4.11.022 Biebl. Franz:
Vom Bauernhof.
Allerlei Tierlieder für Kinderchor, Melodie-Instrumente od. Klavier und kl. Schlagwerk. PE 924, Pelikan, Zürich.

4.11.023 Biebl. Franz:
Was wir gerne tun ...
(Vgl. 4.10.002).

4.11.024 Bimberg, S.:
Treiben wir das Rad der Zeit.
VEB F. Hofmeister Musikverlag, Leipzig 1958.

4.11.025 Blasl, F. / Gattermeyer, H.:
Chormusik für die Schule.
Vier Abschnitte: Von verschiedenen Völkern – Aus vergangenen Jahrhunderten – Aus unserem Jahrhundert – Auf neuen Wegen (In diesem Teil werden die neuesten musikpädagogischen Bestrebungen in charakteristischen Einzelbeispielen vorgestellt, u. a. neue Stimmbildungstechniken, verschiedene Möglichkeiten einer Gruppenimprovisation und Lautgedichte bzw. Klangstücke). Universal Edition 20501, Wien.

4.11.026 Boeckx, Jean:
La Fleur des Champs.
Lieder für das Ferienlagerleben für 2–3st. Chor a. c. Schott, Mainz.

4.11.027 Bohländer, Carlo (Hrsg.):
Old Folks at Home.
40 Songs und Spirituals, Melodieausgabe mit Akkordsymbolen. Schott, Mainz.

4.11.028 Bresgen, Cesar:
Das dreifache Gloria.
Weihnachtsgesang für mehrchörige Singstimmen, Violine und Orgel, Pauken ad lib. Schott, Mainz.

4.11.029 Bresgen, Cesar:
Das improvisierte Chorlied . . .
(Vgl. 4.01.011).

4.11.030 Bresgen, Cesar:
Der Goldvogel.
Alte und neue Kinderlieder zum Singen und Spielen. Schott, Mainz.

4.11.031 Bresgen, Cesar:
Europäische Volks- und Kinderlieder in leichten Chorsätzen mit Instrumenten.
Schott, Mainz.

4.11.032 Bresgen, Cesar:
Improvisation und Folklore . . .
(Vgl. 4.07.008).

4.11.033 Bresgen, Cesar:
L'Europe curieuse . . .
(Vgl. 4.10.014).

4.11.034 Bresgen, Cesar:
Singt und spielt zu Weihnacht.
Alte u. neue Weihnachtslieder mit Instrumentalbegleitung für 1–3st. Kinderchor und Flöten, Geigen, Violoncello und Stabspiele (Ad-Libitum-Besetzung). Schott, Mainz.

4.11.035 Bresgen, Cesar:
Sonne, Sonne scheine.
Lieder zum Singen und Spielen für Kinder- und Jugendchor und beliebige Instrumente. Schott, Mainz.

4.11.036 Bresgen, Cesar:
Von Mäusen, Autos und anderen Tieren.
25 Kinderlieder zum Singen und Spielen für 1–2 st. Kinderchor, Blockflöten, Stabspiele und Gitarre. Texte v. Josef Guggenmos. Werkreihe B 179. Schott, Mainz.

4.11.037 Bresgen, C. / Maasz, G. / Sachs, I. / Twittenhoff, W.:
Singt dem Kindelein.
Kleine Weihnachtsmusiken mit Stimmen und Instrumenten. Schott, Mainz.

4.11.038 Bresgen, C. / Zanoskar, H. (Hrsg.):
Lied- und Gitarrenspiel.
Volks- und Tanzlieder für Gesang und Gitarre. 2 Hefte. Schott, Mainz.

4.11.039 Breuer, Hans (Hrsg.):
Der Zupfgeigenhansl.
Das klassische Lieder- und Balladenbuch für Singstimme und Gitarrenbegleitung ad lib. Schott, Mainz.

4.11.040 Buhé, Klaus (Bearb.):
Gitarren spielt auf.
Beliebte und volkstümliche Lieder für Gesang und Gitarre oder Plektrumgitarren-Begleitung. Schott, Mainz.

4.11.041 Buhé, Klaus:
Spirituals and Folk-Songs für Gesang und Gitarre.
Schott, Mainz.

4.11.042 Büttner, Christian u. a.:
Der Baggerführer Hotzenplotz — Kritisches zu kritischen Kinderliedern.
In: Neue Praxis. Kritische Zeitschrift für Sozialarbeit und Sozialpädagogik 6, 1976, 1, S. 63—67. Luchterhand, Neuwied.

4.11.043 Cammin, Heinz
Lied über die Grenze.
Folklore fremder Länder für 3 gleiche Stimmen mit Begleitung (Klavier, Gitarre, Bass). Schott, Mainz.

4.11.044 Cammin, Heinz:
Spirituals & Songs für 3 gleiche Stimmen, Gitarre, Klavier und Bass ad lib.
Schott, Mainz.

4.11.045 *Chly Joggi, de Haas.*
En Buschle schwyzerdütschi Chinderlieder mit liechter Klavierbegleitig.
PE 219, Pelikan, Zürich.

4.11.046 Coenen, H.:
Kleine Hirtenmusik zu Weihnacht für Kinderstimmen, Blockflöten und Schlaginstrumente.
PE 916, Pelikan, Zürich.

4.11.047 Darmstadt, Hans:
Chorspiel.
Universal Edition 20061, Wien.

4.11.048 *Das deutsche Kunstlied.*
Eine Auswahl von Liedern für eine Singstimme und Klavier für den Musikunterricht an höheren Schulen. 3 Hefte. Schott, Mainz.

4.11.049 *Das grosse Liederbuch.*
204 deutsche Volks- und Kinderlieder, gesammelt von Anne Diekmann unter Mitwirkung von Willi Gohl, mit 156 bunten Bildern von Tomi Ungerer. Diogenes Verlag, Zürich 1975.

4.11.050 *Das Lied im Unterricht.*
61 Lieder für eine Singstimme mit Klavierbegleitung, ausgewählt und bezeichnet von Paul Lohmann. Schott, Mainz.

4.11.051 *Das Politische im Lied . . .*
(Vgl. 3.02.033).

4.11.052 *Das Weihnachtskonzert.*
27 europäische Lieder für Advent, Weihnachten und Neujahr in leichten Sätzen für Frauen- oder Kinderchor a. c., 3—5st. Schott, Mainz.

4.11.053 Daube, O.:
Singendes Musizieren.
Dortmund 1951.

4.11.054 Daube-Forneberg:
Unser Liederbuch.
Dortmund 1953.

4.11.055 Deloup, René (Hrsg. u. Bearb.):
Vieilles chansons et Rondes françaises.
Schott, Mainz.

4.11.056 Dennis, Brian:
Crosswords . . .
(Vgl. 4.01.018).

4.11.057 *Der Wundergarten.*
Neue Volksliedersammlung. Mainz 1954.

4.11.058 Desch, Rudolf:
Von allerlei Hunden.
Eine fröhliche Kantate für Kinderchor, Klavier, Glockenspiel, Zupfbass und Schlagwerk nach Texten von Karl Vetter. Werkreihe B 182. Schott, Mainz.

4.11.059 Deutsch, Walter:
Kleine Weihnachtskantate nach alten Texten und Weisen.
Universal Edition, Wien.

4.11.060 Drahts, Willi (Bearb.):
Fröhliche Weihnacht überall.
36 beliebte und bekannte Weihnachtslieder für 1–2st. Gesang, Gitarre ad lib. Schott, Mainz.

4.11.061 Drahts, Willi (Bearb.):
35 Lieder zur Advents- und Weihnachtszeit für Gesang, 4 Blockflöten oder 4 Streicher, Gitarre ad lib.
Schott, Mainz.

4.11.062 Drahts, Willi (Bearb.):
O Wunder, was will das bedeuten.
Liedersammlung zur Adventszeit für 1 oder 2 Sopranblockflöten oder 2st. Gesang und Gitarre ad lib. Schott, Mainz.

4.11.063 Drahts, Willi (Bearb.):
St. Martinslieder für 1 oder 2 Sopranblockflöten oder 2st. Gesang; Gitarre ad lib.
Schott, Mainz.

4.11.064 Drahts, W. / Lechner, L (Hrsg.):
Der Volksmusikant.
Sing- und Spielbuch für die Jugend in verschiedenartigen Besetzungen nach Belieben für Singstimmen, Blockflöten, Violinen, Gitarre und Akkordeon.
Schott, Mainz.

4.11.065 Duis, Ernst (Hrsg.):
Alte weihnachtliche Lieder für 2–3 Stimmen a capella oder mit Begleitung.
Schott, Mainz.

4.11.066 Duis, Ernst (Bearb.):
An Weihnachten.
14 alte u. neue Weihnachtslieder zum Singen und Spielen für 2 Block-flöten gleicher Stimmung oder andere Melodie-Instrumente. Schott, Mainz.

4.11.067 Duis, Ernst (Bearb.):
Europa singt.
Europäische Volkslieder für 2–4st. gem. Chor a. c. Schott, Mainz.

4.11.068 Eckert, Alex:
Die vier Jahreszeitenelemente . . .
(Vgl. 4.10.018).

4.11.069 Eckert, Alex:
Galgenlieder (Christian Morgenstern).
Aleatorische Komposition für Kinder, Solosprecher, Sprech- und Sing-chor, Bläser, Streicher, Stabspiele, Geräuschinstrumente und Schlagwerk, graphisch notiert. Schott, Mainz.

4.11.070 Elsner, H.:
Singgelegenheiten Zehn- bis Vierzehnjähriger . . .
(Vgl. 3.08.015).

4.11.071 Erdlen, Hermann:
10 Lieder, alle bei Schott, Mainz:
Frühstück (Gustav Falke)
Die fünf Hühnerchen (Viktor Blüthgen)
Die Gäste der Buche (Rudolf Baumbach)
Lied zur Nacht (Hermann Claudius)
Lied vor Tag (Richard Dehmel)
Neues Leben (Gerhard Schubert)
Schneckenlied (Viktor Blüthgen)
Trara! So blasen die Jäger (Volkslied)
Will ich in mein Gärtlein gehn (aus „Des Knaben Wunderhorn")
Guten Morgen, Spielmann (aus „Des Knaben Wunderhorn").

4.11.072 Fegers, Karl:
Sechs kleine Weisen nach Texten von Ringelnatz für Singstimme oder Chor, 2 Sopranflöten und Schlagwerk.
Werkreihe B 142, Schott, Mainz.

4.11.073 Feurer/Fisch/Schoch:
Neue Lieder.
Heft 2: für gl. Stimmen. Heft 3: für gem. Stimmen. Pelikan, Zürich.

4.11.074 Feurer/Fisch/Schoch (Hrsg.):
Schweizer Singbuch, Oberstufe.
Frauenfeld 1953[5].

4.11.075 Feurich, Hans-Jürgen:
Drei Lieder aus dem Soldatenleben und ihr Identifikationscharakter.
In: Roscher (Hrsg.): Polyästhetische Erziehung, Verlag DuMont, Schau-berg, Köln 1976, S. 240–248.

4.11.076 Fischer, Ernst:
Wanderliedchen.
Marsch für 3 gl. Stimmen. Schott, Mainz.

4.11.077 Fischer, Hans:
Kleine bäuerliche Kantate nach Liedern von J. A. P. Schulz für
1—3st. Kinderchor, 2 Violinen, Viloncello oder Klavier.
Schott, Mainz.

4.11.078 *Folklore der Welt.*
Volkslieder und Volkstänze, vorwiegend aus den europäischen Ländern,
in Sammlungen für die Praxis:
Arirang: *Volkslieder aus aller Welt.*
Baumann: *Englische Volkslieder.*
Baumann: *Französische Volkslieder.*
Baumann: *Russische Volkslieder.*
Bergese: *Europa im Lied.*
Bergese: *Europäische Kinderlieder.* Spielbuch mit Melodieheft.
Deutsch-französisches Liederbuch.
Du bist mein. Liebeslieder aus Europa.
Götsch: *Englisches Liederbuch.*
Götsch: *Englische Kanons für die Schule.*
Gospels, *Shanties & Folklore* (Senft).
Leonhardt: *Slawische Volksweisen.* 1.: Mährische Volkslieder. 2: Ukrai-
nische Volkslieder. 3: Russische Volkslieder. 4: Volkslieder aus Jugosla-
vien. 5: Bulgarische und makedonische Volkslieder.
Leonhardt:
Tierlieder der Völker.
Pro Musica Liederbuch.
Sonnenberg-Liederbuch für internationale Begegnungen (Jöde/Gundlach).
Rosen von Gold.
Liebeslieder aus Europa (Wagner).
Das singende Jahr.
Sammelband „Europäische Lieder" (Wolters).
The english rose.
Folk Songs, Carols and Rounds (Kunow/Wagner).
Vlotho-Liederbuch.
Deutsche und ausländische Volkslieder und Kanons.
Möseler Verlag, Wolfenbüttel und Zürich.

4.11.079 Forrai, Katalin (Hrsg.):
Europäische Kinderlieder.
Lieder aus Albanien, Belgien, Bulgarien, Dänemark, Deutschland, England, Estland, Finnland, Frankreich, Griechenland usw. Schott, Mainz
1967.

4.11.080 Françaix, Jean:
Fünf Chansons für Kinder.
(J. Françoix) für 1—2st. Kinderchor und Klavier, franz./dt. 1. Der alte
Herr Professor — 2. Der kleinen Katze Tod — 3. Walzer — 4. Papa und
Mama — 5. Mickey. Schott, Mainz.

4.11.081 Friedemann, Lilli:
Improvisieren zu Weihnachtsliedern . . .
(Vgl. 4.07.020).

4.11.082 *Frisch auf,* singt all, ihr Musici.
Liederbuch der Klassen 7 bis 8. Volk und Wissen Volkseigener Verlag,
Berlin 1968.

4.11.083 Fröbel, F.:
Mutter- und Koselieder.
In: Menschenerziehung. Wien/Leipzig 1883.

4.11.084 *Fröhlich singen, vorwärts schauen.*
Liederbuch der Klassen 9 bis 10. Volk und Wissen Volkseigener Verlag,
Berlin 1968.

4.11.085 Fuchs, Peter:
Schülergestaltungen mit Flaschen, Kisten, Saiten, Stimmen . . .
(Vgl. 4.01.028).

4.11.086 Fuchs, P. / Gundlach, W. (Hrsg.):
Liederbuch für die Grundschule.
Klett, Stuttgart 1966.

4.11.087 Fuchs, P. / Gundlach, W. (Hrsg.):
Musik in der Grundschule.
Lehrerband zum Liederbuch. Klett, Stuttgart 1967.

4.11.088 Fussan, Werner:
Fest-Kantate.
„Unser sind die Stunden" (Schiller) für 4st. Männerchor, 2st. Kinderchor,
2st. Kinderchor, Streichorchester, Trompete und Pauken. Schott, Mainz.

4.11.089 Fussan, Werner:
Vier Volkslieder für 2st. Kinderchor und 4st. Männerchor a. c.
Schott, Mainz.

4.11.090 Futter, H. / Gremlich, W.:
Tanzlieder.
Verlag der Zürcher Liederbuchanstalt 1969.

4.11.091 Gieseler, Walter:
Grundriss der Musikdidaktik.
Kapitel 5: Singen und Musizieren . . . (Vgl. 3.01.077).

4.11.092 Goedel-Dreising, Emmi (Hrsg.):
Das ganze Jahr im Kinderlied.
108 alte und neue Kinderlieder zum Singen und Flöten. Schott, Mainz.

4.11.093 Gohl, Willi:
Der Singkreis.
Eine Folge von Liedblättern für Haus- und Chorgesang. 2 Hefte bis 1958.
Zürich 1957 und 1958.

4.11.094 Gohl, W. / Gremlich, W.:
Weihnachtssingkreis.
Pelikan, Zürich.

4.11.095 Gohl/Juon/Messmer/Willisegger:
Musik auf der Oberstufe.
2 Bde. Enthält Lieder und Tänze aus 10 Bereichen: Musica — Morgen-
Abend — Jahreskreis — Lied der Völker — Humor-Geselligkeit — Spiel
und Tanz — Liebe — Besinnung — Festkreis — Historie. Verlag Schweizer
Singbuch Oberstufe, CH 8580 Amriswil 1976.

4.11.096 Gohl, W. / Nitsche, P.:
Stille Nacht.
Lieder und Kanons zum Singen und Spielen mit allerlei Instrumenten.
PE 928, Pelikan, Zürich.

4.11.097 Götze, Walter (Hrsg.):
Der Lautenmusikant.
Das Singebuch aller Lauten- und Gitarrenspieler. Schott, Mainz.

4.11.098 Götze, Walter (Bearb.):
Unsere Weihnachtslieder für Gesang oder Melodie-Instrumente und Gitarre.
Schott, Mainz.

4.11.099 Grainger, Percy Aldridge:
There was a pig, went out to dig.
Schott, Mainz.

4.11.100 Grasshoff, F.:
Bilderreiches Haupt- und (G)liederbuch.
dtv Taschenbuch.

4.11.101 Gremlich, W. (Hrsg.):
Heiter und unbeschwert.
Fröhliche Lieder und Kanons, in einfachen Sätzen für 3 gemischte Stimmen. PE 824, Pelikan, Zürich.

4.11.102 Gremlich, Willi (Hrsg.):
Weihnachts-Singkreis.
Instrumentale Begleitsätze zu den schönsten Liedern aus dem Weihnachts-Singkreis. PE 842, Pelikan, Zürich.

4.11.103 Gundlach, Willi:
Die Schulliederbücher von Ludwig Erk.
Volk, Köln 1969.

4.11.104 Haag, Heinz:
Der gefällige Nachbar.
Kleine Liedkantate zum Singen und Spielen auf zwei und drei Blockflöten. Schott, Mainz.

4.11.105 Haas, Joseph:
Alemannischer Liederreigen (Volksgut) für 1–2st. Frauen- oder Jugendchor und Klavierbegleitung.
Schott, Mainz.

4.11.106 Haas, Joseph:
Christnacht.
Ein deutsches Weihnachtsspiel für Soli, Sprecher, gem. Chor, Kinderchor und kleines Orchester. Schott, Mainz.

4.11.107 Haas, Joseph:
Es blühen die Maien.
Schott, Mainz.

4.11.108 Haas, Joseph:
Fränkischer Liederreigen op. 89/2 (Volksgut) für 1–2st. Kinder- od. Frauenchor mit Klavierbegleitung.
Schott, Mainz.

4.11.109 Haas, Joseph:
Heissa, Kathreinerle (Elsass).
Schott, Mainz.

4.11.110 Haas, Joseph:
Hymnen an den Frohsinn op. 73.
2 Rondos für 3st. Kinder- oder Frauenchor mit Klavierbegleitung. Schott, Mainz.

4.11.111 Haas, Joseph:
Lieder:
Ich bin nun siebenhundert Jahr (A. M. Miller).
Mädel, kämm dich, putz dich.
Sechs Kanons.
Sechs Lieder für 3st. Kinder- od. Frauenchor op. 44.
Trauungsgesang.
Schott, Mainz.

4.11.112 Haas, Joseph:
Zum Lob der Arbeit op. 81/4.
Kantate für 1–3st. Jugendchor mit Begleitung eines Streichorchesters und Orgel oder mit 2- bzw. 4h. Klavierbegleitung. Schott, Mainz.

4.11.113 Haas, Joseph:
Zum Lob der Musik.
Kantate für 1–3st. Jugendchor mit Begleitung eines Streichorchesters und Orgel oder mit 2- bzw. 4h Klavierbegleitung. Schott, Mainz.

4.11.114 Haas, Joseph:
Zum Lob der Natur op. 81/2.
Kantate für 1–3st. Jugendchor mit Begleitung eines Streichorchesters und Orgel oder mit 2- bzw. 4h. Klavierbegleitung. Schott, Mainz.

4.11.115 Hahn, G.:
Lied und Spiel . . .
(Vgl. 4.09.048).

4.11.116 Hansen, Werner:
Heidschi bumbeidschi 3st. mit Klavier oder Instrumenten ad lib.
Schott, Mainz.

4.11.117 Hartl, Rudolf:
30 Kanons nach Glocken-Inschriften für gleiche und gemischte Stimmen a capella.
Werkreihe B. 169. Schott, Mainz.

4.11.118 Haus, Karl:
Bajuschki baju.
Russisches Wiegenlied. Schott, Mainz.

4.11.119 Haus, Karl:
Hört, eine helle Stimm erklingt.
Eine weihnächtliche Kantate für Singstimmen und Instrumente. PE 929, Pelikan, Zürich.

4.11.120 Haus, Karl:
Im Stall bei Esel, Schaf und Rind.
Schott, Mainz.

4.11.121 Haus, Karl:
Jahrein-Jahraus.
4 Kantaten zum Jahreslauf a. c. oder mit Instrumenten. PE 936, Pelikan, Zürich.

4.11.122 Haus, Karl:
Vier kuriose Geschichten nach Texten aus „Der wohltemperierte Leierkasten" von James Krüss für Kinderchor oder Solostimme, Unterstimmen (Männerstimmen) und Schlagwerk.
Der musikalische Drache — Wann zwitschern die Elefanten? — Frau Lilly Milly Putty — Die traurige Ballade vom Riesen Schluck und Friss. Werkreihe B 168, Schott, Mainz.

4.11.123 Haus, Karl:
Weihnacht in aller Welt.
Ausländische Weihnachtslieder für 1 bis 2 gleiche Stimmen (Kinderchor) und Instrumente. Werkreihe B 184, Schott, Mainz.

4.11.124 Haus, K. / Möckl, F.:
Lieder der Welt in leichten Sätzen für gleiche Stimmen und Instrumente. Schott, Mainz.

4.11.125 Heeger, G. / Wüst, W. (Hrsg.):
Pfälzische Volkslieder.
280 Singweisen. Neubearb. in Verbindung mit Friedrich Heeger von J. Müller-Blattau. Schott, Mainz.

4.11.126 Heer, E.:
Kommet ihr Hirten.
Kleine Weihnachtskantate für gl. oder gem. Stimmen, Altblockflöte (Querflöte), 2 Violinen und Tasteninstrumente, Vc ad lib. PE 762, Pelikan, Zürich.

4.11.127 Heer, Josef u. a.:
Ein Buch zum Singen und Spielen . . .
(Vgl. 4.09.053).

4.11.128 Heilmann, Harald:
Maienkantate.
Jugend- o. Frauenchor, Blockflöten und Violine. PE 917, Pelikan, Zürich.

4.11.129 Heilmann, Harald:
Vom Himmel kam der Engel Schar.
Kleine Weihnachtskantate nach Volksliedern für Kinder- oder Frauenchor und Blockflöten (Violinen). PE 761, Pelikan, Zürich.

4.11.130 Helfritz, Hans:
Neun mexikanische Volkslieder zum Singen und Spielen mit Blockflöten und kleinem Schlagwerk.
Schott, Mainz.

4.11.131 *Hell klingt unser Lied.*
Liederbuch der Klassen 5 bis 6. Volk und Wissen Volkseigener Verlag, Berlin 1967.

4.11.132 Henze, Hans Werner:
Wiegenlied der Mutter Gottes (Lope de Vega).
Übersetzung von Artur Altschul, für 1st. Knabenchor oder hohe Solostimme und 9 Soloinstrumente. Schott, Mainz.

4.11.133 Herrmann, Hugo:
Rosmarienbaum.
Schott, Mainz.

4.11.134 Hessenberg, Kurt:
Der Struwwelpeter.
Kantate nach dem Bilderbuch von Heinrich Hoffmann für 1—3st. Kinderchor, 2 Flöten, Streichorchester und Klavier, Schlagzeug und Stabspiele ad lib. Schott, Mainz.

4.11.135 Hessenberg, Kurt (Hrsg. u. Bearb.):
Der Tag, der ist so freudenreich.
Alte Advents- und Weihnachtslieder zum Singen am Klavier mit Altblockflöte in F oder Violine, Schott, Mainz.

4.11.136 Hessenberg, Kurt:
Zwei Weihnachtslieder für 2st. Kinderchor und 3st. Männerchor a. c.
Schott, Mainz.

4.11.137 Hindemith, Paul:
Acht Kanons op. 45/2 für 2 Singstimmen (Jugendchor) und Instrumente (Streicher).
Schott, Mainz.

4.11.138 Hindemith, Paul:
Chorlieder für Knaben (Karl Schnog).
Bastellied — Lied des Musterknaben — Angst vorm Schwimmunterricht — Schundromane lesen. Schott, Mainz.

4.11.139 Hindemith, Paul:
Hirtenweihnacht.
Fröhliche Hirtenlieder aus Bayern und Österreich zum Singen und Spielen mit Blockflöte, Gitarre und Orff-Instrumenten, hrsg. Sigrid Abel-Struth. Schott, Mainz.

4.11.140 Hindemith, Paul:
Mahnung an die Jugend, sich der Musik zu befleissigen (Martin Agricola).
Kantate für 3st. Kinderchor, Solo, Sprecher (Melodram), Streichorchester, Bläser und Schlagzeug ad lib. Schott, Mainz.

4.11.141 Hindemith, Paul:
Spruch eines Fahrenden (14. Jh.).
Schott, Mainz.

4.11.142 Hindemith, Paul:
Vier Kanons für 2 und 3 Stimmen.
Schott, Mainz.

4.11.143 Hindemith, Paul:
Wer sich die Musik erkiest.
Sing- und Spielmusik für die Jugend, zusammengestellt von Fritz Jöde.
Marsch — Wer sich die Musik erkiest — Duett — Intermezzo — Hie kann nit sein — Spielstück — Ein jedes Band — Stück mit Variationen — Mund und Augen — Kanon in der Sekund — Spruch eines Fahrenden — Spielstück — Lügenlied — Drum lern singen. Schott, Mainz.

4.11.144 Hoch, Peter:
Ein Atem ringt ins uns . . .
(Vgl. 4.01.039).

4.11.145 Hoch, Peter:
Spielplan I . . .
(Vgl. 4.01.040).

4.11.146 Hoch, Peter:
Spielplan III . . .
(Vgl. 4.01.042).

4.11.147 Hoffmann, Karl:
Zu Problemen des Musikunterrichts in den untern Klassen. Analysen zum Stand des Singens . . .
(Vgl. 3.01.104).

4.11.148 Hörler, Ernst:
Di chlyne Manne.
Kinderlieder am Klavier zu singen. PE 778, Pelikan, Zürich.

4.11.149 Hörler, Ernst:
Liedli für di Chlyne.
Neue Melodien nach Gedichten aus Schweizer Lesebüchern. PE 776, Pelikan, Zürich.

4.11.150 Hörler, Ernst:
Singfibel.
Zürich, o. J.

4.11.151 Horton, John:
Old Mountain Tunes from Schweden.
Alte Gebirgsweisen aus Schweden für 1st. Kinderchor und Sopran-, Alt- und Tenorblockflöte. Schott, Mainz.

4.11.152 Huber, K. / Pauli, K. (Hrsg.):
Altbayerisches Liederbuch für Jung und Alt.
Schott, Mainz.

4.11.153 Jacot, André:
Tag des Kindes für Kinderchor und 2 Instrumente.
PE 737, Pelikan, Zürich.

4.11.154 Jehn, Wolfgang (Bearb.):
Navidad.
8 südamerikanische Weihnachtslieder für Singstimme ad lib., Sopran- u. Alt-Flöte, Gitarre, Kontrabass u. Schlagzeug. Originalsprache u. Übers. Lieder aus Argentinien, Bolivien, Chile, Venezuela. Eres Edition, Lilienthal/Bremen 1976.

4.11.155 Jöde, Fritz:
Der Musikant.
6 Hefte. Wolfenbüttel 1955.

4.11.156 Jöde, Fritz:
Der Singkreis.
Kanonsammlung. Mainz 1952.

4.11.157 Jöde, Fritz (Hrsg.):
Der Singkreisel.
Schulkanons für alle Gelegenheiten. Schott, Mainz.

4.11.158 Jöde, Fritz:
Die Musikantenfibel...
(Vgl. 4.09.062).

4.11.159 Jöde, Fritz:
Die Singstunde.
Liedblätter. Mainz 1948/50.

4.11.160 Jöde, F. / Kraus, E.:
Der Fünfton...
(Vgl. 4.09.063).

4.11.161 Kampp, Ejnar:
Diguedondaine.
100 Chansons en langue Française. Hanse, Kopenhagen.

4.11.162 Keller, E. / Keller-Löwy, W.:
s'Liederchrättli.
Lieder für Kindergarten und untere Primarschulstufen zum Singen und Spielen auf allerlei Instrumenten. PE 785, Pelikan, Zürich.

4.11.163 Keller, Wilhelm:
Quibus, quabus.
Neue Weisen für Kinder und Eltern zum Singen und Spielen. Werkreihe B 124, Schott, Mainz.

4.11.164 Keller-Löwy, W.:
Güggerüggüü.
Kinderlieder zum Singen und Flöten. PE 757, Pelikan, Zürich.

4.11.165 Keller-Löwy, W. (Hrsg.):
Weihnachtslieder zum Singen und Spielen mit Blockflöten und Orff-Instrumenten.
PE 870, Pelikan, Zürich.

4.11.166 Keller-Löwy, W. (Hrsg.):
Wienachtszyt.
PE 874, Pelikan, Zürich.

4.11.167 *Kinderchor. Lied. Szenisches Spiel.*
Schott, Mainz.

4.11.168 *35 Kinderlieder und Reime* mit Bildern von Günther Stiller.
Schott, Mainz.

4.11.169 Klein, Richard Rudolf:
Das Bauernjahr.
12 Bauernregeln zum Singen und Spielen mit 1 bis 2 Singstimmen und 1 bis 2 Geigen. Werkreihe B 112, Schott, Mainz.

4.11.170 Klein, Richard Rudolf:
Ein heller Tag bricht an.
Frühlingskantate für 3st. Jugendchor (SSA) und Instrumente. Schott, Mainz.

4.11.171 Klein, Richard Rudolf:
Kantate zum Erntefest für 2st. Jugendchor und Instrumente.
Schott, Mainz.

4.11.172 Knab, Armin:
Alte Kinderreime für 1–2st. Kinderchor, auch solistisch, und 1–2 Instrumente.
Schott, Mainz.

4.11.173 Knab, Armin:
Grüss Gott, du schöner Maien.
Eine Frühlingskantate nach Volksliedern für 1–2st. Jugendchor, Einzelstimmen, Sprecher, Blockflöte und Geige. Schott, Mainz.

4.11.174 Knab, Armin:
Kindheit (Ruth Schaumann).
3 Gedichte für eine mittlere Singstimme od. 1st. Kinderchor und 2 Violinen. Schott, Mainz.

4.11.175 Knab, Armin:
Lieder für Jugendchor:
Der Morgenstern.
Es, es, es und es.
Geborn ist uns ein Kindelein.
Kinderreigen im Frühling.
Mitten wir im Leben sind.
So treiben wir den Winter aus.
St. Michael am Meer.
Weiss mir ein Blümlein blaue.
Schott, Mainz.

4.11.176 Kolneder, Walter:
Singen – Hören – Schreiben . . .
(Vgl. 4.02.076).

4.11.177 *Komm, sing mit.*
Liederbuch der Klassen 1–4. Volk und Wissen Volkseigener Verlag, Berlin 1968.

4.11.178 Kratochwil, Heinz:
Klangstudie für Instrumente und Singstimmen . . .
(Vgl. 4.09.072).

4.11.179 Kratochwil, Heinz:
Zaubersprüche.
Universal Edition, Wien.

4.11.180 Kraus, Egon:
Vom Himmel hoch.
Choralkantate mit Sätzen von Forster Eccard, Hassler u. a. für Einzelstimmen, gem. Chor und Instrumente. PE 831, Pelikan, Zürich.

4.11.181 Kraus, E. / Cykler, E. A. (Hrsg.):
121 Canons aus 4 Jahrhunderten.
PE 807, Pelikan, Zürich.

4.11.182 Kraus, E. / Oberborbeck, F. (Hrsg.):
Gar fröhlich zu singen.
Kernlieder für die Schule. Möseler, Wolfenbüttel u. Zürich 1962.

4.11.183 Kraus, E. / Oberborbeck, F. (Hrsg.):
Musik in der Schule.
Bd. 2: Singbuch (ab 5. Schuljahr). Bd. 3: Chorbuch für gemischte Stimmen. Bd. 4: Chorbuch für gleiche Stimmen. Bd. 8: Leichte Chorsätze, vorwiegend für 3 gemischte Stimmen. Möseler, Wolfenbüttel u. Zürich 1965.

4.11.184 Kraus, E. / Schoch, R. (Hrsg.):
Freu dich Erd und Sternenzelt.
Lieder und Kanons, zum Teil mit Instrumenten. PE 800, Pelikan, Zürich.

4.11.185 Kraus-Oberborbeck:
Singfibel.
Wolfenbüttel 1953.

4.11.186 Kukuck, Felicitas:
Komm, wir wollen tanzen.
Neue Jugendtänze zum Singen und Spielen für mehrere Instrumente oder für ein Instrument (Sopranblockflöte) und Handtrommel. Werkreihe B 114, Schott, Mainz.

4.11.187 Küntzel-Hansen, Margrit:
Musik mit Stimmen.
(Vgl. 4.05.054).

4.11.188 Land, L. / Vaughan, M. N.:
Music in today's Classroom ...
(Vgl. 4.01.065).

4.11.189 Lang, Hans:
Allhier auf grüner Heid.
Fröhliche Waldkantate für 4st. gem. Chor und 1−2st. Kinderchor. Schott, Mainz.

4.11.190 Lang, Hans:
Der Mond ist aufgegangen op. 50.
Fröhliche Abendkantate mit verbindenden Texten von Ludwig Schuster für Vorsänger, 1st. Kinderchor, 3st. Frauenchor, Männerchor ad lib. und kleines Orchester. Schott, Mainz.

4.11.191 Lang, Hans:
Die heiling drei König (Sternsingerlied aus Oberbayern) für 2st. Kinderchor und 4st. Männerchor a. c.
Schott, Mainz.

4.11.192 Lang, Hans:
Drei Lieder für 2st. Kinderchor und 4st. Männerchor a. c.
Schott, Mainz.

4.11.193 Lang, Hans:
Ein Lied zur Nacht.
(Text u. Melodie: Alf Zschiesche), 3st. a. c. mit Solo.
Schott, Mainz.

4.11.194 Lang, Hans:
Fröhliche Tiergeschichten für 1−2st. Kinderchor mit Klavier oder Instrumenten.
Schott, Mainz.

4.11.195 Lang, Hans:
Grünet Felder, grünet Wiesen (Oberösterreich) für 1st. Kinderchor und 4st. Männerchor a. c.
Schott, Mainz.

4.11.196 Lang, Hans:
Im grünen Wald.
Ein Zyklus von 5 Volksliedern für 1st. Kinderchor mit Klavier und Instrumenten. Schott, Mainz.

4.11.197 Lang, Hans:
Jubilate Deo op. 43/1.
Motette für 1st. Knabenchor und 4st. Frauen- oder Männerchor a. c.
Schott, Mainz.

4.11.198 Lang, Hans:
Kein schöner Land.
Volksliederspiel für 2st. Jugendchor, zwei Sprecher und Klavier oder Instrumente. Schott, Mainz.

4.11.199 Lang, Hans:
Laudate Dominum op. 43/2.
Motette für 1st. Knabenchor und 4st. Frauen- oder Männerchor a. c.
Schott, Mainz.

4.11.200 Lang, Hans:
Lieder für Jugendchor:
Abschied.
Grünet die Hoffnung.
Im Frühtau zu Berge (Olaf Thunmann)
Wenn die bunten Fahnen wehen (Text u. Melodie: Alf Zschiesche).
Zur Trauung (Ludwig Schuster)
Schott, Mainz.

4.11.201 Lang, Hans:
Lustige Leut.
Drei Volkslieder für 3st. Jugendchor und Holzbläserquintett oder Klavier.
Schott, Mainz.

4.11.202 Lang, Hans:
Lustig, ihr Brüder (Franken) 2–3st. a. c. oder mit Instrumenten.
Schott, Mainz.

4.11.203 Lang, Hans:
O Heiland, reiss die Himmel auf (Fr. v. Spee).
Satz aus der Weihnachtskantate „In dulci jubilo", op. 51 für gem. Chor und 1st. Kinderchor. Schott, Mainz.

4.11.204 Lang, Hans (Hrsg.):
Schott's Chorbuch Bd. III.
Dreistimmige Gesänge für gleiche Stimmen. Schott, Mainz.

4.11.205 Lang, Hans:
Susani „Vom Himmel hoch, ihr Engel kommt" (Fr. v. Spee) für 2st. Kinderchor und 8st. gem. Chor a. c.
Schott, Mainz.

4.11.206 Lang, Hans u. a. (Hrsg.):
Was unsre Kinder singen.
Eine Sammlung von 219 heimatlichen Kinderliedern. Neuausgabe.
Schott, Mainz.

4.11.207 Lange, Christian:
Zur rationellen Nutzung der Unterrichtsschallplatten.
Hinweise für die Arbeit im Bereich Singen in den Klassen 1 bis 4. In:
Musik in der Schule 27, 1976, 4, S. 114—118 (Vgl. 2.37).

4.11.208 Langhans, H. / Lau, H. (Hrsg.):
28 alte und neue Lieder für Singstimmen und/oder Melodieinstrumente
und kleines Schlagzeug.
Beiheft 3 der Reihe „Schlagwerk". PE 813, Pelikan, Zürich.

4.11.209 Langhans, H. / Lau, H.:
Das Schlagwerk . . .
(Vgl. 4.09.074).

4.11.210 Lau, H.:
Die Weihnachtsgeschichte nach Worten des Lukas-Evangeliums für gleiche
Stimmen, Flöte, Schlagwerk und ein Streichinstrument.
PE 814, Pelikan, Zürich.

4.11.211 *Leben — singen — kämpfen.*
Liederbuch der Freien Deutschen Jugend. Verlag Neues Leben, Berlin
1958.

4.11.212 Lemb, Renate:
Reime, Reigen, Lieder für die Kleinen.
36 alte Kinderreime, fröhliche Tanz- und Spiellieder und religiöse Lieder
für Kindergarten und Familie. Bilder von Marianne Häcker. Schott,
Mainz.

4.11.213 *Lieder für die Schule* für 1—3st. Kinderchor und Orff-Instrumentarium.
5 Hefte.
Schott, Mainz.

4.11.214 *Lied- und Bläserspiel . . .*
(Vgl. 4.09.077).

4.11.215 Lienert, M.:
Unser Singbuch.
Einsiedeln 1957.

4.11.216 Lukowsky, R.:
Untersuchungen über das einstimmige unbegleitete Singen . . .
(Vgl. 3.08.037).

4.11.217 Lutz, Wilhelm (Hrsg.):
Der Wimpel.
45 Fahrtenlieder. Melodieausgabe mit Gitarrenbezeichnung; Ausgabe für
Klavier 2h. Schott, Mainz.

4.11.218 Lutz, W. / Drahts, W. (Hrsg.):
Der Singauf.
Lustige Lieder für gesellige Kreise aus alter und neuer Zeit. Schott, Mainz.

4.11.219 Maasz, Gerhard:
Das Hasenspiel.
Kleine Kantate nach Versen von Christian Morgenstern für einstimmigen Jugendchor und Instrumente. Schott, Mainz.

4.11.220 Maasz, Gerhard:
Klingende Jahreszeiten.
Kleine Liedvariationen für Gesang, Schulflöte und Geige. Werkreihe B 106 Schott, Mainz.

4.11.221 Manley, Dorothy:
High Barbary.
Englisches Volkslied für 1st. Kinderchor, 2 Sopran- und 1 Altblockflöte, Schlagzeug, Klavier und Streicher. Schott, Mainz.

4.11.222 Marton, Anna:
Lied-Anhang zur Rhythmus-Schule . . .
(Vgl. 4.03.104).

4.11.223 Meierhofer, Hans:
Der goldene Pfau.
4 jidische Volkslieder für Jugendchor und Orchester. EES 507, Eulenburg, Adliswil-Zürich.

4.11.224 Menzel, M.:
Festliche Chöre für Schulfeiern.
Berlin 1953.

4.11.225 Metzger, Fritz B.:
Die fröhliche Sommerzeit.
Kleine Kantate für 1–3st. Jugendchor, 2 Sopranblockflöten in C, 2 Altblockflöten in F und Schlaginstrumente. Schott, Mainz.

4.11.226 Metzler, Friedrich:
Die güldene Sonne.
Drei kleine Liedkantaten zum Tagesbeginn für Singstimmen und Instrumente. Werkreihe B 117. Schott, Mainz.

4.11.227 Möckl, Franz:
Kad si bila mala Mare (Dalmatien) jugosl.
Schott, Mainz.

4.11.228 Mohler, Philipp:
Lieder:
Ein freier Mut.
Die Gedanken sind frei.
Im Frühtau zu Berge.
Zum Abschied.
Schott, Mainz.

4.11.229 Mohler, Philipp:
Vergangen ist die Nacht.
Kantate nach Volksliedern für Jugend- oder Frauenchor, Flöte und Streichorchester. Schott, Mainz.

4.11.230 Möll, H.:
Das Lied in der Schule.
Nürnberg 1950.

4.11.231 Motte, Diether de la:
Es ist ein Ros' entsprungen.
Motette für 2–3 gleiche Stimmen. Schott, Mainz.

4.11.232 Müller-Blum, Otto:
Wenn eine tannigi Hose het.
25 Kanons. PE 914a, Pelikan, Zürich.

4.11.233 Murray, Margaret:
Four Christmas Carols für 1st. Kinderchor, Blockflöten, Glockenspiel, Xylophon und Schlagzeug.
Schott, Mainz.

4.11.234 Nardelli, Rudolf:
Missa in Beat.
Universal Edition, Wien.

4.11.235 *Neue Lieder erklingen.*
Ergänzungsheft zu den Musikbüchern der Klassen 5–10. Volk u. Wissen
Volkseigener Verlag, Berlin 1963.

4.11.236 Neumann, Friedrich:
Kanonische Kantate zur Weihnacht.
Universal Edition, Wien.

4.11.237 Nitsche, Paul:
Folksongs für 3st. Schulchor (2 hohe Stimmen, 1 tiefe Stimme) und Instrumentalbegleitung (Klavier u. a.) ad lib.
Schott, Mainz.

4.11.238 Nitsche, Paul:
Grünet Felder, grünet Wiesen.
3st. a. c. mit Instrumenten ad lib.
Schott, Mainz.

4.11.239 Nitsche, Paul (Hrsg.):
Spielt zum Lied (Neuausgabe).
Vorstufe: Spielpartitur Ed. 4600. *5. bis 10. Schuljahr:* Melodieausgabe
Ed. 4800a, Spielpartitur Ed. 4800, Schott, Mainz.

4.11.240 Noll, Günther:
Liedbegleitung.
Improvisierte Spielformen und Begleitmodelle am Klavier. Werkreihe
B 171, Schott, Mainz.

4.11.241 *Nun singet und seid froh.*
15 Weihnachtslieder zum Singen und Spielen für 2 und 3 Blockflöten
gleicher Stimmung. Schott, Mainz.

4.11.242 Oberborbeck, F. / Kraus, E.:
Singfibel.
Wolfenbüttel 1953.

4.11.243 Orff, Carl:
siehe 4.26.036–4.26.051.

4.11.244 Otto, Hans:
Volksgesang und Volksschule . . .
(Vgl. 3.01.194).

4.11.245 Oxtoby, Charles:
A time to be glad für 1st. Kinderchor und Klavier, mit Sopranblockflöten und Glockenspiel ad lib.
Schott, Mainz.

4.11.246 Pepping, Ernst:
Lieder:
Alle Vögel sind schon da.
Schlaf, Kindchen, schlaf.
Auf einem Baum ein Kuckuck sass.
Wohlan, die Zeit ist kommen.
Schott, Mainz.

4.11.247 Pepping, Ernst:
Volkslieder für Kinder- oder Frauenchor 2–3st. a. c.
Schott, Mainz.

4.11.248 Pfannenstiel, Ekkehart:
Lied und Erziehung.
Wolfenbüttel 1953.

4.11.249 Poos, Heinrich:
Zu Bethlehem geboren (Weihnachtslied der Pifferari).
Schott, Mainz.

4.11.250 Rambold, Alois:
Das kleine Federspiel.
Ein Frühlingsspiel mit Gesang für Kinder. In: Pädagogische Welt 15, Donauwörth 1961, S. 151–159.

4.11.251 Regner, Hermann:
Chorstudien für gem. Chor. Experimentelle Chorsätze – graphisch notiert.
Auch für gleiche Stimmen. Schott, Mainz.

4.11.252 Rein, Walter:
Alte und neue Kinderreime und Lieder zum Singen, Geigen und Flöten.
PE 260, Pelikan, Zürich.

4.11.253 Rein, Walter:
Der Regenbogen (Adolf Beiss).
Fünf 1–3st. Kinderchöre mit Flöte, 2 Violinen und Violoncello. Schott, Mainz.

4.11.254 Rein, Walter:
Ein lieblich Engelspiel.
3st. Jugend- od. Frauenchor und Streicher. PE 349, Pelikan, Zürich.

4.11.255 Rein, Walter:
Es wollt ein Jägerlein jagen 3–4st. a. c.
Schott, Mainz.

4.11.256 Rein, Walter:
Ich will den Herrn loben für 3st. Jugend- od. Frauenchor und Streicher.
PE 306, Pelikan, Zürich.

4.11.257 Rein, Walter:
Komm, Trost der Nacht, o Nachtigall für 1st. Kinderchor, 3st. Frauenchor, 4st. Männerchor a. c. oder mit 2 Trompeten, 3 Posaunen, Tuba ad
lib.
Schott, Mainz.

4.11.258 Rein, Walter:
Komm Trost der Welt, du stille Nacht für 1st. Kinderchor und
4st. Männerchor a. c.
Schott, Mainz.

4.11.259 Rein, Walter:
Lieder:
Frisch auf in Gottes Namen.
Herbstlied (Ludwig Schuster).
Kein Feuer, keine Kohle.
O Tannenbaum, du trägst ein' grünen Zweig (Westfalen).
Und in dem Schneegebirge (Schlesien).
Zum Tanze, da geht ein Mädel (Schweden).
Schott, Mainz.

4.11.260 Rein, Walter:
Lied vom Regen (Ludwig Schuster) für 3st. Kinder- od. Frauenchor a. c.
Schott, Mainz.

4.11.261 Rein, Walter:
Musikanten, spielet auf für 3st. Jugendchor mit Klavier oder 3 Melodie-
instrumenten.
PE 736, Pelikan, Zürich.

4.11.262 Rein, Walter:
Nach grüner Farb mein Herz verlangt für 2st. Kinderchor und gem. Chor
a. c. oder für 1st. Kinderchor und 4st. Männerchor a. c.
Schott, Mainz.

4.11.263 Rein, Walter:
Sonne, Mond und Sterne.
Drei Gesänge für 1—3st. Kinderchor, Flöte, 2 Violinen und Violoncello.
Schott, Mainz.

4.11.264 Rein, Walter:
Spassige Geschichten.
Schott, Mainz.

4.11.265 Rein, Walter:
Stundenruf des Wächters für Bariton-Solo, 2st. Kinderchor und
4st. Männerchor a. c.
Schott, Mainz.

4.11.266 Rein, Walter:
Tanz rüber, tanz nüber (Franken) mit 2 Blockflöten in F oder anderen
Instrumenten.
Schott, Mainz.

4.11.267 Rein, Walter:
Wer sich die Musik erkiest für 3st. Kinder- od. Frauenchor und
4st. Männerchor a. c.
Schott, Mainz.

4.11.268 Rein, W. / Lang, H. (Hrsg.):
Der Wundergarten.
Deutsche Volkslieder für Gesang und Klavier. Schott, Mainz.

4.11.269 Reusch, Fritz:
Elementares Musikschaffen.
Bd. 1: Wir finden Melodien und Begleitformen . . . (Vgl. 4.01.088).

4.11.270 Rinderer, Leo:
Erstes Liederbuch.
Zürich 1952.

4.11.271 *Ringsum erwachen Lieder.*
Chorbuch für die Klassen 9–12. Volk und Wissen Volkseigener Verlag, Berlin 1956.

4.11.272 Rohwer, Jens:
Das Wunschlied.
Wolfenbüttel 1951.

4.11.273 Rohwer, Jens:
Drei hübsche Mädchen.
15 Liedsätze mit Vorspann-Kanons zum Singen und Spielen, Tenor ad lib. Schott, Mainz.

4.11.274 Rohwer, Jens:
Einfache Singsätze zum Zusammenbauen aus selbständigen Stimmen für gleiche oder gemischte Stimmen, auch mit Instrumenten ad lib., für Schule, Haus, Singkreis, gesellige Gelegenheiten und Offenes Singen. Schott, Mainz.

4.11.275 Röösli, Josef:
Didaktik des Schulgesanges . . .
(Vgl. 4.05.077).

4.11.276 Röösli, J. / Keller-Löwy, W.:
Männli, Männli, spil e chly.
42 Dialektlieder im 2- bis 5-Tonraum zum Singen, Spielen und Tanzen . . . (Vgl. 4.03.118).

4.11.277 Rosenstengel, Albrecht:
Erstes Singen mit Tsching-bumm.
Lieder mit Rhythmus-Gruppen zum Singen und Spielen. Spielanweisung – Titel in Vokal- und Instrumentalfassung – Instrumente zum Selbstbasteln. Tenuto-Musik-Edition, Frankfurt/M. 1976.

4.11.278 Rüdiger, Adolf:
Stimmbildung im Lied . . .
(Vgl. 4.05.078).

4.11.279 Ruhrmann, Friedrich (Hrsg.):
All mein Gedanken.
Deutsche Volkslieder zum Singen am Klavier mit einem Melodie-Instrument. Schott, Mainz.

4.11.280 Ruhrmann, Friedrich (Hrsg.):
Alte Weihnachtslieder zum Singen am Klavier mit einem Melodie-Instrument.
Schott, Mainz.

4.11.281 Schafer, R. Murray:
Epitaph for Moonlight für Jugendchor und Metallinstrumente.
Universal Edition 20024, Wien.

4.11.282 Schafer, R. Murray:
. . . wenn Wörter klingen . . .
(Vgl. 4.01.107).

4.11.283 Schaper, Heinz-Christian:
Ludus vocalis.
Konzept zur Gruppenimprovisation . . . (Vgl. 4.01.109).

4.11.284 Scheiblauer, Mimi:
Lueg und Sing.
23 Kinderlieder mit Klavierbegleitung. Mehrfarbig illustriert. Pelikan, Zürich.

4.11.285 Schibler, Armin:
Antworten bitte für Sprechgruppe, Sprechstimmen, Elektrogruppe und kleines Orchester.
Eulenburg, Adliswil-Zürich.

4.11.286 Schibler, Armin:
In unserer Sache für Sprechstimmen und Instrumente.
Eulenburg, Adliswil-Zürich.

4.11.287 Schibler, Armin:
Schlag- und Stimmspiele . . .
(Vgl. 4.03.133).

4.11.288 Schibler, Armin:
Sing- und Schlagspiele . . .
(Vgl. 4.03.134).

4.11.289 Schibler, Armin:
Somebody's knocking.
Afroamerikanische Volkslieder für Jugendchor und Orchester. EES 504, Eulenburg, Adliswil-Zürich.

4.11.290 Schibler, Armin:
This old Hammer.
Worksongs, Spirituals and Blues für Schulklassen. EES 506, Eulenburg, Adliswil-Zürich.

4.11.291 Schibler, Armin:
Vokale Kollektivimprovisation . . .
(Vgl. 4.01.111).

4.11.292 Schmidt, H. W. / Weber, A. (Hrsg.):
Chorbuch für gemischte Stimmen.
In: Die Garbe, Gerig, Köln.

4.11.293 Schmidt, H. W. / Weber, A. (Hrsg.):
Liederbuch für gleiche Stimmen.
232 meist 2st. Lieder. In: Die Garbe, Gerig, Köln.

4.11.294 Schmidt, H. W. / Weber, A. (Hrsg.):
Singebuch für Volksschulen.
In: Die Garbe, Gerig, Köln.

4.11.295 Schnebel, Dieter:
Schulmusik . . .
(Vgl. 4.01.112 und 4.01.113).

4.11.296 Schneider, W. (Hrsg.):
Alle singen mit.
Melodie-Ausgabe der Liedersammlung „Lied und Bläserspiel". Schott, Mainz.

4.11.297 Schoch, R.:
Di eerschte Lieder.
Einstimmig·zum Singen. Illustriert. Pelikan, Zürich.

4.11.298 Schroeder, Hermann:
Die Weihnachtsgeschichte für Vorsänger, zweistimmigen Kinderchor und zwei Instrumente.
Schott, Mainz.

4.11.299 Schroeder, Hermann:
Drei Chöre für 2st. Kinderchor und 4st. Männerchor a. c.
Schott, Mainz.

4.11.300 Schroeder, Hermann:
Fünf Weihnachtslieder für 2st. Kinderchor und 4st. Männerchor a. c.
Schott, Mainz.

4.11.301 Schroeder, Hermann:
Sechs Weihnachtslieder für 2 Singstimmen oder 2st. Kinder- od. Frauenchor mit Klavier und Orgel.
Schott, Mainz.

4.11.302 Schroeder, Hermann:
Tantum ergo (Das rheinische Tantum Ergo) für 1st. Chor und Orgel.
Schott, Mainz.

4.11.303 Schroeder, Hermann:
Uns kommt ein Schiff gefahren.
20 Weihnachtslieder zum Singen und Spielen mit Blockflöte oder Violine und Klavier od. Blockflöte, Violine und Violoncello. Schott, Mainz.

4.11.304 Schuhmann, Reinhard:
Aspekte der musikerzieherischen Arbeit am Lied . . .
(Vgl. 04.007).

4.11.305 Schüler, Karl:
Abendkantate für 3st. Kinder- od. Frauenchor mit Flöte, Violine, Viola oder mit Klavier.
Schott, Mainz.

4.11.306 Schüler, Karl:
Erntekantate für 3 gleiche Stimmen, 2 Blockflöten oder Violinen, Viola (auch 3. Violine od. Klarinette) und Violoncello.
Schott, Mainz.

4.11.307 Schüler, Karl:
Kirmes – Musik.
Ein fröhliches Quodlibet über ein schwäbisches Volkslied für einen, zwei oder drei 2st. Chöre im Kanon für gleiche (auch gem.) Stimmen und 2 bis beliebig viele Instrumente. Schott, Mainz.

4.11.308 Schweizer, Theodor:
Em Samichlaus und Christchind gsunge.
Neue Weihnachtslieder in Schweizer Mundart zum Singen am Klavier.
Pelikan, Zürich.

4.11.309 Schweizer, Theodor:
S ganz Johr duur gsunge.
Neue Kinderlieder nach Versen von Beat Jäggi. PE 780, Pelikan, Zürich.

4.11.310 *Schweizer Singbuch* für die Unter-, Mittel- und Oberstufe.
3 Bde. Zürich 1954.

4.11.311 Segler, H. / Abraham, L. U.:
Musik als Schulfach.
Kapitel 3: Kritische Analyse eines neuen Schulliederbuches: G. Wolters,
Singende Schule, Wolfenbüttel 1963 . . . (Vgl. 3.01.223).

4.11.312 *Seid bereit.*
Liederbuch der Thälmannpioniere. VEB Friedr. Hofmeister Musikverlag,
Leipzig 1968.

4.11.313 Simon, Hermann:
Lieder der Kleinsten.
Zehn alte Kinderreime, ergänzt von Max Barthel. Schott, Mainz.

4.11.314 *Sing mit, Pionier.*
Liederbuch der Jungpioniere. VEB F. Hofmeister Musikverlag, Leipzig
1959.

4.11.315 *Singt dem Kindelein.*
Kleine Weihnachtsmusiken mit Stimmen und Instrumenten. Schott,
Mainz.

4.11.316 Söhner, Leo:
Missa brevis (liturgisch) für 2–3 gleiche Stimmen.
Schott, Mainz.

4.11.317 Sölter, Heinz:
10 Choralsätze für Singstimmen, Melodie-Instrumente und Orff-Instrumente.
PE 942, Pelikan, Zürich.

4.11.318 Sölter, Heinz:
Dreh dich Rädchen.
3st. Kinder- od. Frauenchor, 2 Violinen, Cello und Klavier. PE 932, Pelikan, Zürich.

4.11.319 Sowiak, O. (Hrsg.) / Stingl, A. (Bearb.):
Ukrainische Volksweisen.
17 Volkslieder der Ukraine (ukr./dt.) für Singstimme und Gitarre. Schott,
Mainz.

4.11.320 Stern, Annemarie (Hrsg.):
Lieder aus dem Schlaraffenland.
Politische Lieder der fünfziger bis siebziger Jahre: 1. Die fünfziger Jahre.
1960–65. 1966–69. 2. Notstandsgesetze. Zechenstillegungen, Arbeitskämpfe. Mitbestimmung, Rezession, Klassenlage. Aufrüstung, Restauration. Internationale Solidarität. Weihnachtslieder. 3. Die siebziger Jahre.
Betrieb, Arbeitskämpfe, Gewerkschaft. Lehrlinge, Jugendarbeitslosigkeit,

Jugendprobleme. Frauen im Betrieb. Wohnverhältnisse, Bürgerinitiativen, Roter Punkt. Umwelt. Kinderlieder. Reaktion, Rüstung, Parteien. Aktionseinheit, Berufsverbot. Reiselieder. Internat. Solidarität. 278 Lieder, Diskographie, Liederbücher-Verz. Asso Verlag, Oberhausen 1976.

4.11.321 Stern, A. und K.:
Freut euch alle.
Weihnachtsliederspiel für Kinder zum Singen, Aufsagen und Musizieren. PE 705, Pelikan, Zürich.

4.11.322 Stracke, Theo:
Das Lied im Spiel . . .
(Vgl. 4.09.117).

4.11323 Sutermeister, Heinrich:
Drei Chorlieder nach Gedichten von Joachim Ringelnatz für 3st. Jugendchor und Klavier.
Schott, Mainz.

4.11.324 *Swing low.*
Songs and Evergreens für Gesang und Klavier (verschiedene Bearbeiter). Schott, Mainz.

4.11.325 Teirlinck, Geo:
Viva musica.
12 Kanons zu 2, 3, 4 und 5 Stimmen (franz./lat.). Schott, Mainz.

4.11.326 Tippett, Michael:
Bonny at Morn für 1st. Chor, 2 Sopran- und 1 Altblockflöte (engl.). Schott, Mainz.

4.11.327 Träder, Willi:
Alle singen.
Mainz 1953.

4.11.328 Träder, Willi:
Über Jahr und Tag.
Liedsätze zum Singen und Spielen. Werkreihe B 128, Schott, Mainz.

4.11.329 Treacher, Graham:
Bright Cap and Streamers für 2st. Kinderchor und Klavier. Schott, Mainz.

4.11.330 Treacher, Graham:
The Dove für 3 Solostimmen und 2st. Kinderchor a. c. Schott, Mainz.

4.11.331 Treacher, Graham:
Winds of May für 2st. Kinderchor und Klavier. Schott, Mainz.

4.11.332 Verband Bayerischer Schulmusikerzieher e. V. (Heinz Benker Vorsitzender):
Lied & Song.
Ein Liederbuch für Schulen von der 5. bis 13. Jahrgangsstufe. Max Hieber Verlag, München 1976.

4.11.333 *Verzierte Volksliedtänze* für drei gemischte Stimmen mit Instrumenten. Schott, Mainz.

4.11.334 Villiger, Edwin:
Der Stand des Schulgesangs an schweizerischen Primarschulen . . .
(Vgl. 3.05.106).

4.11.335 Villiger, Edwin:
Schaffhauser Liederbuch für obere Volksschulklassen, Mittelschulen und
gemischte Chöre.
PE 804, Pelikan, Zürich.

4.11.336 Vogelsänger, Siegfried:
*Zur Neubestimmung des Stellenwertes von Volkslied und Singen im
Musikunterricht . . .*
(Vgl. 4.05.099).

4.11.337 Walcha, Helmut:
Deutsche Liebeslieder für 2 gl. Stimmen a. c.
Schott, Mainz.

4.11.338 Waldmann, Guido:
Kleine Volksliedkunde.
Edition Merseburg, Berlin.

4.11.339 Weber, Bernhard:
Kinderlieder:
Danz, danz, Quiselchen (Düren und Aachen).
Eia, beia, Wiegenstroh (volkstümlich).
Kinderküche (Paula Dehmel).
Vier kleine Weihnachtslieder.
Schott, Mainz.

4.11.340 Wedd, Eric:
Bobby Shafto für 1st. Kinderchor und Schulorchester (Blockflöten,
3 Harmonikas ad lib., Streicher, Schlagzeug, Klavier).
Schott, Mainz.

4.11.341 Werdin, Eberhard:
Kommt, ihr G'spielen.
Volkslieder zum Singen und Spielen mit allerlei Instrumenten. Werkreihe
B 105, Schott, Mainz.

4.11.342 Werdin, Eberhard:
Lied, Spiel und Tanz.
Heft 1: Klingende Kinderreime. Heft 2: Tanzlieder verschiedener Länder.
Heft 3: Tanzstücke. Pelikan, Zürich.

4.11.343 Werdin, Eberhard:
Musikalische Grundausbildung am Lied.
In: Beiträge zur Schulmusik 20 (Vgl. 2.04).

4.11.344 Werdin, Eberhard:
Verzierte Volksliedsätze für drei gem. Stimmen (Jugendchor, SABar) mit
Instrumenten ad lib.
Schott, Mainz.

4.11.345 Werdin, Eberhard:
Vier Kinderlieder 3—4st., auch mit Instrumenten aufführbar.
Schott, Mainz.

4.11.346 Weyer, Reinhold:
Um den Stellenwert von Volkslied und Singen im Musikunterricht.
Anmerkungen zu den Beiträgen von Heinz Antholz und Siegfried Vogel-
sänger in „Musik und Bildung" (9/73). In: Musik und Bildung 6, 1974, 2,
S. 127–129 (Vgl. 2.40).

4.11.347 Winters, Geoffrey:
Mutter Ottep und andere Kinderlieder.
Universal Edition, Wien.

4.11.348 Wiora, Walter:
Das echte Volkslied.
Heidelberg 1950.

4.11.349 Wiora, Walter:
Die deutsche Volksliedweise und der Osten.
Wolfenbüttel 1940.

4.11.350 Woehl, W.:
Kleine Weihnachtsliederkantate für 3st. Kinder- oder Frauenchor,
2 Geigen und Klavier.
PE 290, Pelikan, Zürich.

4.11.351 Woll, Erna:
Aus Ton gemacht.
20 Kinderlieder auch für Erwachsene nach Texten von Wilhelm Willms.
Möseler Verlag, Wolfenbüttel 1976.

4.11.352 Woll, Erna:
Nun ist vorbei die finstre Nacht für gl. od. gem. Stimmen.
PE 738, Pelikan, Zürich.

4.11.353 Woll, Erna:
Stille Hügel, sanfte Tale für 3 gl. Stimmen und Instrumente.
PE 739, Pelikan, Zürich.

4.11.354 Wolters, Gottfried (Hrsg.):
Ars musica.
Ein Musikwerk für höhere Schulen. Band 1: Singbuch. Band 4: Chorbuch
für gemischte Stimmen. Möseler, Wolfenbüttel u. Zürich 1962, 1965.

4.11.355 Wolters, Gottfried:
Das singende Jahr.
Wolfenbüttel 1955.

4.11.356 Wolters, Gottfried:
Singende Schule.
Wolfenbüttel 1963.

4.11.357 Zahner, B.:
Bei der Krippe.
Kleine Weihnachtskantate für 1–2 gl. oder 3 gem. Stimmen u. Instru-
mente. PE 922, Pelikan, Zürich.

4.11.358 Zahner, B.:
Es git niit Luschtigers uf der Wäld.
Schweizer Volksliedkantate für gl. od. gem. Stimmen und Instrumente.
PE 918, Pelikan, Zürich.

4.11.359 Zehm, Friedrich:
Nonstop-Songs.
Kantate nach zeitgenössischen Nonsensversen für einen Sprecher, Jugendchor und Instrumentalgruppen. Einleitung — Rechenaufgabe für die
Unterstufe — Zwischenspiel — Kein Rätsel — Überleitung — der tisch ist
oval — Pause — Klatsch am Montagmorgen — Zwischenspiel — Ein Beitrag
zur Schulreform usw. Schott, Mainz.

4.11.360 Zentner, Johannes:
Das Reh im Winter.
Kleine Kantate für 2 gl. Stimmen und Instrumente. PE 923, Pelikan,
Zürich.

4.11.361 Zentner, Johannes:
Jahreszeiten-Kantate für 2 gl. Stimmen und Instrumente.
PE 314, Pelikan, Zürich.

4.11.362 Zentner, Johannes:
Kleine Frühlingskantate nach Volksliedern für 1—2 gl. Stimmen und
Instrumente.
PE 900, Pelikan, Zürich.

4.11.363 Zipp, Friedrich:
Es waren zwei Königskinder.
5 leichte Balladen für 1—2st. Chor und Instrumente. PE 933, Pelikan,
Zürich.

4.11.364 Zipp, Friedrich:
Fest und Feier.
Kleine Liedkantaten und Instrumentalstücke in einfacher Besetzung.
Werkreihe B 133, Schott, Mainz.

4.11.365 Zipp, Friedrich:
Fröhlicher Jahrmarkt.
Kantate für ein- bis zweistimmigen Kinderchor und Instrumente. Text v.
Hanna Schachenmeier. Werkreihe B 141, Schott, Mainz.

4.11.366 Zipp, Friedrich:
Heiteres Tierliederspiel mit verbindenden Reimen von Margareta Fries für
Sprecher, ein- bis zweistimmigen Jugendchor und Instrumente, op. 42.
Schott, Mainz.

4.11.367 Zipp, Friedrich:
Herz, sei bereit.
Feierchor für gl. od. gem. Stimmen und Instrumente. PE 937, Pelikan,
Zürich.

4.11.368 Zipp, Friedrich:
Heute tut sich auf das Tor.
Festliche Schulkantate für 2st. Jugend- od. Frauenchor (auch 3st. gem.
Chor), Solostimme, Sprecher und Instrumente. Schott, Mainz.

4.11.369 Zipp, Friedrich:
Junger Baum in Menschenhand.
Kleine Kantate zum Tag des Baumes (Margareta Fries) für 1—2st. Kinder-
oder Frauenchor (auch 3st. gem. Chor oder 4st. Männerchor) und Instrumente oder a. c. Schott, Mainz.

4.11.370 Zipp, Friedrich:
Kein schöner Land.
Kleinste Volksliedkantaten in einfacher Besetzung mit Blockflöten, Geigen und Triangeln. Werkreihe B 102, Schott, Mainz.

4.11.371 Zipp, Friedrich:
Laufet, ihr Hirten.
Ein Liederspiel für 1—2st. Jugend- oder Frauenchor, 3 Melodieinstrumente und Glockenspiel ad lib. PE 764, Pelikan, Zürich.

4.11.372 Zipp, Friedrich:
Maienfahrt op. 6/1.
Kleine Frühlingskantate über ein altes Reigenlied für 2st. Kinderchor, Flöte, Geige und Bratsche. Schott, Mainz.

4.11.373 Zipp, Friedrich:
Zwei Volkslieder op. 43 für 4st. Männerchor und 1st. Kinderchor a. c. oder mit Klavier zu vier Händen.
Schott, Mainz.

4.11.374 Zoll, Paul:
Der Kuckuck ruft im grünen Wald für 2 Solostimmen und 3st. Frauen-oder Kinderchor.
Schott, Mainz.

4.11.375 Zoll, Paul:
Echo-Lied für 3st. Kinderchor und 4st. Männerchor a. c.
Schott, Mainz.

4.11.376 Zoll, Paul:
Ein Jäger wollt' zum Jagen gehn für Männerchor und 4st. Kinder- od. Frauenchor (Echochor).
Schott, Mainz.

4.11.377 Zoll, Paul:
Lobt den Herrn, ihr Wesen all.
Kleine Kantate für gem. Chor oder Männerchor, Knabenchor und Bläser od. Orgel (Klavier). Schott, Mainz.

4.11.378 Zoll, Paul:
Nun wohlan, ihr Waidleut' all für Männerchor und 3st. Kinder- oder Frauenchor (Echochor).
Schott, Mainz.

4.11.379 Zschiesche, Alf (Hrsg.):
Das Klampfenlied.
Ein Fahrtenliederbuch für Gesang und Gitarre. Schott, Mainz.

4.11.380 Zschiesche, Alf (Hrsg.):
Klingende Fahrt.
Ein Liederbuch für Gesang und Gitarre. Schott, Mainz.

4.11.381 Zschiesche, Alf (Hrsg.):
Querfeldein.
1—2st. Fahrtenlieder mit Gitarre ad lib. Schott, Mainz.

4.11.382 Zschiesche, Alf:
Sing mir, Morena.
Lieder zur Gitarre aus Spanien, Südfrankreich, Litauen und Dalmatien. Schott, Mainz.

4.12   **Musikerziehung und aktuelles Musikgeschehen:**
            Zeitgenössische (E-)Musik — Jazz — Rock — Pop — Folk — Schlager —
            Experimentelle Musik — Avantgarde

4.12.001   Abel-Struth, Sigrid:
           Aktualität und Geschichtsbewusstsein der Musikpädagogik . . .
           (Vgl. 3.01.001).

4.12.002   *Aktuelle Popmusik im Unterricht.*
           Schallplattenreihe mit Beiheften. Breitkopf & Härtel. Wiesbaden.

4.12.003   Asriel, André:
           Jazz.
           Analysen und Aspekte. VEB Lied der Zeit, Berlin 1966.

4.12.004   Baacke, D.:
           Beat — die sprachlose Opposition.
           München 1968.

4.12.005   Baacke, D.:
           Beatkultur — Jugendkultur — Popkultur.
           In: Musica 25, Kassel 1971, S. 124—129.

4.12.006   Baacke, D.:
           Beat und die Erfahrung im Medium Kunst.
           In: Musik und Bildung 10, 1969, 1, S. 431—433 (Vgl. 2.40).

4.12.007   Battenberg, Hermann:
           *Dramaturgische und ideologische Funktionen der Musik in der Fernseh-
           serie „Bonanza".*
           In: R. Stefan (Hrsg.): Schulfach Musik. Schott, Mainz 1976, S. 106—116.

4.12.008   Berendt, Joachim Ernst:
           Das neue Jazzbuch.
           Fischer Bücherei 1976.

4.12.009   Berger, Klaus:
           Jazz im Musikunterricht.
           Hamburger Bop Cats geben seit 7 Jahren Anschauungsunterricht in Schu-
           len. In: Jazz-Podium 23, 1974, 9, S. 32.

4.12.010   Blatny / Mathé / Schoof / Viera:
           Band Clinic I.
           Universal Edition 24006, Wien.

4.12.011   Bohländer, Carlo:
           Jazz — Geschichte und Rhythmus.
           In: Jazz Studio, Schott, Mainz 1970.

4.12.012   Bohländer, Carlo:
           Old Folks at Home . . .
           (Vgl. 4.11.027).

4.12.013   Boehmer, Konrad:
           Zwischen Reihe und Pop.
           Musik und Klassengesellschaft. Jugend und Volk Verlag, Wien/München
           1970.

4.12.014 Bräm, Thüring:
En route.
Stücke zur Einführung in die Klangwelt des 20. Jahrhunderts, für Ensembles beliebiger Zusammensetzung. In: Information und Versuche 9, 1978 (Vgl. 2.20).

4.12.015 Braun, Gerhard:
Blockflöte und Avantgarde.
In: Tibia. Magazin alter und neuer Bläsermusik 1, Moeck Verlag, Celle 1976, 1, S. 19—25.

4.12.016 Brömse, P.:
Graphische Strukturveranschaulichung der Zwölftonmusik durch Bildprojektion . . .
(Vgl. 4.08.002).

4.12.017 Buschmann, R. G.:
Über Improvisation im Jazz und ihre Lehrbarkeit . . .
(Vgl. 4.07.009).

4.12.018 Cammin, Heinz:
Spirituals und Songs . . .
(Vgl. 4.11.044).

4.12.019 Coker, Jerry:
Improvising Jazz . . .
(Vgl. 4.07.010).

4.12.020 Dahlhaus, Carl:
Über das Analysieren Neuer Musik . . .
(Vgl. 4.02.023).

4.12.021 Daniélou, A.:
Magie und Popmusik.
In: Musik und Bildung 3, 1971, S. 183—184.

4.12.022 Dauer, Alfons M.:
Der Jazz.
Seine Ursprünge und seine Entwicklung. Röth, Eisenach und Kassel 1958.

4.12.023 Dello Jojo, N.:
The expanding Role of Contemporary Music in American Music Education . . .
(Vgl. 3.05.012).

4.12.024 Dennis, Brian:
Experimental Music in Schools . . .
(Vgl. 4.01.019).

4.12.025 Dibelius, Ulrich:
Moderne Musik 1945—1965.
Voraussetzungen, Verlauf, Material. Abb. Notenbeisp. Piper, München 1966.

4.12.026 Edmund, Lars:
Modus novus . . .
(Vgl. 4.08.007).

4.12.027 Erpf, Hermann:
Gegenwartskunde der Musik.
Ideen – Kräfte – Ziele. Schott, Mainz.

4.12.028 Ettl, E.:
Petruschka – Ein Modell zur Werkbetrachtung im Musikunterricht . . .
(Vgl. 4.02.036).

4.12.029 *Folk-Songs. Volkslieder.*
Vgl. Kapitel 4.11.

4.12.030 Gieseler, Walter:
Komposition im 20. Jahrhundert.
Details – Zusammenhänge. Moeck-Verlag, Celle 1975.

4.12.031 Gröning, Carl-Heinrich:
Unterhaltungsmusik in der Schule.
Diesterweg, Frankfurt 1970.

4.12.032 Gundlach, W.:
Neue Musik – neue Notation . . .
(Vgl. 4.08.018).

4.12.033 Hagen, Rudolf E.:
Avantgarde – von Kindern gespielt.
In: Neue Musikzeitung 1970, 4, S. 19 (Vgl. 2.45).

4.12.034 Hagen, Rudolf E.:
Elektronische Musik in der Schule.
Universal Edition 20044, Wien 1975.

4.12.035 Hahn, Werner:
Deutschsprachige Popmusik im Unterricht der Sekundarstufe.
Zu den Produktionen Udo Lindenbergs. In: Musik und Bildung 6, 1974,
11, S. 628–630.

4.12.036 Hahn, W. / Rauhe, H.:
Der deutsche Schlager I.
In: Aktuelle Popmusik im Unterricht, Reihe A, Nr. 1 (Vgl. 4.12.002).

4.12.037 Hahn, W. / Rauhe, H.:
*Gesichtspunkte für die Entwicklung von Unterrichtssequenzen aus dem
Bereich der Popmusik . . .*
(Vgl. 3.04.022).

4.12.038 Hahn, W. / Rauhe, H.:
Popmusik international.
In: Aktuelle Popmusik im Unterricht, Reihe A, Nr. 2 (Vgl. 4.12.002).

4.12.039 Hansberger, J.:
Anton Webern . . .
(Vgl. 4.02.060).

4.12.040 Hardy, P. / Laing, D. (Hrsg.):
The encyclopedia of rock.
Panther Books, London 1977.

4.12.041 Hartung, H. / Weber, R.:
Das Interview mit dem Komponisten Witold Szalonek im problemorientierten Unterricht.
In: Zeitschrift für Musikpädagogik 1, 1976, 1, S. 12–16 (Vgl. 2.58).

4.12.042 Hartwich, Dörte:
Noch einmal: Jugend und Pop-Musik.
In: Musik und Bildung 4, 1972, 4, S. 180–189 (Vgl. 2.40).

4.12.043 Hartwich-Wiechell, Dörte:
Pop-Musik.
Analysen und Interpretationen. Volk, Köln 1974.

4.12.044 Hartwich, Dörte:
Unterrichtliche Behandlung eines Tagesschlagers aus der Hitparade.
In: Musik und Individuum (Vgl. 2.41).

4.12.045 Häusler, Josef:
Musik im 20. Jahrhundert von Schönberg zu Penderecki.
Schünemann, Bremen 1969.

4.12.046 Heindrichs, H.-A.:
Die Musik der Gegenwart als neues Studienfeld.
In: E. Kraus (Hrsg.): Bildungsziele und Bildungsinhalte ... (Vgl. 3.01.136).

4.12.047 Heindrichs, H.-A.:
Musikerziehung und musikalische Wirklichkeit ...
(Vgl. 3.01.095).

4.12.048 Helms, Siegmund (Hrsg.):
Schlager in Deutschland ...
(Vgl. 4.02.061).

4.12.049 Henneberg, Gudrun:
Popmusik und Schule.
In: Musik und Bildung 6, 1974, 11, S. 618–623 (Vgl. 2.40).

4.12.050 Herder, Ronald:
Tonal/atonal ...
(Vgl. 4.02.063).

4.12.051 Irmer, G. von:
Jugend und Schlager.
Bremen 1970.

4.12.052 Jost, Ekkehard:
Free Jazz.
Stilkritische Untersuchungen zum Jazz der sechziger Jahre. Schott, Mainz 1975.

4.12.053 Jost, Ekkehard:
Sozialpsychologische Faktoren der Popmusik-Rezeption ...
(Vgl. 3.02.067).

4.12.054 Kaegi, Werner:
Was ist elektronische Musik?
Orell Füssli Verlag, Zürich 1967.

4.12.055 Karkoschka, Erhard:
Das Schriftbild der neuen Musik . . .
(Vgl. 4.08.027).

4.12.056 Karkoschka, Erhard:
Eine Hörpartitur elektronischer Musik . . .
(Vgl. 4.02.068).

4.12.057 Kayser, Dietrich:
Schlager – Das Lied als Ware.
Untersuchungen zur Theorie, Geschichte und Ideologie einer Kategorie der Illusionsindustrie. Diss. Freiburg i. Br. 1975.

4.12.058 Keller, W.:
Erfindungs- und Improvisationsübungen zur Einführung in die neue Musik . . .
(Vgl. 4.01.048).

4.12.059 Kelterborn, Rudolf:
Und die Musik in unserer Zeit? . . .
(Vgl. 3.01.127).

4.12.060 Kemmelmeyer, Karl-Jürgen:
Popularmusik im Musikunterricht der Schule für Lernbehinderte.
In: Zeitschrift für Heilpädagogik 26, 1975, 6, S. 330–338.

4.12.061 Kemmelmeyer, K.-J. / Wehmeier, R.:
Der Schlager.
Handbuch für Unterricht und Praxis. Stationen des Ablaufes einer Schlager-Produktion – Text – Komposition – Arrangement – Die Arbeit im Tonstudio – Schallplattenherstellung – Verträge – Brancheneigentümlichkeit – Popularmusik im gesellschaftl. Feld – Analyse der Musik usw. Mit Beispielplatte und Schülerarbeitsmaterial. G. Bosse Verlag, Regensburg 1976.

4.12.062 Kemper, Martin:
Musik der Subkultur: „Für wen ist diese Musik?"
In: Musik und Bildung 6, 1974, 11, S. 615–617 (Vgl. 2.40).

4.12.063 Kneif, Tibor:
Sachlexikon Rockmusik.
Instrumente, Stile, Techniken, Industrie und Geschichte. Rowohlt Verlag, Reinbek b. Hamburg 1978.

4.12.064 Knolle, Niels:
Popmusik: Unterrichtsgegenstand oder Erfahrungsbereich der Schüler?
In: Forschung i. d. Musikerziehung 1975 (Vgl. 2.17).

4.12.065 Kober, R. / Kober, H.:
Mit der Kunst leben.
In: Handreichungen für einen gegenwartsbezogenen Unterricht, Frankfurt 1963, 8, S. 1–15.

4.12.066 Koch, Gerhard R.:
Fortschrittliche pädagogische Provinz.
Schnebel-Uraufführung in Grünstadt in der Pfalz. In: Musica 28, Kassel 1964, S. 47–49.

4.12.067 Koch, Peter:
Über einige Unterrichtsversuche mit Werken von Webern bis Stockhausen.
In: Musik im Unterricht 56, 1956, 9, S. 284 ff. (Vgl. 2.36).

4.12.068 Kolbe, Johannes:
Arbeitsgemeinschaft nach Rahmenprogrammen . . . Zur Behandlung von zeitgenössischer Musik . . .
(Vgl. 3.04.037).

4.12.069 Kölsch, Hans:
Unterrichtserfahrungen in elektronischer Musik.
In: Fortschritt und Rückbildung . . . (Vgl. 2.18).

4.12.070 *Komponist und Musikerzieher . . .*
(Vgl. 2.26).

4.12.071 Körner, Fr. / Glawischnig, D.:
Jazzforschung.
7 Bde. Universal Edition, Wien 1970–1975.

4.12.072 Kraemer, Rudolf-Dieter:
Musik seit 1950 und ihr Niederschlag in der musikdidaktischen Literatur . . .
(Vgl. 3.01.135).

4.12.073 Kuhnke, Klaus:
Geschichte der Pop-Musik.
Eres Edition, Lilienthal/Bremen 1976.

4.12.074 Kumpf, Hans:
Jazz und Pädagogik.
In: HiFi–Stereophonie 14, 1975, 12, S. 1358–1361, 1365, 1366.

4.12.075 Kumpf, Hans:
Vom Spiel zur Improvisation.
Gunter Hampel berichtet über seine Jazz-Arbeit mit Kindern . . . (Vgl. 4.07.041).

4.12.076 Lee, Ed.:
Pop and the teacher . . .
(Vgl. 3.03.052).

4.12.077 Leeb, Helmut:
Werkanalyse oder Gemütsbewegung.
Überlegungen zur Popmusik im Unterricht . . . (Vgl. 4.02.084).

4.12.078 Linke, Norbert:
Neue Wege in der Musik der Gegenwart.
In: Beiträge zur Schulmusik 29 (Vgl. 2.04).

4.12.079 Lugert, Wulf Dieter:
Grundriss einer neuen Musikdidaktik.
Kapitel 2: Erweiterung der herkömmlichen Inhalte . . . (Vgl. 3.01.166).

4.12.080 Mathé, O. K.:
Das seltsame Melodienbuch des Sir Charles.
Universal Edition 20023, Wien.

4.12.081 Mathé, O. K.:
Wege zu Jazz und Pop Music.
Universal Edition 20009, Wien.

4.12.082 Mayer-Rosa, Eugen:
Arnold Schönbergs „Sechs kleine Klavierstücke op. 19"...
(Vgl. 4.02.090).

4.12.083 Mayer-Rosa, Eugen:
Musik und Technik.
Vom Futurismus bis zur Elektronik. In: Beiträge zur Schulmusik 27
(Vgl. 2.04).

4.12.084 Mecklenburg, Carl Gregor Herzog zu:
International Jazz Bibliography.
Koerner 1969.

4.12.085 Mecklenburg, Carl Gregor Herzog zu:
1970 Supplement to International Jazz Bibliography.
Universal Edition, Wien 1971.
1971/72/73 Supplement to International Jazz Bibliography.
Universal Edition, Wien 1975.

4.12.086 Mecklenburg, Carl Gregor Herzog zu:
Stilformen des Jazz I und II.
Universal Edition, Wien 1973.

4.12.087 Mehegan, John:
The Jazz Improvisation Series ...
(Vgl. 4.07.044).

4.12.088 Menzel, H.:
Jugend und Reizmusik.
In: R. Jakoby (Hrsg.): Schriftenreihe zur Musikpädagogik, Frankfurt/M.
1969.

4.12.089 Meyer, Heinz:
Schlagerdidaktik und Musikpädagogik.
In: Musik und Bildung 6, 1974, 11, S. 624–628. (Vgl. 2.40).

4.12.090 Meyer-Denkmann, Gertrud:
Struktur und Praxis neuer Musik im Unterricht ...
(Vgl. 4.01.074).

4.12.091 Mezger, Werner:
Schlager.
Versuch einer Gesamtdarstellung unter besonderer Berücksichtigung des
Musikmarktes der Bundesrepublik Deutschland. Tübinger Vereinigung für
Volkskunde, Tübingen 1975.

4.12.092 Nicholls, Malcolm:
Running an „open" music department.
In: Vulliamy/Lee (Hrsg.): Pop music in school. Cambridge University
Press, Cambridge 1976, S. 123–140.

4.12.093 Paynter, John:
Hear and now.
An Introduction to modern Music in Schools. Universal Edition, London
1972.

4.12.094 Pfaff, Herbert:
Pop, Jazz und E-Musik. Absichten, Aussagen und Bezüge.
In: Musik und Bildung 6, 1974, 5, S. 311–318 (Vgl. 2.40).

4.12.095 Prieberg, Fred K.:
Lexikon der neuen Musik.
Karl Albert, Freiburg u. München 1958.

4.12.096 Rauhe, Hermann:
Ansätze zu einer Didaktik und Methodik des Beat.
In: Musik und Bildung 10, 1969 (Vgl. 2.40).

4.12.097 Rauhe, Hermann:
Hören und Musizieren als didaktisches Problem . . .
(Vgl. 3.01.201).

4.12.098 Rauhe, Hermann:
Kritischer Schallplattenvergleich aus den Bereichen Folklore und Beat . . .
(Vgl. 4.02.117).

4.12.099 Rauhe, Hermann:
Musikerziehung durch Jazz.
In: Beiträge zur Schulmusik 12 (Vgl. 2.04).

4.12.100 Rauhe, Hermann:
Schlager – Beat – Folklore im Unterricht.
In: W. Krützfeldt (Hrsg.): Didaktik der Musik 1967. Hamburg 1968,
S. 66–85.

4.12.101 Rauhe, Hermann:
Schlager in der Schule.
In: S. Helms (Hrsg.): Schlager in Deutschland. Wiesbaden 1972,
S. 357–372.

4.12.102 Rauhe, Hermann:
Schlager in Sozialisierung, Erziehung und Unterricht . . .
(Vgl. 3.02.121).

4.12.103 Rauhe, Hermann:
Schlager und Beat im Unterricht – Möglichkeiten einer Einbeziehung der
Pop-Musik in die Didaktik und Methodik des Musikhörens.
In: Musikhören und Werkbetrachtung . . . (Vgl. 4.02.096).

4.12.104 Rauhe, Hermann:
Zum Wertproblem der Musik.
Versuch einer Ästhetik der Trivialität als Grundlage für eine Didaktik der
Popularmusik. In: W. Krützfeldt (Hrsg.): Didaktik der Musik 1967, Ham-
burg 1968.

4.12.105 Rauhe, Hermann:
Zur Funktion des Schlagers im Leben Jugendlicher und Erwachsener . . .
(Vgl. 3.02.123).

4.12.106 Rebscher, G.:
Material zum Unterricht in Popularmusik.
Breitkopf & Härtel, 1973.

4.12.107 Reinartz, Horst:
Städtisches Orchester Remscheid musiziert in Schulklassen.
In: Das Orchester 23, 1975, 5, S. 335.

4.12.108 Robins, Tony:
The presentation of pop music.
In: Vulliamy/Lee: Pop music in school. Cambridge University Press, Cambridge 1976.

4.12.109 Rogers, Dave:
Varieties of pop music: a guided tour.
In: Vulliamy/Lee: Pop music in school. Cambridge University Press, Cambridge 1976, S. 5–32.

4.12.110 Salbert, Dieter:
Live-Elektronik und Tonbandmusik in der Aus- und Fortbildung von Musikpädagogen . . .
(Vgl. 3.03.074).

4.12.111 Sandner, Wolfgang (Hrsg.):
Rockmusik.
Aspekte zur Geschichte, Ästhetik, Produktion. Schott, Mainz 1977.

4.12.112 Schmidt, H.-Chr.:
Jugend und Neue Musik . . .
(Vgl. 3.02.144).

4.12.113 Schmidt-Joos, Siegfried:
Rock in der Klasse.
In: Musik und Bildung 4, 1972, 4, S. 165–167 (Vgl. 2.40).

4.12.114 Schmidt-Joos, S. / Graves, B.:
Rock-Lexikon.
Unter Mitarbeit von Bernie Sigg. Rowohlt, Reinbek bei Hamburg 1974.

4.12.115 Schmolzi, Herbert:
Arnold Schönberg „Pierrot lunaire” . . .
(Vgl. 4.02.135).

4.12.116 Schollum, Robert:
Die Angst vor dem Zeitgenössischen.
In: Komponist und Musikerzieher 1974, 3, S. 1–4 (Vgl 2.26).

4.12.117 Schollum, Robert:
Musikerziehung und Aktualitätsstreben . . .
(Vgl. 3.01.221).

4.12.118 Schulz-Kohne, Dietrich:
Jazz in der Schule.
In: Beiträge zur Schulmusik 6 (Vgl. 2.04).

4.12.119 Seibold, W.:
Beat und Kunstmusik – zwei unvereinbare Gegensätze für die Schulmusik?
In: Musik und Bildung 4, 1972, 4, S. 172–176 (Vgl. 2.40).

4.12.120 Sievritts, Manfred:
Neue Musik im Kurssystem der Oberstufe.
Diesterweg, Frankfurt.

4.12.121 Silbermann, Alphons:
Beat oder Beethoven? . . .
(Vgl. 3.01.226).

4.12.122 Spencer, Piers:
The blues: a practical project for the class-room.
In: Vulliamy/Lee (Hrsg.): Pop music in school. Cambridge University Press, Cambridge 1976, S. 74–96.

4.12.123 Stephan, Rudolf (Hrsg.):
Über das Musikleben der Gegenwart.
Sieben Beiträge. Merseburger, Berlin 1968.

4.12.124 Storb, I.:
Beat im Musikunterricht der Hauptschule.
In: Musik und Bildung 2, 1970, 12, S. 543–545 (Vgl. 2.40).

4.12.125 Storb, I.:
Beat – soziologisch gesehen . . .
(Vgl. 3.02.162).

4.12.126 Stuckenschmidt, Hans Heinz:
Die grossen Komponisten unseres Jahrhunderts.
Piper, München 1971 –.

4.12.127 Stuckenschmidt, Hans Heinz:
Musik des 20. Jahrhunderts.
Kindler, München 1969.

4.12.128 Stuckenschmidt, Hans Heinz:
Schöpfer der neuen Musik.
Portraits und Studien. Suhrkamp, Frankfurt a. M. 1958.

4.12.129 Thiele, Joachim:
Informationen über neuere Richtungen der Ästhetik.
Kriterien für deren Bedeutung hinsichtlich Beschreibung und Analyse ästhetischer und pädagogischer Kommunikation. In: Musik in Schule und Gesellschaft (Vgl. 2.38).

4.12.130 Thomas, E. (Hrsg.):
Notation neuer Musik . . .
(Vgl. 4.08.047).

4.12.131 Trotter, R. M.:
Das Projekt „Zeitgenössische Musik" in amerikanischen Schulen . . .
(Vgl. 3.05.102).

4.12.132 Tschache, Helmut:
Unterrichtsbeispiele zu Spiritual und Gospel und ihre didaktische Begründung.
In: Schule ohne Musik? (Vgl. 2.53).

4.12.133 Tünker, H.:
Musikelektronik.
Franzis Verlag, München 1977.

4.12.134 Twittenhoff, Wilhelm:
Jugend und Jazz.
Ein Beitrag zur Klärung. Schriftreihe B8, Schott, Mainz 1964.

4.12.135 Twittenhoff, Wilhelm:
Musikalische Bildung.
Gedanken aus zwanzig Jahren. Schriftenreihe B 20, Schott, Mainz 1972.

4.12.136 Verband Bayr. Schulmusikerzieher (Hrsg.):
Lied & Song.
Kap. Spiritual, Gospel, Blues, Pop, Song . . . (Vgl. 4.11.332).

4.12.137 Vetter, Hans J.:
Die Musik unseres Jahrhunderts.
Mit Notenbeispielen. Schott, Mainz 1970.

4.12.138 Vetter, M.:
Informationen.
Eine avantgardistische Musikstunde für Kinder. Stuttgart 1971 (Schallplatte).

4.12.139 Viera, Joe:
Arrangement und Improvisation . . .
(Vgl. 4.07.079).

4.12.140 Viera, Joe:
Der Free Jazz.
Formen und Modelle. Universal Edition 24007, Wien.

4.12.141 Viera, Joe:
Grundlagen der Jazzharmonika.
Universal Edition 24002, Wien.

4.12.142 Viera, Joe:
Grundlagen der Jazzharmonik.
(Vgl. 4.03.172).

4.12.143 Viera, Joe:
Grundlagen eines Jazzunterrichts an Musikhochschulen und Konservatorien.
In: Musik und Bildung 6, 1974, 5, S. 319–321 (Vgl. 2.40).

4.12.144 Viera, Joe:
Neue Formen – Freies Spiel.
Grundlagen der Jazzpraxis . . . (Vgl. 4.01.130).

4.12.145 Villiger, Edwin:
Gegenwartsnahe Musikerziehung . . .
(Vgl. 3.01.255).

4.12.146 Vogt, Hans:
Neue Musik seit 1945.
Reclam, Stuttgart 1975.

4.12.147 Vulliamy, G. / Lee, Ed. (Hrsg.):
Pop Music in School.
Cambridge University Press, Cambridge 1976.

4.12.148 Warner, Theodor:
Das Undurchhörbare . . .
(Vgl. 4.02.147).

4.12.149 Warner, Theodor:
Neue Musik im Unterricht.
In: Beiträge zur Schulmusik 16 (Vgl. 2.04).

4.12.150 Watzke, Oswald:
Wir analysieren einen Schlagertext ...
(Vgl. 4.02.148).

4.12.151 Weber, Hildegard:
Musikerziehung im Spiegel des öffentlichen Musiklebens.
In: Bildung und Erziehung 3, Stuttgart 1950, S. 307–313.

4.12.152 Wehrle, P.:
Pop-Musik, Beat und Musical in der Schule.
In: Musik und Bildung 3, 1971, 7/8, S. 362–363 (Vgl. 2.40).

4.12.153 Weiss, H.:
Pop-Collage.
Universal Edition 20064, Wien.

4.12.154 Wiechell, Dörte:
Didaktik und Methodik der Popmusik.
Diesterweg, Frankfurt o. J.

4.12.155 *Zeitgenössische Musik und Musikerziehung.*
In: ISME 1, 1973 (Vgl. 2.21).

4.12.156 Zimmerschied, Dieter:
Beat – Background – Beethoven.
Diesterweg, Frankfurt 1971.

4.12.157 Zimmerschied, Dieter (Hrsg.):
Perspektiven neuer Musik.
Material und didaktische Information. Beiträge von Roderich Fuhrmann,
Wilfried Gruhn, Karl-Josef Müller, Dieter Zimmerschied.
Die Beiträge liefern für die Sekundarstufe I und II Material und didak-
tische Hinweise für die Unterrichtsvorbereitung im Themenkreis „Neue
Musik". Durch die Bereitstellung von Notenbeispielen, Diagrammen und
wichtigen Abschnitten aus der Sekundärliteratur kann das Buch auch als
Arbeitsmittel unmittelbar im Unterricht eingesetzt werden.
Béla Bartók, Konzert für Violine und Orchester (1937/38)
Alban Berg, Violinkonzert (1935)
Luciano Berio, Sequenza III (1965) O
Pierre Boulez, Structures I (1952) O
John Cage, Variations I (1958) O
Hans Werner Henze, 2. Konzert für Klavier und Orchester (1967)
Paul Hindemith, Sonate für Violoncello und Klavier (1948) O
György Ligeti, Lontano (1967) O
Krzysztof Penderecki, Anaklasis (1959/60) O
Krzystof Penderecki, „Aus den Psalmen Davids" für gemischten Chor und
Instrumentalensemble (1958) O
Arnold Schönberg, Ein Überlebender aus Warschau (1947)
Karlheinz Stockhausen, Telemusik (1966)
Igor Strawinsky, Symphonie de Psaumes (1930)
Edgar Varèse, Ionisation (1931)
Anton von Webern, Fünf Stücke für Orchester op. 10 (1911/13)
Bernd Alois Zimmermann, Photoptosis (1968) O
Schott, Mainz 1974   O = Schallplattenaufnahmen
                                          bei WERGO erschienen.

4.13 Polyästhetische Erziehung – Fächerübergreifender Unterricht – Musische Bildung allgemein

4.13.001 Amtmann, Paul:
Musische Erziehung [und] Musikalische Erziehung . . .
(Vgl. 3.01.015).

4.13.002 Dennis, Brian:
Crosswords . . .
(Vgl. 4.01.018).

4.13.003 Drach, E.:
Sprecherziehung in der Schule in Wechselwirkung zwischen Gesang und Deutschunterricht . . .
(Vgl. 4.05.015).

4.13.004 Eicke, Kurt-Erich:
Tanzriten der Indios im Staate Puebla, Mexico.
Ein Beispiel für multimedialen und fächerübergreifenden Musikunterricht.
In: Musik und Individuum (Vgl. 2.41).

4.13.005 Feudel, Elfriede:
Hören, Sehen, Bewegen . . .
(Vgl. 4.02.037).

4.13.006 Friedemann, Lilli:
Kollektivimprovisation . . .
(Vgl. 4.01.026).

4.13.007 Gojowy, D.:
Multimedia und graphische Komposition . . .
(Vgl. 4.08.017).

4.13.008 Götsch, Georg:
Musische Bildung.
Zeugnisse eines Weges. Bd. 1: Besinnung, Bd. 2: Bericht, Bd. 3: Aufgabe.
Wolfenbüttel.

4.13.009 Hentig, H. von:
Über die ästhetische Erziehung im politischen Zeitalter . . .
(Vgl. 3.02.061).

4.13.010 Höhnscheidt, Marlene:
Musische Erziehung als ganzheitliches Unterrichtsprinzip . . .
(Vgl. 3.01.107).

4.13.011 Kappeler, Maja:
Farbtöne, Tonfarben.
Zbinden, Basel 1974.

4.13.012 Kerbs, D.:
Zum Begriff der ästhetischen Erziehung.
In: Musik und Bildung 11, 1972, 4, S. 514–520 (Vgl. 2.40).

4.13.013 Kienhorst, Ellen Maria:
Experimente mit Lautgedichten und Fabeln.
H. Ball: Karawane – R. Blümner: Ango Laina – Chr. Morgenstern: Liebeserklärung des Raben Ralf usw. In: Roscher (Hrsg.): Polyästhetische Erziehung Verlag DuMont Schauberg, Köln 1976, S. 76–89.

4.13.014 Kluge, N.:
Vom Geist musischer Erziehung.
Grundlegende und kritische Beiträge zu einem Erziehungsprinzip. Darmstadt 1973.

4.13.015 Kolneder, Walter:
Singen – Hören – Schreiben . . .
(Vgl. 4.02.076).

4.13.016 Kolneder, Walter:
Visuelle und auditive Analyse.
In: Der Wandel des musikalischen Hörens. Veröffentlichungen des Instituts für Neue Musik und Musikerziehung Bd. 3.
Verlag Merseburger, Berlin 1962.

4.13.017 Krause, Siegfried:
Darstellendes Spiel . . .
(Vgl. 4.01.059).

4.13.018 Kumher, Franz:
Optische Aktionen.
Reflektorisches Farblichtspiel – Optische und akustische Aktionen usw.
In: Roscher (Hrsg.): Polyästhetische Erziehung Verlag DuMont Schauberg, Köln 1976, S. 119–131.

4.13.019 Küntzel, M. u. G.:
Klänge, Farben, Formen . . .
(Vgl. 4.01.063).

4.13.020 Küntzel-Hansen, Margrit:
Klänge hören, lesen, zeichnen . . .
(Vgl. 4.02.081).

4.13.021 Küntzel-Hansen, Margrit:
Spielen und Lernen.
Rhythmisch-musikalische Erziehung in der Grundschule. Heft 1: Rhythmisch-musikalische Übungen bei den verschiedenen Sachgebieten des Anfangsunterrichtes 1. Im Schreibunterricht, 2. Im Rechenunterricht, 3. Im Lese- und Sprachunterricht, 4. Im Musikunterricht. Übersicht über die Verwendung der Übungen im Sinne einer Erziehungshilfe . . . (Vgl. 4.03.094).

4.13.022 Maak, Rudolf:
Rhythmus in Sprache und Musik . . .
(Vgl. 4.03.099).

4.13.023 Marini, G.:
Wechselbeziehung der Unterrichtsfächer zur Musik.
In: Musikerziehung 3, 1949, S. 18 (Vgl. 2.34).

4.13.024 Matthies, Klaus:
Institutionelle Problematik eines interdisziplinären Unterrichtes.
In: Musik in Schule und Gesellschaft (Vgl. 2.38).

4.13.025 Meyer, W. / Seidel, G.:
Spielmacher-Szene . . .
(Vgl. 4.01.072).

4.13.026 Mies:
Bilder und Buchstaben werden Musik . . .
(Vgl. 4.08.039).

4.13.027 *Musikethnologie als Beispiel interdisziplinärer Zusammenarbeit* . . .
(Vgl. 3.05.076).

4.13.028 *Musiktheater, darstellendes Spiel, szenische Kantaten.*
Vgl. Kapitel 4.10.

4.13.029 *Musik und Bewegung.*
Vgl. Kapitel 4.03.

4.13.030 *Musik und Graphik.*
Vgl. Kapitel 4.08.

4.13.031 *Musik und Sprache.*
Vgl. Kapitel 4.14.

4.13.032 *Musische Erziehung.*
Vorträge, Berichte und Ergebnisse des kunstpädagogischen Kongresses
1949 in Fulda, hrsg. L, Weissmantel u. F. Hilker, Stuttgart 1950.

4.13.033 Otto, Gunter:
*Interdisziplinäre Aspekte einer künftigen Dialektik für den ästhetischen
Bereich.*
In: Musik in Schule und Gesellschaft (Vgl. 2.38).

4.13.034 Otto, Gunter:
Kunst als Prozess im Unterricht.
Braunschweig 1969[2].

4.13.035 Pape, Heinrich:
Der ganzheitliche Weg im musikalischen Anfangsunterricht.
Beiträge zur Musikerziehung 5, Wolfenbüttel 1959.

4.13.036 Preussner, E.:
Was ist musische Erziehung?
In: Österreichische Musikzeitschrift, Sonderheft „Das Orff-Schulwerk",
Wien 1962.

4.13.037 Rauhe, Hermann:
*Fächerübergreifende Verankerung und Erweiterung des Musikunterrichts
und Perspektiven seiner Integration in den Gesamtbereich ästhetischer
Erziehung.*
In: Musik in Schule und Gesellschaft (Vgl. 2.38).

4.13.038 Rauhe, Hermann:
Interdisziplinäre Aspekte eines künftigen Unterrichts – Gründe für eine
fächerübergreifende Verankerung und Erweiterung des Musikunterrichts
und Perspektiven seiner Integration in den Gesamtbereich ästhetischer
Erziehung.
In: Musik in Schule und Gesellschaft (Vgl. 2.38).

4.13.039 Read, Herbert:
Erziehung durch Kunst.
München/Zürich 1970[2].

4.13.040 Reinert, G. B. / Arnold, M. Ch.:
Das darstellende Spiel in der Schule . . .
(Vgl. 4.01.086).

4.13.041 *Rhythmische Gymnastik.*
Vgl. Kapitel 4.03.

4.13.042 Roscher, Wolfgang (Hrsg.):
Ästhetische Erziehung . . .
(Vgl. 4.01.091).

4.13.043 Roscher, Wolfgang:
Improvisatorisches Musiktheater . . .
(Vgl. 4.01.095).

4.13.044 Roscher, Wolfgang:
Klangprozesse mit Skulpturinstrumenten . . .
(Vgl. 4.01.096).

4.13.045 Roscher, Wolfgang (Hrsg.):
Polyästhetische Erziehung.
Verlag DuMont Schauberg, Köln 1976.

4.13.046 Roscher, Wolfgang:
Zur Konzeption Polyästhetischer Erziehung.
Ästhetische Funktion und funktionelle Ästhetik. Aspekte und Methoden
Polyästhetischer Erziehung. In: W. Roscher: Polyästhetische Erziehung . . . (Vgl. 4.13.045).

4.13.047 Roscher, W. / Thomas, C.:
Elementares Musiktheater . . .
(Vgl. 4.01.097).

4.13.048 Scarton, Edith:
Die Musik in der musischen Bildung.
In: Ganzheitliche Bildung 5, Oberursel 1954, S. 365–368.

4.13.049 Schafer, R. Murray:
The Rhinoceros . . .
(Vgl. 4.01.106).

4.13.050 Scherer, K. R.:
Non-verbale Kommunikation.
Hamburg 1970.

4.13.051 S .hliebe, G.:
Über motorische Synästhesie.
In: Archiv für die ges. Psych. 85, Leipzig 1932.

4.13.052 Schmidt, H.-Ch.:
Auditive und audiovisuelle musikalische Wahrnehmung . . .
(Vgl. 4.02.131).

4.13.053 Schmolke, Anneliese:
Das Bewegungstheater . . .
(Vgl. 4.03.140).

4.13.054 Schmücker, Else:
Schule und musisches Leben . . .
(Vgl. 3.01.219).

4.13.055 Schneider, M.:
Musikerfahrung über Körper und Bewegung . . .
(Vgl. 4.03.143).

4.13.056 Schoch, Rudolf:
Weckung des Formgefühls.
In: Der Musikunterricht 2, Wolfenbüttel 1955, S. 3.

4.13.057 Sellmair, J.:
Musik und musische Bildung . . .
(Vgl. 3.01.224).

4.13.058 Storb, Ilse:
Wer will schon Allzweck-Lehrer werden.
Zur Planung eines „Lernbereichs Gestaltung" für die Primarstufe. In: Neue Musikzeitung 23, 1974, 5, S. 24 (Vgl. 2.45).

4.13.059 Sydow, Kurt (Hrsg.):
Sprache und Musik.
Vorträge und Berichte der 2. Tagung „Musik in Volksschule und Lehrerbildung". Wolfenbüttel.

4.13.060 Taylor, Irmgard C.:
Lyrik mit Musik.
Querverbindungen Deutsch – Musik. In: Die Unterrichtspraxis 9, Spring Philadelphia 1976, 1, S. 62–68.

4.13.061 Thomas, W.:
Struktur und Ortsbestimmung . . .
(Vgl. 4.01.125).

4.13.062 Thomas, W.:
Wortmagie und Klangmagie.
In: Musik im Unterricht 6, 1955 (Vgl. 2.36).

4.13.063 Warner, Theodor:
Kunsterziehung als Widerstand . . .
(Vgl. 3.01.261).

4.13.064 Warner, Theodor:
Musische Erziehung zwischen Kult und Kunst . . .
(Vgl. 3.01.262).

4.13.065 Weissmantel, L. / Hilker, F.:
Musische Erziehung.
Vorträge, Berichte und Ergebnisse des kunstpädagogischen Kongresses 1949 in Fulda. Stuttgart 1950.

4.13.066 Westphal, Kurt:
Erzählende und malende Musik.
In: Beiträge zur Schulmusik 18 (Vgl. 2.04).

4.13.067 Wüthrich, Hans:
Kommunikationsspiele . . .
(Vgl. 4.01.133).

4.14 Musik und Sprache

4.14.001 Blasl, Franz:
Chormusik für die Schule.
Kapitel Auf neuen Wegen ... (Vgl. 4.11.025).

4.14.002 Drach, E.:
Sprecherziehung in der Schule in Wechselwirkung zwischen Gesang und Deutschunterricht ...
(Vgl. 4.05.015).

4.14.003 Herwig, H.:
Rhythmisch-musikalische Erziehung im Deutschunterricht ...
(Vgl. 4.03.063).

4.14.004 Hey, Julius:
Der kleine Hey ...
(Vgl. 4.05.046).

4.14.005 Jehn, M. und W.:
Wir spielen ein Bilderbuch.
Aufzeichnungen eines sprachlich-musikalischen Experiments ...
(Vgl. 4.01.044).

4.14.006 Keller, Wilhelm:
Ludi musici III ...
(Vgl. 4.01.050).

4.14.007 Kienhorst, Ellen M.:
Experimente mit Lautgedichten und Fabeln ...
(Vgl. 4.13.013).

4.14.008 Maak, Rudolf:
Rhythmus in Sprache und Musik ...
(Vgl. 4.03.099).

4.14.009 Ranke, F. O.:
Gehör, Stimme, Sprache ...
(Vgl. 4.02.111).

4.14.010 Reusch, Fritz:
Sprechfibel für Kinder und Jugendliche ...
(Vgl. 4.05.074).

4.14.011 Schafer, R. Murray:
... wenn Wörter klingen ...
(Vgl. 4.01.107).

4.14.012 Schulze, Anka:
Lebendige Ordnungen durch Atmen, Sprechen und Singen ...
(Vgl. 4.05.085).

4.14.013 *Sprache und Musik.*
Vorträge und Berichte ... (Vgl. 3.03.084).

4.14.014 Stampa, Aribert:
Atem, Sprache und Gesang ...
(Vgl. 4.05.087).

4.14.015 Sydow, Kurt (Hrsg.):
Sprache und Musik . . .
(Vgl. 4.13.059).

4.14.016 Taylor, Irmgard:
Lyrik mit Musik (Querverbindung Deutsch – Musik) . . .
(Vgl. 4.13.060).

4.14.017 Thomas, C.:
Musikalisch-rhythmische Sprech-, Klang- und Bewegungsformen . . .
(Vgl. 4.03.169).

4.14.018 Thomas, C.:
Neue Wege zu erklingender Sprache . . .
(Vgl. 4.05.091).

4.14.019 Thomas, C.:
Sprecherziehung in der Schule . . .
(Vgl. 4.05.092).

4.14.020 Thomas, W.:
Bildung zur Sprache . . .
(Vgl. 4.05.093).

4.14.021 Thomas, W.:
Erklingende Sprache . . .
(Vgl. 4.05.094).

4.14.022 Thomas, W.:
Wortmagie und Klangmagie . . .
(Vgl. 4.13.062).

4.14.023 Watzke, Oswald:
Wir analysieren einen Schlagertext . . .
(Vgl. 4.02.148).

4.15 Musikalisches Rollenspiel – Musikalische Kommunikation und Interaktion – Partnerbezogenes Musizieren

4.15.001 Gabler, Barbara:
Gruppenimprovisation als Methode der Interaktionspädagogik . . .
(Vgl. 4.01.029).

4.15.002 Hanl, Ilse:
Kultur durch Kommunikation.
Teilabdruck aus: Kreatives Schulspiel (Vgl. 4.01.033). In: Information und Versuche 5, 1976 (Vgl. 2.20).

4.15.003 Jürgen, Fritz (Hrsg.):
Interaktionspädagogik . . .
(Vgl. 3.09.003).

4.15.004 Meyer-Denkmann, Gertrud:
Struktur und Praxis neuer Musik im Unterricht.
Kapitel 4 B: Spielverhalten . . . (Vgl. 4.01.074).

4.15.005 Reinecke, Hans-Peter:
Musikalische Kommunikation im Vorschulalter.
In: Institut für Frühpädagogik (Hrsg.): Musik und Bewegung im Elementarbereich . . . (Vgl. 4.03.072).

4.15.006 Roscher, Wolfgang:
Klangprozesse mit Skulpturinstrumenten.
Kapitel Musikalische Interaktionsübungen . . . (Vgl. 4.01.096).

4.15.007 Roscher, Wolfgang:
Zur Konzeption Polyästhetischer Erziehung.
Kapitel 5: Der sozialkommunikative Aspekt . . . (Vgl. 4.13.046).

4.15.008 Scherer, K. R.:
Nonverbale Kommunikation . . .
(Vgl. 4.13.050).

4.15.009 Schnebel, Dieter:
Schulmusik.
Erfahrungen I 1, 2: Blasmusik, Gesums . . . (Vgl. 4.01.112).

4.15.010 Vetter, H. J.:
Gesellschaftsspiele lernen . . .
(Vgl. 4.01.129).

4.15.011 Wüthrich, Hans:
Kommunikationsspiele.
Möglichkeiten musikalischen Rollenspiels . . . (Vgl. 4.01.133).

4.15.012 Zöller, Gerda:
Musik und Bewegung im Elementarbereich – Ein Beitrag zur Kommunikations- und Kreativitätserziehung . . .
(Vgl. 4.01.134).

4.16 Tonbandtechnik – Akustik – Elektronische Musik

4.16.001 Blaukopf, Kurt:
Der Einbruch der Elektroakustik in die musikalischen Verhaltensweisen Jugendlicher.
In: Schule ohne Musik? (Vgl. 2.53).

4.16.002 Borwick, John (Hrsg.):
Sound Recording Practice.
A Handbook compiled by the Association of Professional Recording Studios. Oxford University Press, London 1976.

4.16.003 Dwyer, Terence:
Making electronic music.
A course for schools. 2 Schüler- und 1 Lehrerheft. 2 Platten. Music Departement Oxford University Press, London 1975.

4.16.004 Eimert, H. / Humbert, H. U.:
Das Lexikon der elektronischen Musik.
Bosse Musik Paperback, G. Bosse Verlag, Regensburg 1973.

4.16.005 Hagen, Rudolf:
         Elektronische Musik in der Schule ...
         (Vgl. 4.12.034).

4.16.006 Kaegi, Werner:
         Was ist elektronische Musik? ...
         (Vgl. 4.12.054).

4.16.007 Karkoschka, Erhard:
         Eine Hörpartitur elektronischer Musik ...
         (Vgl. 4.02.068).

4.16.008 Karkoschka, Erhard:
         Ein Synthesizer im Musikunterricht.
         In: Musik und Individuum (Vgl. 2.41).

4.16.009 Kleinen, G. / Lägel, H.:
         Tontechnik, Montagen, Collagen ...
         (Vgl. 4.01.053).

4.16.010 Kölsch, Hans:
         Unterrichtserfahrungen mit elektronischer Musik ...
         (Vgl. 4.12.069).

4.16.011 Lehr, Wilhelm:
         Kreatives Spiel mit Klängen ...
         (Vgl. 4.01.066).

4.16.012 Lehr, Wilhelm:
         Schöpferisches Spiel mit Klängen ...
         (Vgl. 4.01.067).

4.16.013 Pech, K.:
         Die akustische Analyse des Schalls und die Möglichkeit ihrer breiteren praktischen Verwendung.
         In: Forschung i. d. Musikerziehung 2, 1969 (Vgl. 2.17).

4.16.014 Salbert, Dieter:
         Live-Elektronik und Tonbandmusik in der Aus- und Fortbildung von Musikpädagogen ...
         (Vgl. 3.03.074).

4.16.015 Schubert, Reiner:
         Für die Unterstufe: Anregungen zur Arbeit mit Unterrichtsmitteln (Notenfolien/Tonbandgerät).
         Mit Notenbsp. In: Musik in der Schule 27, 1976, 2/3, S. 81–84 (Vgl. 2.37).

4.16.016 Tünker, H.:
         Musikelektronik ...
         (Vgl. 4.12.133).

4.17 Musikerziehung und Massenmedien

4.17.001 Battenberg, Hermann:
Dramaturgische und ideologische Funktionen der Musik in der Fernseh-
serie „Bonanza".
In: R. Stephan (Hrsg.): Schulfach Musik. Schott, Mainz 1976.

4.17.002 Blaukopf, Kurt:
Der Einbruch der Elektroakustik . . .
(Vgl. 4.16.001).

4.17.003 Fehling, Reinhard:
Manipulation durch Musik . . .
(Vgl. 3.02.045).

4.17.004 Fuchs, Peter:
Schulfunk als musikdidaktisches Seminar.
Reihe Curriculum Musik 2 (Vgl. 2.48).

4.17.005 Gaisbauer, D.:
Musikalische Selbsttätigkeit der Jugend im Kraftfeld der technischen
Medien . . .
(Vgl. 3.02.054).

4.17.006 Graetschel, Wolfgang:
Technische Medien im schulischen Musikunterricht – Ballast oder Be-
reicherung?
In: Schule ohne Musik? (Vgl. 2.53).

4.17.007 Grauwiller, Ernst:
Schulfunk als Unterrichtshilfe.
Eine Methodik mit praktischen Beispielen. Sauerländer, Aarau 1951.

4.17.008 Günther, U.:
Der Einfluss der Technischen Mittler auf die Musikdidaktik . . .
(Vgl. 3.01.087).

4.17.009 Holzamer, K.:
Kind und Radio.
Olten 1954.

4.17.010 Kirchner, G.:
Hören und Musizieren als didaktisches Problem im Zeitalter der Massen-
medien . . .
(Vgl. 3.01.129).

4.17.011 Kleinen, G. / Lägel, H.:
Tontechnik, Montagen, Collagen.
Medien im Unterricht. Kapitel 1: Musik und Medien . . . (Vgl. 4.01.053).

4.17.012 Kraus, E.:
Der Einfluss der Technischen Mittler auf die Musikerziehung unserer
Zeit . . .
(Vgl. 3.01.137).

4.17.013 Kühn, Hellmut:
Analyse von Rundfunkprogrammen . . .
(Vgl. 4.02.080).

4.17.014 Motte-Haber, Helga de la:
Kinderfernsehen – eine Provokation für die Musikpädagogik?
In: Musik in den Massenmedien Rundfunk und Fernsehen. Schott, Mainz.

4.17.015 Motte-Haber, Helga,de la:
Medien und Schule.
Pädagogische Sendung und pädagogische Sendungen. In: R. Stephan (Hrsg.): Schulfach Musik. Schott, Mainz 1976, S. 70–78.

4.17.016 *Musikerziehung und Massenmedien.*
In: Schule ohne Musik? (Vgl. 2.53).

4.17.017 Neumann, Kurt K.:
Sozialpädagogik – Medien – Musik . . .
(Vgl. 3.02.113).

4.17.018 Panofsky, W.:
Orff-Schulwerk im Rundfunk.
In: Orff-Inst. Jahrb. 1, Mainz 1962.

4.17.019 Pape, Winfried:
Musikkonsum und Musikunterricht . . .
(Vgl. 3.02.115).

4.17.020 Rauhe, Hermann:
Hören und Musizieren als didaktisches Problem im Zeitalter der Massenmedien . . .
(Vgl. 4.02.113).

4.17.021 Regner, H.:
Das Orff-Schulwerk im Hörfunk und im Fernsehen.
In: Orff Inst. Jahrb. 3, Mainz 1969.

4.17.022 Reinecke, Hans-Peter:
Massenmedien und Musikkultur . . .
(Vgl. 3.02.129).

4.17.023 Schmidt, H.-Ch.:
Auditive und audiovisuelle musikalische Wahrnehmung im experimentellen Vergleich.
Fernsehdidaktische Überlegungen . . . (Vgl. 4.02.131).

4.17.024 Schmidt, H.-Ch.:
Erziehung zum Musikhören: Fernsehen . . .
(Vgl. 4.02.132).

4.17.025 Schmidt, H.-Ch.:
Fernsehen (auditive/audiovisuelle Rezeption) . . .
(Vgl. 4.02.133).

4.17.026 Schmidt, H.-Ch.:
Musikalische Titel von Serien-Sendungen des Fernsehens.
Überlegungen zu einer alltäglichen Erscheinung. In: Musik in den Massenmedien Rundfunk und Fernsehen. Schott, Mainz.

4.17.027 Schmidt, H.-Ch.:
Musik im Fernsehen – Bericht von einem Unterrichtsmodell für die Sekundarstufe I.
In: Schule ohne Musik? (Vgl. 2.53).

4.17.028 Schmidt, H.-Ch. (Hrsg.):
Musik in den Massenmedien Rundfunk und Fernsehen.
Schott, Mainz.

4.17.029 Schmidt, H.-Ch.:
Radiothek, Konzeption, Struktur und Zielsetzung einer jugendspezifischen Wort- und Musiksendung des Hörfunks.
In: Musik in den Massenmedien Rundfunk und Fernsehen . . . (Vgl.
4.17.028).

4.17.030 Spangemacher, Friedrich:
Die Musik in der ,,Sesamstrasse".
In: Musik in den Massenmedien . . . (Vgl. 4.17.028).

4.17.031 Well, Bernhard:
Funktion und Metafunktion von Musik im Fernseh-Serienfilm, dargestellt
an ,,Der Fall von nebenan" ARD.
Eine Modell-Analyse. In: Musik in den Massenmedien . . . (Vgl.
4.17.028).

4.18   Musikerziehung und Musikgeschichte

4.18.001 Abel-Struth, Sigrid:
Aktualität und Geschichtsbewusstsein der Musikpädagogik . . .
(Vgl. 3.01.001).

4.18.002 Alt, Michael:
Das musikalische Kunstwerk.
Musikkunde in Beispielen für Gymnasien. Schwann, Düsseldorf 1965/66.

4.18.003 *Aus dem Leben und Schaffen grosser Musiker.*
Heft 1 bis 6. Volk und Wissen Volkseigener Verlag, Berlin.

4.18.004 Berger, Gregor:
Béla Bartók.
In: Beiträge zur Schulmusik 1963 (Vgl. 2.04).

4.18.005 Berger, Gregor:
Igor Stravinsky.
In: Beiträge zur Schulmusik 17 (Vgl. 2.04).

4.18.006 Bücken, Ernst:
Musikerbriefe.
Wiesbaden 1940.

4.18.007 Daube, Otto:
Johann Sebastian Bach . . .
(Vgl. 4.02.026).

4.18.008 Fischer, Hans:
Vergleichende Musikkunde.
Möseler, Wolfenbüttel 1960.

4.18.009 Handschin, J.:
Musikgeschichte.
Hrsg. F. Brenn. Luzern 1948.

4.18.010 Herzfeld, Friedrich:
Kleine Geschichten grosser Meister.
Wien 1941.

4.18.011 Herzfeld, Friedrich:
Kleine Musikgeschichte für die Jugend.
Berlin-Schöneberg o. J.

4.18.012 Hinders-Kutsche, Rotraut:
Donnerblitzbub Wolfg. Amadeus Mozart.
Stuttgart 1956.

4.18.013 Huch, Felix:
Der junge Beethoven.
Ebenhausen-München 1958.

4.18.014 Kahl, Willi:
Selbstbiographien deutscher Musiker.
Kamp-Lintford 1948.

4.18.015 Kramarz, Joachim:
Das Streichquartett.
In: Beiträge zur Schulmusik 9 (Vgl. 2.04).

4.18.016 Kraus, Egon:
Einführung in die Gregorianik auf dem Wege der improvisatorischen Musikübung . . .
(Vgl. 4.07.039).

4.18.017 Laux, K.:
Ludwig van Beethoven.
Genius der Nation. Verlag Junge Welt, Berlin 1954.

4.18.018 Linke, N. / Kneip, G.:
Robert Schumann.
Zur Aktualität romantischer Musik, mit 43 Abb. In: Materialien zur Didaktik und Methodik des Musikunterrichts 4. Breitkopf & Härtel, Wiesbaden 1978.

4.18.019 Lugert, Wulf Dieter:
Grundriss einer neuen Musikdidaktik.
Kapitel 1: Klassische Inhalte der Musikerziehung . . . (Vgl. 3.01.166).

4.18.020 Martens, M.:
Musikalische Formen in historischen Reihen.
3 Bde. Wolfenbüttel 1958.

4.18.021 Mörike, Eduard:
Mozart auf der Reise nach Prag.
Stuttgart 1956.

4.18.022 Moser, Hans Joachim:
Die Gottesdienstmusik der Protestanten.
In: Beiträge zur Schulmusik 10 (Vgl. 2.04).

4.18.023 Reck, Géza:
W. A. Mozart.
Lebenswege in Bildern. München 1955.

4.18.024 Rehberg, Karl:
Deutsche Musikkunde.
Berlin 1950.

4.18.025 Riehl, Wilhelm:
Der Stadtpfeifer.
Stuttgart 1956.

4.18.026 Sabel, Hans:
Der gregorianische Choral.
In: Beiträge zur Schulmusik 15 (Vgl. 2.04).

4.18.027 *Schallplatten für den Unterricht* (klassische Musik, kommentiert) . . .
(Vgl. 4.02.129).

4.18.028 Schmidt, Hugo-Wolfram:
Die Suite im Musikunterricht.
In: Beiträge zur Schulmusik 22 (Vgl. 2.04).

4.18.029 Schmidt, H. W. / Weber, A. (Hrsg.):
Die Garbe.
Ein Musikwerk für höhere Schulen. Musikkunde. Teil I: Von der Antike
bis Gluck. Teil II: Von Haydn bis Schumann. Teil III: Von Berlioz bis
Hindemith. Tonger, Köln 1950, 1953 und Gerig, Köln 1967.

4.18.030 Schnerich, A. / Nohl, L.:
Joseph Haydn.
Stuttgart.

4.18.031 Schröter, Werner:
Das Klavierkonzert.
In: Beiträge zur Schulmusik 25 (Vgl. 2.04).

4.18.032 Schütze, Elisabeth:
Bachbüchlein für jedermann.
Berlin 1950.

4.18.033 *Telemann und die Musikerziehung* . . .
(Vgl. 3.06.037).

4.18.034 *Traditionelle Musik in variablen Sätzen:*
Festliche Barockmusik für Spielmusikgruppen, hrsg. F. Blasl, Universal
Edition 20002, Wien.
Musik österreichischer Monarchen, hrsg. R. Clemencic, Universal Edi-
tion 20021, Wien.
Spielmannstänze des Mittelalters 1, hrsg. K. Walter, Universal Edi-
tion 20008, Wien.
Spielmannstänze des Mittelalters 2, hrsg. K. Walter, Universal Edi-
tion 20013, Wien.
Tänze aus Wien für 2 Violinen u. Violoncello, hrsg. W. Deutsch, Universal
Edition 20003, Wien.

4.18.035 Valentin, Erich:
Kleine Bilder grosser Meister.
55 Komponisten-Porträts vom Mittelalter bis zur Gegenwart (Neuausgabe). Schriftenreihe B 6, Schott, Mainz 1975.

4.18.036 Valentin, Erich:
Von deutscher Musik.
Regensburg 1958.

4.18.037 Westphal, Kurt:
Erzählende und malende Musik . . .
(Vgl. 4.13.066).

4.18.038 Witeschnik, Alexander:
Wolfgang und Nannerl.
Wien 1954.

4.18.039 Würz, Anton:
Mozart in seinen Briefen.
Stuttgart 1956.

4.19 Musikerziehung und aussereuropäische Musik

4.19.001 Günther, H.:
Grundphänomene und Grundbegriffe des afrikanischen und afro-amerikanischen Tanzes.
Universal Edition, Wien.

4.19.002 Helms, Siegmund:
Musikpädagogik und aussereuropäische Musik.
In: Musik und Bildung 8, 1976, 4, S. 192–195 (Vgl. 2.40).

4.19.003 Helms, Siegmund:
Über die Beurteilung aussereuropäischer Musik . . .
(Vgl. 3.08.025).

4.19.004 Kienhorst, Ellen Maria:
Kulturethnologie als Unterrichtsimpuls.
Vergleich kontrastierender Klangbeispiele europäischer und aussereuropäischer Vokalmusik im Musikunterricht der Primarstufe – Dämonenaustreibung als Gegenstand musikalischer Reflexion, Improvisation u. Rezeption usw. In: Roscher (Hrsg.): Polyästhetische Erziehung . . . (Vgl. 4.13.045).

4.19.005 Reinhard, Kurt:
Einführung in die Musikethnologie.
In: Beiträge zur Schulmusik 21 . . . (Vgl. 2.04).

4.19.006 Suttner, Kurt:
Musik aus Madagaskar.
In: Musik und Bildung 7, 1975, 1, S. 19–22 (Vgl. 2.40).

4.20 Schulmusikbücher — Lehrgänge — Lehrerhandbücher — Kursprogramme — Musiklehre

4.20.001 Abel-Struth, Sigrid:
Musikalische Grundausbildung.
Handbuch für die elementare Musikerziehung in Schulen. Frankfurt/M. 1967.

4.20.002 Abel-Struth, Sigrid:
Musikalischer Beginn in Kindergarten und Vorschule.
Bd. 1: Situation und Aspekte. Bd. 2: Praktikum. Bd. 3: Materialien.
Bärenreiter, Kassel 1975, 1976, 1977.

4.20.003 Alt, M. (Hrsg.):
Musikkunde in Beispielen.
Düsseldorf 1957 ff.

4.20.004 Altmann, G.:
Musikalische Formenlehre.
Volk und Wissen Volkseigener Verlag, Berlin 1968.

4.20.005 Auerbach, Lore:
Musiklehre — Musik-lernen . . .
(Vgl. 3.01.021).

4.20.006 Beerli, Hugo:
Musik, Music, Musica, Musique.
Einführung in die Musik in Wort, Ton und Bild. Oberstufe. Helbling, Volketswil-Zürich 1976, 1977.

4.20.007 Beerli, H. / Kraus, E. / Rinderer, L. (Hrsg.):
Von der Musik und ihren grossen Meistern.
Musikkunde. Helbling, Volketswil-Zürich 1968.

4.20.008 Benzing-Vogt, Irmgard:
Methodik der elementaren Musikerziehung . . .
(Vgl. 3.01.025).

4.20.009 Berzheim, N. / Meier, U.:
Aus der Praxis der elementaren Musik- und Bewegungserziehung . . .
(Vgl. 4.03.008).

4.20.010 Borris, Siegfried:
Klingende Elementarlehre.
Berlin 1952.

4.20.011 Breckoff, W. u. a.:
Musik aktuell.
Informationen, Dokumente, Aufgaben. Ein Musikbuch für die Sekundar- und Studienstufe. Bärenreiter, Kassel u. Basel 1971.

4.20.012 Breckoff, W. / Küntzel-Hansen, M. u. a. (Hrsg.):
Musikbuch — Primarstufe A.
Schroedel, Hannover 1971.

4.20.013 Breckoff, W. u. a. (Hrsg.):
Musikbuch — Primarstufe B.
Schroedel, Hannover 1975.

4.20.014 Bündig, Günter (Hrsg.):
Musik.
Lehrbuch für Klasse 4. Volk und Wissen, Berlin 1974.

4.20.015 Cadenbach, Rainer:
Das musikalische Kunstwerk.
Grundbegriffe einer undogmatischen Musiktheorie. Bosse, Regensburg 1978.

4.20.016 *Curriculum Musikalische Früherziehung.*
Musikschulfassung, 1.–4. Halbjahr. Unterrichtsprogramm, Musikfibel, Elternblätter. Bosse, Regensburg 1974.

4.20.017 Daniel, Ladislav:
Intervall-Lehre.
Programmiertes Lehrbuch. Hansen, Frankfurt a. M. 1968.

4.20.018 Daube, O (Hrsg.):
Musik.
Lehrerhandbuch. Weinheim, Basel 1973.

4.20.019 Dwyer, Terence;
Making electronic music.
A cours for schools . . . (Vgl. 4.16.003).

4.20.020 Fegers, Karl:
Arbeitsplan für die Grundausbildung an den Musikschulen.
Möseler, Wolfenbüttel u. Zürich 1977.

4.20.021 Fischer, Wilfried u. a. (Hrsg.):
Musikunterricht:
Grundschule 1.–4. Schuljahr, einschliesslich Vorklasse. Schott, Mainz 1976.

4.20.022 Friedemann, Lilli:
Kinder spielen mit Klängen und Tönen . . .
(Vgl. 4.01.025).

4.20.023 Fuchs, P. / Gundlach, W.:
Unser Musikbuch für die Grundschule – Dudelsack.
Klett, Stuttgart 1977.

4.20.024 Gericke, Hermann P.:
Kleine Handwerkslehre für Laienmusiker.
Bärenreiter, Basel 1961.

4.20.025 Gohl, Willi u. a.:
Musik auf der Oberstufe.
2. Teil: Musiklehre. Notenschrift – Metrum/Takt – Dynamik/Agogik – Intervalle – Tonarten – Drei- und Vierklänge – Motiv/Thema – Klangimprovisationen – Neue Klänge – Formenlehre – Musikinstrumente – Musik in der Zeit . . . (Vgl. 4.11.095).

4.20.026 Grabner, Hermann:
Allgemeine Musiklehre.
Bärenreiter, Basel 1978.

4.20.027 Heer, Josef u. a.:
Ein Musikbuch für die Sekundarstufe I.
Diesterweg, Frankfurt.

4.20.028 Heer, Josef u. a.:
Ein Musikbuch für die Sekundarstufe II.
Diesterweg, Frankfurt.

4.20.029 Herzfeld, Friedrich:
Alles über Musik.
Mainz 1959.

4.20.030 Hindemith, Paul:
Übungsbuch für elementare Musiktheorie.
Schott, Mainz 1975.

4.20.031 Hoffmann, Freia:
Musiklehrbücher in den Schulen der BRD ...
(Vgl. 3.05.037).

4.20.032 Hohlfeld, Ch. / Rauhe, H.:
Grundlagen der Musiktheorie.
Eine methodisch-praktische Elementarlehre. Möseler, Wolfenbüttel.

4.20.033 Hölscher, B. u. a.:
Klang und Zeichen.
Bd. 1: Musiklehrbuch für die Grundschule. Bd. 2: Klassen 5–8 ... (Vgl.
4.01.043).

4.20.034 Hopf, Helmut u. a.:
Grundausbildung in Musik für Musikschule (1. Unterrichtsjahr) und Primarstufe (1.–2. Jahr).
Bosse, Regensburg 1977.

4.20.035 Hopf, Helmut u. a.:
Grundausbildung in Musik für Musikschule (2. Unterrichtsjahr) und Primarstufe (3.–4. Unterrichtsjahr).
Bosse, Regensburg 1978.

4.20.036 Hopf, Helmut u. a. (Hrsg.):
Lehrbuch der Musik.
Bd. 1: Primarschulstufe. Elementare Einführung in die Welt der Musik.
Bd. 2: 5./6. Schuljahr. Musikgeräte – Geräusche – Klänge, Reihen,
Akkorde – Themen, Formen – Werkbetrachtungen usw. Bd. 3: Sekundarschulstufe. Soziale Aspekte des Musikkonsums – Querverbindungen
zu andern Fächern usw. Möseler, Wolfenbüttel 1972.

4.20.037 Hörler, E.:
Kleine Musiklehre.
Übungsteil zum Schweizer Singbuch für die Oberstufe. Zürich.

4.20.038 Jelinek, H.:
Anleitung zur Zwölftonkomposition.
Wien 1952.

4.20.039 Jöde, F.:
Elementarlehre.
Mainz 1953.

4.20.040 Juon, Peter:
Elementare Musiktheorie.
Pelikan, Zürich.

4.20.041 Keller, W.:
Einführung in Musik für Kinder.
Mainz 1954.

4.20.042 Kokemohr, Elisabeth:
Dogmatismus als Problem der Schulbuchrezeption.
Beispiel: Schulmusikbücher. In: Hopf/Rauhe (Hrsg.): Schriften zur
Musikpädagogik 3 . . . (Vgl. 3.01.109).

4.20.043 Kolneder, Walter:
Geschichte der Musik.
Ein Studien- und Prüfungshelfer. In: Kolneder (Hrsg.): Musikpädago-
gische Bibliothek 5. Wilhelmshaven 1975.

4.20.044 Kolneder, Walter:
Singen – Hören – Schreiben.
Eine praktische Musiklehre . . . (Vgl. 4.02.076).

4.20.045 Kraus, E. / Oberborbeck, F. (Hrsg.):
Musik in der Schule.
Ein Musikunterrichtswerk für alle Schularten. Vorstufe: Singfibel.
100 Lieder, die das Kind mit den elementaren Grundlagen der Musik
vertraut machen.
Bd. 1: Liederbuch (1.–4. Schuljahr).
Bd. 2: Singbuch (5.–13. Schuljahr).
Bd. 3: Chorbuch für gem. Stimmen.
Bd. 4: Chorbuch für gleiche Stimmen.
Bd. 5: Musikkunde A (5.–9. Schuljahr).
Bd. 6: Musikkunde B (10.–13. Schuljahr).
Bd. 7: Musikkunde C (10.–13. Schuljahr).
Bd. 8: Leichte Chorsätze für gem.,Stimmen.
Möseler, Wolfenbüttel 1953–1955.

4.20.046 Mackamul, Roland:
Lehrbuch der Gehörbildung . . .
(Vgl. 4.02.088).

4.20.047 Matthes, René:
Elementare Musikerziehung.
Methodisch-didaktischer Leitfaden unter besonderer Berücksichtigung des
Blockflötenunterrichts. Basel/Kassel 1951.

4.20.048 Meierhofer, Hans:
Harmonielehre.
Theorieheft. EES 510, Eulenburg, Adliswil-Zürich.

4.20.049 Meierhofer, Hans:
Übungen und Analysen zur Harmonielehre.
EES 511, Eulenburg, Adliswil-Zürich.

4.20.050 Moser, H. J.:
Allgemeine Musiklehre.
Berlin 1955^2.

4.20.051 Moser, H. J.:
Harmonielehre.
Berlin 1954.

4.20.052 *Musikalische Früherziehung.*
Unterrichtsprogramme 1.–4. Halbjahr. G. Bosse Verlag, Regensburg.

4.20.053 *Musikkunde in Beispielen.*
Hrsg. Deutsche Grammophongesellschaft, mit Kommentierung zu den Langspielplatten von M. Alt. Düsseldorf.

4.20.054 Neuhäuser, M. u. a.:
Resonanzen.
Arbeitsbuch für den Musikunterricht, Sekundarstufe I. Diesterweg, Frankfurt a. M. 1973.

4.20.055 Neuhäuser, Meinolf:
Zaubernotenfibel für die musikalische Früherziehung in Kindergarten, Vorschulklassen und Elternhaus.
Diesterweg, Frankfurt a. M. 1970.

4.20.056 Paynter, J. / Aston, P.:
Sound and Silence . . .
(Vgl. 4.01.081).

4.20.057 Pezold, H. / Herberger, R.:
Musik.
Lehrbuch für die Klassen 9 & 10. Volk und Wissen, Berlin 1975.

4.20.058 Rabsch, E.:
Musik.
Ein Schulwerk für die Musikerziehung. Frankfurt a. M. 1953.

4.20.059 Rabsch, E. / Heer, J. (Hrsg.):
Musik.
Ein Schulwerk für die Musikerziehung an Grund- und Hauptschulen. Diesterweg, Frankfurt a. M. 1969.

4.20.060 Rapin, Jean-Jacques:
Schlüssel zur Musik.
SABE Verlagsinstitut für Lehrmittel, Zürich 1972–75.

4.20.061 Ratz, Erwin:
Musikalische Formenlehre als pädagogische Aufgabe.
In: Heller, F. C. (Hrsg.), Gesammelte Aufsätze. Universal Edition, Wien 1975.

4.20.062 Rehberg, Karl:
Deutsche Musikkunde.
Lehrbuch für Haupt- und Realschulen. Edition Merseburg, Berlin.

4.20.063 Renggli, Willi:
MEZ-Plan.
Musikerziehung im Grundschulalter. Pelikan, Zürich.

4.20.064 Renggli, Willi:
Praxis der musikalischen Elementarerziehung.
Lehrerband + Schülerheft. Pelikan, Zürich 1978.

4.20.065 *Rhythmisch-musische Erziehung* . . .
(Vgl. 4.03.117).

4.20.066 Rinderer, Leo:
Ein Weg zur Musik.
Lehr- und Arbeitsbuch für die 5. und 6. Schulstufe aller Schultypen, Orientierungsstufe. Sikorski, Hamburg 1975.

4.20.067 Röösli, J. / Keller-Löwy, W.:
Mein Erlebnis Musik ...
(Vgl. 4.01.089).

4.20.068 Röösli, J. / Zihlmann, H.:
Arbeitsheft Musik 1–3 ...
(Vgl. 4.01.090).

4.20.069 Sabel, Hans:
Musikunterricht konkret.
Informationen, Anregungen, Modelle für die Sekundarstufe I. Diesterweg, Frankfurt a. M. 1976.

4.20.070 Scheidler, B.:
Elementare Musikerziehung.
Teil 1 und 2. Regensburg 1950.

4.20.071 Schibler, Armin:
Vom Körper zum Schlagzeug ...
(Vgl. 4.03.135).

4.20.072 Schliess, R. / Lischka, R.:
Ton und Taste.
Unterrichtswerk für Musik auf der Sekundarstufe I. Lehrbuch + Arbeitsheft. Schöningh, Paderborn 1975.

4.20.073 Schmidt, H. W. / Weber, A. (Hrsg.):
Die Garbe.
Ein Musikwerk für Schulen. Musikkunde I–V. – Musikalische Gestaltenlehre. HG 458. Musikalische Handwerkslehre. HG 459. Spielbuch für allerlei Instrumente. HG 425. Liederbuch für gl. Stimmen. HG 460. Chorbuch für gem. Stimmen. HG 461. Singebuch für Volksschulen. HG 462. Musikbüchlein für jedermann (Schmidt/Schweizer). HG 406. Gerig, Köln 1950 –.

4.20.074 Schneider, Willy:
Gelesen – gelernt.
Elementare Musikkunde. Schott, Mainz 1970.

4.20.075 Schneider, Willy:
Was man über Musik wissen muss
Musiklehre für jedermann. Schott, Mainz 1954.

4.20.076 Schubert, L. (Hrsg.):
Musik.
Lehrbuch für die Klassen 11 und 12. Volk und Wissen, Berlin 1974.

4.20.077 Sengstschmid, Johann:
Kreatives Spiel mit Tönen.
Ein Leitfaden für den Musik- und Instrumentalunterricht ... (Vgl. 4.01.119).

4.20.078 Sydow, Kurt:
Wege der elementaren Musikerziehung.
Bärenreiter, Kassel u. Basel 1955.

4.20.079 Teuscher, H.:
Musiklehre am Volkslied.
Heilbronn 1949.

4.20.080 Villiger, Edwin:
Elementare Musiklehre in drei Teilen.
Pelikan, Zürich 1955.

4.20.081 Wanner, T.:
Handwerkslehre zur Musikerziehung für Lehrkräfte der Volksschule.
Basel/Kassel 1954.

4.20.082 Warner, Theodor:
Handwerkslehre der Musikerziehung . . .
(Vgl. 3.03.094).

4.20.083 Weidmann, Ernst:
Zur Problematik der Musiklehre im Musikunterricht . . .
(Vgl. 3.01.264).

4.20.084 Werdin, Eberhard:
Musikalische Grundausbildung am Lied . . .
(Vgl. 4.11.343).

4.20.085 Wolf, Erich:
Die Musikausbildung.
Bd. 1: Allgemeine Musiklehre. Eine musikalische Grundausbildung für jeden Anfänger. Breitkopf & Härtel, Wiesbaden 1976.

4.20.086 Wolf. Erich:
Die Musikausbildung.
Bd. 2: Harmonielehre. Breitkopf & Härtel, Wiesbaden 1972.

4.20.087 Wolf, Erich:
Die Musikausbildung.
Bd. 3: Die Lehre vom Kontrapunkt. Breitkopf & Härtel, Wiesbaden 1969.

4.20.088 Woll, Erna:
Buchprogrammiertes Musiklernen.
In: Beiträge zur Schulmusik 23 (Vgl. 2.04).

4.20.089 Woll, Erna:
Programmierte Unterweisung in der Musikerziehung.
München 1968.

4.20.090 Woll, Erna, u. a.:
Praxis der Programmierten Unterweisung im Musikunterricht.
Diesterweg, Frankfurt 1972.

4.20.091 Wolters, Gottfried (Hrsg.):
Ars musica.
Ein Musikwerk für höhere Schulen. Möseler, Wolfenbüttel u. Zürich 1962–1965.

4.20.092 Wyss-Keller, Z. / Banse-Diestel, A.:
Musikalische Früherziehung.
Illustr. Lehrerheft + 2 Beilagen, Arbeitsblätter. Pelikan, Zürich 1977.

4.21   Unterrichtsmittel – Unterrichtsraum

4.21.001 Abel-Struth, Sigrid:
Filme für den Musikunterricht.
In: Musik und Bildung 7, 1975, 4, S. 181–184 (Vgl. 2.40).

4.21.002 Abel-Struth, Sigrid:
Musikalischer Beginn in Kindergarten und Vorschule.
Bd. 3: Materialien . . . (Vgl. 4.20.002).

4.21.003 *Anschauungstafeln über Musikinstrumente . . .*
(Vgl. 4.06.001).

4.21.004 Baumberger, R.:
Eine Schweizerische Tonbänderzentrale.
In: Schweizerische Lehrerzeitung 11, 1956, S. 331.

4.21.005 Borek, Christoph:
„Hören wir heute Platten?"...
(Vgl. 4.02.012).

4.21.006 Brühl, Karl W.:
Materialien zur Hörschulung . . .
(Vgl. 4.02.019).

4.21.007 Brusatti, Otto:
Künstlerische Kreativität . . .
(Vgl. 4.01.012).

4.21.008 *Curriculum Musikalische Früherziehung . . .*
(Vgl. 3.04.008).

4.21.009 *Fernsehen im Musikunterricht.*
(Vgl. Kap. 4.17).

4.21.010 Foerster, Oskar:
Musische Bildung mit technischen Mittlern.
In: Beiträge zur Schulmusik 14 (Vgl. 2.04).

4.21.011 Goebels, Franzpeter:
Vom sinnvollen Gebrauch des Metronoms.
In: Musik im Unterricht 49, 1958, S. 5–9 (Vgl. 2.36).

4.21.012 Grauwiller, Ernst:
Schulfunk als Unterrichtshilfe . . .
(Vgl. 4.17.007).

4.21.013 Haupt, Wolfgang:
*Möglichkeiten zur Einrichtung eines Fachunterrichtsraumes und zur
Arbeit mit Unterrichtsmitteln.*
In: Musik in der Schule 26, 1975, 7/8, S. 274–276 (Vgl. 2.37).

4.21.014 Hempel, Christoph:
Gehörbildung . . .
(Vgl. 4.02.062).

4.21.015 Hendreich, Helmut:
Möglichkeiten zur Einrichtung eines Fachunterrichtsraumes.
In: Musik in der Schule 26, 1975, 10, S. 346–349 (Vgl. 2.37).

4.21.016 Ickelsheimer, E. / Baumann, W.:
Erfahrungen bei der Verwendung von Folien.
Mit Abb. In: Musik in der Schule 27, 1976, 4, S. 124–127 (Vgl. 2.37).

4.21.017 Karkoschka, Erhard:
Komponiere selbst . . .
(Vgl. 4.01.046).

4.21.018 Kleinen, G. / Lägel, H.:
Tontechnik, Montagen, Collagen . . .
(Vgl. 4.01.053).

4.21.019 Knolle, Niels:
Technische Mittler im Musik-Unterricht.
In: HiFi-Stereophonie 14, 1975, 12, S. 1348, 1350, 1352.

4.21.020 Kober, Anita:
Die Verwendung des Lesestreifens . . .
(Vgl. 4.02.073).

4.21.021 Kokemohr, Elisabeth:
Dogmatismus als Problem der Schulbuchrezeption . . .
(Vgl. 4.20.042).

4.21.022 Küntzel-Hansen, Margrit:
Klänge hören, lesen, zeichnen . . .
(Vgl. 4.02.081).

4.21.023 Kutzli, Arnold:
Unterrichtshilfen mit und für Musik in den Grund- und Hauptschulen.
In: Instrumentenbau 30, 1976, 5, S. 450.

4.21.024 Lange, Christian:
Zur rationellen Nutzung der Unterrichtsschallplatten . . .
(Vgl. 4.11.207).

4.21.025 Pimmer, Hans:
Der Altglockenturm, ein vielseitiges Lehrmittel. Mit Notenbsp.
In: Musikerziehung 28, 1974/75, 5, S. 216–218 (Vgl. 2.34).

4.21.026 Prowaznik, Bruno:
Die Schallplatte in der Musikerziehung.
Universal Edition 20033, Wien 1973.

4.21.027 Regner, Hermann:
Bücher zu Filmen und Schallplatten . . .
(Vgl. 4.07.055).

4.21.028 Regner, Hermann:
Hören lernen – Materialien zur Hörerziehung . . .
(Vgl. 4.02.119).

4.21.029 Renggli, Willi:
MEZ Arbeitsblätter.
Pelikan, Zürich.

4.21.030 Renggli, Willi:
Praxis der musikalischen Elementarerziehung . . .
(Vgl. 4.20.064).

4.21.031 Rocholl, Peter:
Fernsehfilme für die Musikpädagogik.
Wie lassen sich Produktionen, die in Sender-Archiven ruhen, auswerten?
In: Neue Musikzeitung 24, 1975, 3, S. 12 (Vgl. 2.45).

4.21.032 Roscher, Wolfgang:
Collagen, Montagen, Assemblagen mit Klangmaterialien . . .
(Vgl. 4.01.092).

4.21.033 *Schallplatten mit klassischer Musik für den Unterricht* . . .
(Vgl. 4.02.129).

4.21.034 Schubert, Reiner:
Für die Unterstufe: Anregungen zur Arbeit mit Unterrichtsmitteln . . .
(Vgl. 4.16.015).

4.21.035 Schulz, Georg:
Hinweise zur Gestaltung eines FUR und zum Einsatz des Polylux.
Mit Abb. u. Notenbeisp. In: Musik in der Schule 27, 1976, 5, S. 172−174
(Vgl. 2.37).

4.21.036 Stern, Wolfgang:
Legeblättchen im Musikunterricht.
Mit Notenbeisp. In: Musikerziehung 29, 1975/76, 1, S. 26−28
(Vgl. 2.34).

4.21.037 Thiele, Inge:
Der Fachunterrichtsraum Musik.
Mit Abb. In: Musik in der Schule 26, 1975, 4, S. 141−145 (Vgl. 2.37).

4.21.038 Thiele, Inge:
Neue Unterrichtsmittel für Musik.
In: Musik in der Schule 25, 1974, 9, S. 351−353, 360 (Vgl. 2.37).

4.21.039 Thiele, J.:
Statistische Musikanalyse als Hilfsmittel der Didaktik . . .
(Vgl. 3.08.048).

4.21.040 Thomas, W.:
Einführungsheft zu der Schallplattenreihe „Musica poetica".
In: Harmonia Mundi, Freiburg, HM 30650/59.

4.21.041 Wenz, Josef:
Musikerziehung durch Handzeichen.
Neuformung eines alten Weges. Wolfenbüttel.

4.21.042 Wyss-Keller, Z. / Banse-Diestel, A.:
Musikalische Früherziehung . . .
(Vgl. 4.20.092).

4.22 Protokolle – Lektionsbeispiele – Aufzeichnungen von Experimenten

4.22.001 Blasl, Franz (Hrsg.):
Experimente im Musikunterricht – Eine Sammlung von Protokollen . . .
(Vgl. 4.01.010).

4.22.002 Clasen, Siegfried:
Musikunterricht als auditive Wahrnehmungserziehung.
Unterrichtsbeispiel . . . (Vgl. 4.02.020).

4.22.003 Distler-Brendel, Gisela:
Erarbeiten einer Klangfarbenpartitur – Unterrichtsversuche in einem
7. Schuljahr . . . (Vgl. 4.08.006).

4.22.004 Distler-Brendel, Gisela:
Marginalien zum Oldenburger Versuch . . .
(Vgl. 3.01.054).

4.22.005 Ettl, E.:
Petruschka – Ein Modell . . .
(Vgl. 4.02.036).

4.22.006 Glathe, Brita:
Stundenbilder zur rhythmischen Erziehung . . .
(Vgl. 4.03.046).

4.22.007 Goebels, Franzpeter:
Vom Greifen zum Begreifen.
Protokoll einer Einstudierung. Universal Edition 20048, Wien.

4.22.008 Gutknecht, Henning:
Stil- und sozialgeschichtliche Musiktheateranalysen . . .
. . . Unterrichtsbeispiel . . . (Vgl. 4.02.059).

4.22.009 Hahn, W. / Rauhe, H.:
Zum didaktischen Problem . . .
(Vgl. 3.02.059).

4.22.010 Jehn, Margarete u. Wolfgang:
Wir spielen ein Bilderbuch . . .
(Vgl. 4.01.044).

4.22.011 Klöckner, Dieter:
Modellversuch „Grundschule mit Schwerpunkt Musik".
Bericht über einen Schulversuch im Primarbereich . . . (Vgl. 3.01.131).

4.22.012 Koch, Peter:
Über einige Unterrichtsversuche . . .
(Vgl. 4.02.074).

4.22.013 Land, L. R. / Vaughan, M. N.:
Music in today's classroom . . .
(Vgl. 4.01.065).

4.22.014 Lugert, Wulf Dieter:
Grundriss einer neuen Musikdidaktik mit Unterrichtsbeispielen . . .
(Vgl. 3.01.166).

4.22.015 Meyer-Denkmann, Gertrud:
Klangexperimente und Gestaltungsversuche ...
(Vgl. 4.01.073).

4.22.016 Prinz, Ulrich:
Der Stellenwert des musikalischen Kunstwerkes im Unterricht.
Demonstration an einem Beispiel . . . (Vgl. 4.02.108).

4.22.017 Renggli, Willi:
MEZ Arbeitsblätter.
Pelikan, Zürich.

4.22.018 Sabel, Hans:
Musikunterricht konkret ...
(Vgl. 4.20.069).

4.22.019 Tschache, Helmut:
Unterrichtsbeispiele zu Spiritual und Gospel ...
(Vgl. 4.12.132).

4.22.020 Venus, Dankmar:
Übertragung akustischer Eindrücke in eine elementare Partitur – Unterrichtsversuche in einem 4. Schuljahr ...
(Vgl. 4.08.048).

4.22.021 Vetter, M.:
Informationen.
Eine avantgardistische Musikstunde für Kinder . . . (Vgl. 4.12.138).

4.22.022 Woll, Erna:
Buchprogrammiertes Musiklernen.
Experimente und Erkenntnisse. In: Beiträge zur Schulmusik 25, 1970
(Vgl. 2.04).

4.22.023 Zimmerschied, D.:
Musik als Manipulationsfaktor.
Bericht über ein Unterrichtsmodell . . . (Vgl. 3.02.179).

4.23 Schulorchester – Schulkonzerte – Schulferien

4.23.001 *Concertino.*
Werke für Schul- und Liebhaberorchester. Schott, Mainz.

4.23.002 Duisburg-Kläuser, Horst:
Geglückter Versuch: Orchestermusiker in den Klassenzimmern.
Mit Abb. In: Das Orchester 23, 1975, 12, S. 762–764.

4.23.003 Fischer, Erwin:
Schulkonzerte der Musikschule Berlin-Köpenick ...
(Vgl. 3.05.022).

4.23.004 Foellbach/Kufferath:
Schulfeierbuch.
VEB F. Hofmeister Musikverlag, Leipzig 1959.

4.23.005 Gundlach, Willi:
Musikalische Feiergestaltung in der Volksschule.
In: Fortschritt und Rückbildung i. d. deutschen Musikerziehung
(Vgl. 2.18).

4.23.006 Hoffmann, A.:
Corona.
Werkreihe für Schulorchester ... (Vgl. 4.09.056).

4.23.007 Kraus, Egon:
Jugendkonzerte / die pädagogische Aufgabe der (amerikanischen) Sinfonieorchester ...
(Vgl. 3.05.056).

4.23.008 März, Marianne:
Neue Konzertformen in der Schule.
Wandelkonzerte und Musikfest statt Podiumsangst und Ausleseverfahren.
Mit Abb. In: Neue Musikzeitung 23, 1974, 6, S. 24 (Vgl. 2.45).

4.23.009 *Material zur Gestaltung sozialistischer Feierstunden* zur Jugendweihe.
Hrsg. Zentraler Ausschuss für Jugendweihe in der DDR Neue Menschen
feiern auf neue Weise. Magdeburg 1961.

4.23.010 Menzel, M.:
Festliche Chöre für Schulfeiern ...
(Vgl. 4.11.224).

4.23.011 *Orchester Schulwerk.*
Eine systematisch fortschreitende Sammlung für Orchestererziehung.
Schott, Mainz.

4.23.012 Reinartz, Horst:
Städtisches Orchester Remscheid musiziert in Schulklassen ...
(Vgl. 4.12.107).

4.23.013 Seidl, A.:
Die Hellerauer Schulfeste.
In: Deutsche Musikbücherei 2, Regensburg o. J.

4.23.014 Sieler, Ruth:
Kindertänze und Rhythmikspiele.
Kapitel Kinderfest und Karnevalsumzug ... (Vgl. 4.03.150).

4.23.015 Stumme, Wolfgang:
Ein Festival oder Musikschule als Lehrstück.
Wie Kooperation in der Regel aussehen kann – Coesfeld als Beispiel. In:
Neue Musikzeitung 24, 1975, 6, S. 26 (Vgl. 2.45).

4.23.016 *Traditionelle Musik in variablen Sätzen* ...
(Vgl. 4.18.034).

4.23.017 Wehrle, Paul:
Zur Situation von Chor und Orchester in der neuen Sekundarstufe II.
In: Musik und Bildung 7, 1975, 11, S. 570–571 (Vgl. 2.40).

4.23.018 Wolschke, Martin:
Der Weg zum Schul- und Jugendorchester.
Schott, Mainz 1952.

4.24 Begabungs- und Leistungsmessung – Zensierung – Tests

4.24.001 Auerbach, Lore:
Zum Problem von Begabung und Begabtwerden in der Musik.
In: Die Musikschule 3 (Vgl. 2.14).

4.24.002 Bader, Leo:
Der Test in der Unterrichtspraxis – Einführung am Beispiel „Setzweisen"
(7./8. Schuljahr).
In: Schule ohne Musik? (Vgl. 2.53).

4.24.003 Behne, Klaus-Ernst:
Psychologische Aspekte der Musikalität.
In: Forschung in der Musikerziehung 1974 (Vgl. 2.17).

4.24.004 Behne, Klaus-Ernst:
Seashore-Test.
In: H. Hopf / W. Heise (Hrsg.): Lexikon der Musikpädagogik, Lieferung 118 v. 1. 5. 1976. A. Henn Verlag, Kastellaun 1976.

4.24.005 Bentley, Arnold:
Messung musikalischer Fähigkeiten.
Diesterweg, Frankfurt.

4.24.006 Bentley, Arnold:
Musical Ability in Children and its Measurement.
New York 1966.
Musikalische Begabung bei Kindern und ihre Messbarkeit.
In: R. Jakoby (Hrsg.): Schriftenreihe zur Musikpädagogik 1, Frankfurt 1968.

4.24.007 Bimberg, S.:
Untersuchungen zur Hör- und Singfähigkeit . . .
(Vgl. 3.08.005).

4.24.008 Brehmer, F.:
Melodieauffassung und melodische Begabung . . .
(Vgl. 4.04.003).

4.24.009 Briessen, M. van:
Die Entwicklung der Musikalität in den Reifejahren.
In: Tumlirz (Hrsg.): Jugendkundliche Arbeiten. Langensalza 1929.

4.24.010 Butsch, Ch. / Fischer, H. (Hrsg.):
Seashore-Test für musikalische Begabung.
Huber, Bern 1966.

4.24.011 Eicke, K. E.:
Methodenprobleme der Musikalitätsforschung . . .
(Vgl. 3.08.014).

4.24.012 Ewert, U.:
Begabung und Begabungsmessung.
In: Forschung i. d. Musikerziehung 3/4, 1970, 6–9 (Vgl. 2.17).

4.24.013 Ewert, U.:
Musikalische Fähigkeiten in der frühen Kindheit . . .
(Vgl. 3.08.017).

4.24.014 Fischer, H. / Butsch, Ch.:
Seashore-Test für musikalische Begabung.
Testanweisung. Huber, Bern/Stuttgart 1966.

4.24.015 Flügel, Siegfried:
Einige Hinweise zur Vorbereitung und Durchführung der Abschluss- und Reifeprüfungen im Fach Musik.
In: Musik in der Schule 27, 1976, 1, S. 9–13 (Vgl. 2.37).

4.24.016 Frank, F.:
Die Notwendigkeit der phoniatrischen Untersuchungen bei Gesangsaufnahmeprüfungen.
In: Forschung i. d. Musikerziehung 2, 1969 (Vgl. 2.17).

4.24.017 Füller, Klaus:
Standardisierte Musiktests.
Diesterweg, Frankfurt 1974.

4.24.018 Furer, S.:
Musikalität natürlich oder künstlich.
Bern 1948.

4.24.019 Gieseler, Walter:
Grundriss der Musikdidaktik.
Kapitel 4: Begabung . . . (Vgl. 3.01.077).

4.24.020 Hoffmann, Karl:
Abschlussprüfungen im Fach Musik – reale Widerspiegelung der Resultate zehnjährigen Musikunterrichts?
In: Musik in der Schule 25, 1974, 3, S. 98–103 (Vgl. 2.37).

4.24.021 Hoffmann, Karl:
Inhaltsreiche Zensuren – nicht Sammlung unvollkommener Einzelfakten.
Gedanken zur Kontrolle, Bewertung und Zensurierung der Schülerleistungen im Musikunterricht. In: Musik in der Schule 24, 1973, 4, S. 170–176 (Vgl. 2.37).
Erwiderungen von:
Büse, Karl: Kontrolle, Bewertung, Zensurierung. In: Musik in der Schule 24, 1973, 9, S. 352–354.
Wunder, Ursula: Kontrolle, Bewertung, Zensierung. In: Musik in der Schule 24, 1973, 10, S. 405–406.
Müller, Lothar: Kontrolle, Bewertung, Zensierung. In: Musik in der Schule 24, 1973, 11, S. 441–442.
Stephan, Elvira: Kontrolle, Bewertung, Zensierung. In: Musik in der Schule 25, 1974, 3, S. 123–124.

4.24.022 Jakoby, R.:
Neue Formen der Breitenarbeit und Auslese . . .
(Vgl. 3.01.112).

4.24.023 Keller, Wilhelm:
Spielraum, Spielerfahrung und Leistungsforderung . . .
(Vgl. 3.01.126).

4.24.024 Klusen, E.:
Erfolgskontrolle im Musikunterricht.
In: Forschung i. d. Musikerziehung 7/8, 1972 (Vgl. 2.17).

4.24.025 Knoppek, Friedrich:
Zur Beurteilung im Pflichtgegenstand Musikerziehung.
In: Musikerziehung 28, 1974/75, 2, S. 69 (Vgl. 2.34).

4.24.026 Kühhass, Renate:
Die Musikzensur – Ein Zufallsprodukt?
In: Musikerziehung 27, 1973/74, 5, S. 213–215 (Vgl. 2.34).

4.24.027 Lamparter, P.:
Die Musikalität in ihren Beziehungen zur Grundstruktur der Persönlichkeit.
Leipzig 1932.

4.24.028 Long, Noel:
Exams in school.
Aural tests – Harmony and Counterpoint. In: Music in Education 38, 1974, 1/2/3 (Vgl. 2.30).

4.24.029 Michel, P.:
Über musikalische Fähigkeiten und Fertigkeiten.
In: Musikwissenschaftliche Einzeldarstellungen 12. Leipzig 1960.

4.24.030 Motte-Haber, Helga de la:
Musikalische Begabung und ihre Messbarkeit.
In: Forschung in der Musikerziehung 2, 1969, S. 69–72 (Vgl. 2.17).

4.24.031 *Münchner Musiktest Nr. 2 („MMT–2").*
Abschlusstest zum Programm „Musikalische Früherziehung". Lehrer-Testmappe. Entwickelt vom Münchner Team für angewandte Psychologie, Pädagogik und Soziologie in Zusammenarbeit mit dem Verband deutscher Musikschulen e. V. Bosse, Regensburg o. J.

4.24.032 Noack, Elisabeth:
Musikerziehung als Ausbildungs- und Prüfungsfach . . .
(Vgl. 3.01.188).

4.24.033 Pear, P. H.:
Classification of Observers as „Musical" and „Unmusical".
In: Brit. Journ. Psych. 4 (1911).

4.24.034 Reichardt, Bärbel:
Der Fachberater hospitiert: Abschluss- und Reifeprüfungen.
In: Musik in der Schule 27, 1976, 1, S. 21–22 (Vgl. 2.37).

3.24.035 Reinecke, Hans-Peter:
Über die Problematik des Testens musikalischer Fähigkeiten.
In: Bontinck/Brusatti (Hrsg.), Festschrift Kurt Blaukopf. Universal Edition, Wien 1975.

4.24.036 Schmitz, Hans-Bernd:
Leistungsmessung und Notengebung.
Ein heikles Kapitel: Zur Funktion der Benotung. In: Neue Musikzeitung 25, 1976, 3, S. 23 (Vgl. 2.45).

4.24.037 Schneider, Ernst Klaus:
Zur Problematik der „Einheitlichen Prüfungsanforderungen in der Abiturprüfung Musik".
In: Musik und Bildung 8, 1976, 4, S. 205–207 (Vgl. 2.40).

4.24.038 Schwan, W.:
Zur Entwicklung der Musikalität im vorschulpflichtigen Alter.
In: Wiss. Ztschr. der Univ. Halle 4, 1954/55.

4.24.039 Teplov, B. M.:
Psychologie des aptitudes musicales . . .
(Vgl. 3.02.167).

4.24.040 Vidor, M.:
Was ist Musikalität?
München 1931.

4.24.041 Wagner, Robert:
Untersuchungen zur Entwicklung der Musikalität.
Ein Musikleistungstest. In: H.-R. Lückert (Hrsg.): Erziehung und Psychologie 53. E. Reinhardt Verlag, München/Basel 1970.

4.24.042 Wehle, G. F.:
Unmusikalisch – infolge von Erkrankung?
In: Musik im Unterricht 48, 1957 (Vgl. 2.36).

4.24.043 Wietusch, Bernd:
Zur Problematik der Erfolgskontrolle im Musikunterricht.
In: Musik und Bildung 7, 1975, 6, S. 302–305 (Vgl. 2.40).

4.24.044 Würzl, Eberhard:
Beurteilungs- und Aufsteigebestimmungen für den Pflichtgegenstand Musikerziehung.
In: Musikerziehung 27, 1973/74, 5, S. 215–219 (Vgl. 2.34).

4.25 Neue Unterrichtsformen – Gruppenunterricht – Musikunterricht an Gesamtschulen

4.25.001 Abegg, Werner:
Instrumental-Unterricht an Gesamtschulen.
Ein Dortmunder Forschungsprojekt. In: Musica 29, Kassel 1975, 5, S. 432–433.

4.25.002 Baresel, Alfred:
Gruppenunterricht ist gar nicht neu.
In: Instrumentenbau-Zeitschrift 28, 1974, 11, S. 760.

4.25.003 Brixel, Eugen:
Gruppenunterricht im Instrumentalspiel.
Resümee der Innsbrucker Arbeitstagung der AGMÖ Februar 1975. In: Musikerziehung 28, 1974/75, 5, S. 221–223 (Vgl. 2.34).

4.25.004 Busse, H.:
Rhythmische Gestaltenbildung bei der Arbeit in der Gruppe . . .
(Vgl. 4.03.017).

4.25.005 *Die Musikschule.*
Bd. 5: Ensemblespiel und Ergänzungsfächer . . . (Vgl. 2.14).

4.25.006 Frisius, Rudolf:
Musik-Curriculum „Sequenzen".
Gesamtschule . . . (Vgl. 3.04.017).

4.25.007 Grosse-Jäger, Hermann:
Zur Differenzierung des Musikunterrichts in der Gesamtschule.
In: Musik in Schule u. Gesellschaft (Vgl. 2.38).

4.25.008 Gundlach, Willi:
Instrumentalunterricht an Gesamtschulen.
In: Musik und Bildung 7, 1975, 3, S. 125–129 (Vgl. 2.40).

4.25.009 Gundlach, W. (Hrsg.):
Musikunterricht an Gesamtschulen.
Analysen – Berichte – Materialien. In: Reihe Curriculum Musik 1, 1971, 1 (Vgl. 2.48).

4.25.010 Günther, U.:
Musikunterricht in der Gesamtschule.
In: Bildungsziele und Bildungsinhalte des Faches Musik . . . (Vgl. 3.01.136).

4.25.011 Hartwich, Dörte:
Empfehlungen der Diskussionsgruppe „Musik in der Gesamtschule".
In: Musik in Schule u. Gesellschaft (Vgl. 2.38).

4.25.012 Hartwich, Dörte:
Gedanken über das Fach Musik in der Gesamtschule.
In: Reihe Curriculum Musik 1, 1971, 1, S. 95–103 (Vgl. 2.48).

4.25.013 Jenne, M.:
Musikunterricht in der Gesamtschule . . .
(Vgl. 3.02.064).

4.25.014 Kohlmann, Walter:
Ästhetik als Wahlfach an einer Gesamtschule.
In: Musik und Bildung 6, 1974, 12, S. 672–676 (Vgl. 2.40).

4.25.015 Lorenz, K.:
Gruppenunterricht genau betrachtet.
In: Instrumentenbau 30, 1976, 5, S. 412–413.

4.25.016 Mason, James:
Ein ganz neues Unterrichtserlebnis.
Technik und Dynamik des Gruppenunterrichts. In: Instrumentenbau-Zeitschrift 29, 1975, 12, S. 762–763.

4.25.017 Mayer, Werner:
Tandem in der Musikschule.
Zwei Lehrkräfte unterrichten gemeinsam. In: Neue Musikzeitung 23, 1974, 5, S. 26 (Vgl. 2.45).

4.25.018 Musalek, Konrad:
Zur Methodik des Gruppenunterrichts in der Instrumentalmusikerziehung an PA.
In: Musikerziehung 27, 1973/74, 4, S. 158–163 (Vgl. 2.34).

4.25.019 Nardelli, Rudolf:
Möglichkeiten zeitgemässer Unterrichtspraxis.
Mit Abb. In: Musikerziehung 28, 1974/75, 2, S. 61–65 (Vgl. 2.34).

4.25.020 Probst, Werner:
Gebot der Stunde: Gruppenunterricht.
Die fachlichen Ergebnisse des Musikschulkongresses 75 in Hamburg. In:
Neue Musikzeitung 24, 1975, 2, S. 27 (Vgl. 2.45).

4.25.021 Read, Johannes:
Instrumentaler Gruppenunterricht.
Probleme der Unterweisung an Musikschulen. In: Neue Musikzeitung 23,
1974, 4, S. 25 (Vgl. 2.45).

4.25.022 Schmitt, Ingo:
Ist Gruppenunterricht nur ein Notbehelf?
Überlegungen zum instrumentalen Gruppenunterricht. In: Neue Musik-
zeitung 25, 1976, 3, S. 25 (Vgl. 2.45).

4.25.023 Segler, Helmut (Hrsg.):
Musik und Musikunterricht in der Gesamtschule.
Lehrerhandbuch. Beltz Verlag, Weinheim 1972.

4.25.024 Vetter, H. J.:
Gesellschaftsspiele lernen.
Ein erfreulicher Beitrag für den Gruppenunterricht . . . (Vgl. 4.01.129).

4.25.025 Werner-Jensen, Arnold:
Musikunterricht auf dem Weg zur Gesamtschule.
In: Musik und Bildung 6, 1974, 12, S. 677–680 (Vgl. 2.40).

4.25.026 Weyer, Reinhold:
Die Geiger würde man im Wind gar nicht hören . . .
(Vgl. 3.05.116).

4.25.027 Winkler, Georg:
Konkretisierung moderner Unterrichtsvorstellungen in der Klassenarbeit.
In: Musikerziehung 27, 1973/74, 5, S. 195–201 (Vgl. 2.34).

4.25.028 Wucher, Diethard:
Musiziergruppen als Ergänzungsfächer . . .
(Vgl. 3.07.029).

4.26   Orff-Schulwerk

4.26.001 Amtmann, P.:
Carl Orff in der Schule.
In: Das Spiel in der Schule 1, 1969.

4.26.002 Barenboim, L.:
Carl Orff, das Schulwerk und seine Aufgaben.
Leningrad 1970.

4.26.003 Bell, S.:
Orff in the Secondary Grammar School.
In: Record and Music Magazine 2, 1968.

4.26.004 Bellflower Project, Das:
Ein Schulversuch mit dem Orff-Schulwerk in Kalifornien . . .
(Vgl. 3.05.001).

4.26.005 Berg, Hans-Walter:
Das Schlagwerkspiel.
Eine Untersuchung über Wesen, Stil u. Bedeutung. In: Musik im Unterricht 10, 1964 (Vgl. 2.36).

4.26.006 Blackburn, M.:
Orff-Schulwerk (Introduction).
In: Teacher's World 1967.

4.26.007 Böhm, S.:
Spiele mit dem Orff-Schulwerk . . .
(Vgl. 4.09.016).

4.26.008 Bonte, H. G.:
Welchen Einfluss hat das Orff-Schulwerk auf Medizin und Psychologie?
In: Österreich. Musikztschr. 17, 1962.

4.26.009 Dantlgraber, J.:
Kreativität und Erziehung . . .
(Vgl. 4.01.015).

4.26.010 Feiler, M. Chr.:
Das Orff-Schulwerk.
In: Musik im Unterricht 42, 1951 (Vgl. 2.36).

4.26.011 Gersdorf, L.:
Carl Orff als Musikerzieher.
In: Musikerziehung 5, 1970 (Vgl. 2.34).

4.26.012 Gersdorf, L.:
Orff-Schulwerk und Orff-Institut.
Fotodokumentation im Auftrag des Goethe-Instituts. München 1969.

4.26.013 Göllnitz, G. / Wulf, F.:
Orff-Schulwerk . . .
(Vgl. 4.03.047).

4.26.014 Gschwendtner, Hermann:
Kinder spielen mit Orff-Instrumenten . . .
(Vgl. 4.06.012).

4.26.015 Günther, Dorothee:
Elementarer Tanz . . .
(Vgl. 4.03.051).

4.26.016 Günther, Dorothee:
Was vermag das Orff-Schulwerk bei der musischen Erziehung des Kindes?
In: Österreich. Musikzeitschrift, Sonderheft „Das Orff-Schulwerk", 1962.

4.26.017 Helldén, D.:
Das Orff-Schulwerk.
In: Musikrevy 12, Stockholm 1957.

4.26.018 Hofmarksrichter, K.:
Orff-Schulwerk in den Taubstummenanstalten.
In: Orff-Institut, Jahrbuch 1962, Mainz 1963.

4.26.019 Katz, E.:
Review of Orff-Schulwerk (4&5).
In: Am. Rec. 3, 1967.

4.26.020 Keetman, G.:
Elementaria.
Erster Umgang mit dem Orff-Schulwerk. Stuttgart 1970.

4.26.021 Keller, W.:
Das Orff-Institut in Salzburg und seine Aufgabe.
In: Musik im Unterricht 7/8, 1965 (Vgl. 2.36).

4.26.022 Keller, W.:
Das Orff-Schulwerk als musikalische Lebenshilfe.
Berlin-Charl. 1971.

4.26.023 Keller, W.:
Orff-Schulwerk und progressive Musikerziehung.
In: Musik und Bildung 11, 1969 (Vgl. 2.40).

4.26.024 Keller, W.:
Wohin führt das Orff-Schulwerk?
Antworten auf kritische Fragen. In: Musik im Unterricht 1965, S. 241 ff.
(Vgl. 2.36).

4.26.025 Keller, W.:
Zur Lehrpraxis des Orff-Schulwerks.
In: Unsere Volksschule 6, 1962.

4.26.026 Kiekert, I.:
Die musikalische Form in den Werken Carl Orffs.
Regensburg 1957.

4.26.027 Laaff, E.:
Carl Orff.
In: Musik in Geschichte und Gegenwart 9, Bärenreiter 1949 —.

4.26.028 Laaff, E.:
Der Pädagoge Orff und sein Schulwerk.
In: Musik im Unterricht 7/8, 1960 (Vgl. 2.36).

4.26.029 Langhans, H. / Lau, H.:
Das Schlagwerk . . .
(Vgl. 4.09.074).

4.26.030 Liess, A.:
Carl Orff, Idee und Werk.
Zürich 1955.

4.26.031 Liessen, G.:
Hinführung zu mittelalterlicher und neuer Musik mit Hilfe des Orff-Instrumentariums.
In: Musik und Bildung 1, 1969 (Vgl. 2.40).

4.26.032 Lohmüller, H.:
Carl Orff über sich selbst.
In: Melos 6, Mainz 1965.

4.26.033 Mathey, P.:
Orff-Schulwerk in Griechenland . . .
(Vgl. 3.05.069).

4.26.034 Murray, M.:
A note on Orff-Schulwerk in England . . .
(Vgl. 3.05.075).

4.26.035 Oberborbeck, K.:
Phantasie und Musikerziehung im Kindesalter.
Über den Einfluss von Musik und Bewegungserziehung (Orff-Schulwerk)
auf Kinder. Salzburg 1970.

4.26.036 Orff, Carl:
Cantus-Firmus-Sätze.
Zehn alte Melodien für Singstimmen oder Instrumente. Schott, Mainz.

4.26.037 Orff, Carl:
Das Schulwerk − Rückblick und Ausblick.
In: Orff-Institut, Jahrbuch 1963. Mainz 1964.

4.26.038 Orff, Carl:
Drei Chorsätze für gleiche Stimmen aus dem Orff-Schulwerk.
Schott, Mainz.

4.26.039 Orff, Carl:
Einführung in die „Musik für Kinder".
Methodik, Spieltechnik der Instrumente, Lehrpraxis. Hrsg. W. Keller.
Schott, Mainz.

4.26.040 Orff, Carl:
Grundübungen, zusammengestellt von E. Werdin.
Schott, Mainz.

4.26.041 Orff, Carl:
Liederbuch,
zusammengestellt von W. Keller. A: Unterstufe, B: Mittelstufe, C: Oberstufe. Schott, Mainz.

4.26.042 Orff, Carl:
Memorandum.
In: Musikerziehung 28, 1974/75, 5, S. 195−196 (Vgl. 2.34).

4.26.043 Orff, Carl:
Musik für Kinder.
I: Im Fünftonraum. II: Dur: Bordun-Stufen. III: Dur: Dominanten.
IV: Moll: Bordun-Stufen. V: Moll: Dominanten. Schott, Mainz.

4.26.044 Orff, Carl:
Orff-Schulwerk in der Heilpädagogik und Medizin.
In: Die Heilkunst 75, 1962.

4.26.045 Orff, Carl:
Orff-Schulwerk, Orff-Instrumentarium. Bibliographie.
In: Musik und Bildung 11, 1969, S. 524−526 (Vgl. 2.40).

4.26.046 Orff, Carl:
Reime und Spiellieder.
Schott, Mainz.

4.26.047 Orff, Carl:
Rota für Chor (Knabenstimmen od. Sopran, TBB) und Instrumente.
Schott, Mainz.

4.26.048 Orff, Carl:
Stücke für Sprechchor.
Schott, Mainz.

4.26.049 Orff, Carl:
Sonnengesang des heiligen Franziskus für 4st. Kinderchor a. c.
Schott, Mainz.

4.26.050 Orff, Carl:
Zwei geistliche Chorsätze für gleiche Stimmen aus dem Orff-Schulwerk.
Schott, Mainz.

4.26.051 Orff, C. / Keetman, G.:
Orff-Schulwerk.
Schott, Mainz.

4.26.052 Orff-Institut:
Jahrbücher 1962–1969.
Mainz 1963–1970.

4.26.053 *Orff-Schulwerk.*
Schott, Mainz.

4.26.054 *Orff-Schulwerk Informationen.*
Hrsg. Orff-Institut, Salzburg.

4.26.055 Panowsky, W.:
Orff-Schulwerk im Rundfunk ...
(Vgl. 4.17.018).

4.26.056 Ponath, L. H. / Bitcon, C. H.
A Behavioral Analysis of Orff-Schulwerk.
In: J. Music Therapy 9, 2, 56–63, 1972.

4.26.057 Preussner, E.:
Abc der musikalischen Anschauung.
Versuch einer Ortsbestimmung des Orff-Schulwerks. In: Orff-Inst.
Jahrb. 1, Mainz 1962.

4.26.058 Preussner, E.:
Der Einbruch des Elementaren in Kunst und Pädagogik.
In: Orff-Inst. Jahrb. 2, S. 67, Mainz 1963/64.

4.26.059 Regner, H.:
Bücher zu Filmen und Schallplatten:
Das Orff-Institut Salzburg ... (Vgl. 4.07.055).

4.26.060 Regner, H.:
Das Orff-Schulwerk im Hörfunk und im Fernsehen ...
(Vgl. 4.17.021).

4.26.061 Regner, H.:
Das Orff-Schulwerk und seine Instrumente ...
(Vgl. 4.06.030).

4.26.062 Regner, H.:
Das Orff-Schulwerk im Ausland ...
(Vgl. 3.05.087).

4.26.063 Reusch, F.:
Grundlagen und Ziele des Orff-Schulwerks.
Mainz 1954.

4.26.064 Rollwagen, K. H.:
Die Bedeutung des Orff-Schulwerks für lernbehinderte Kinder.
Berlin-Charl. 1971.

4.26.065 Ruppel, K. H. (Hrsg.):
Carl Orff, ein Bericht in Wort und Bild.
Mainz 1960.

4.26.066 Salziger, Dietmar:
Das erste Konzert . . .
(Vgl. 4.09.096).

4.26.067 Spina, G.:
L'insegnamento della musica – Orff-Schulwerk.
In: La Vita scolastica 17, 1969, 3.

4.26.068 Tenta, F.:
Welche Instrumente benützt das Orff-Schulwerk? . . .
(Vgl. 4.06.044).

4.26.069 Thomas, W.:
Carl Orffs ,,Musica poetica''.
In: Orff-Inst. Jahrb. 3, Mainz 1969.

4.26.070 Thomas, W.:
Das Orff-Schulwerk – eine pädagogische Provinz?
In: Orff-Inst. Jahrb. 1, Mainz 1962.

4.26.071 Thomas, W.:
Orff-Schulwerk in der Schule.
In: Orff-Inst. Jahrb. 2, Mainz 1963/64.

4.26.072 Thomas, W.:
Wege und Stufen im Orff-Schulwerk.
In: Carl Orff, Ein Bericht in Wort und Bild. Mainz 1955.

4.26.073 Thomas, W.:
Welche Bedeutung hat das Orff-Schulwerk?
In: Österreichische Musikzeitschrift, Sonderheft ,,Das Orff-Schulwerk'',
Wien 1962.

4.26.074 Twittenhoff, W.:
Orff-Schulwerk.
Einführung in Grundlagen und Aufbau. Mainz 1930.

4.26.075 Walter, A.:
Carl Orffs Music for Children.
In: The Instrumentalist, Evanston 1959.

4.26.076 Watkinsin, G.:
Improvisieren – Ordnen . . .
(Vgl. 4.07.081).

4.26.077 Werdin, Eberhard:
Grundübungen zum Orff-Schulwerk.
Schott, Mainz 1955.

4.26.078 Wismeyer, L.:
          Das Orff-Schulwerk.
          In: Handbuch der Schulmusik. Regensburg 1962.

4.26.079 Wismeyer, L.:
          Orffs Volks-Schulwerk.
          In: Musik im Unterricht 1965, S. 234 ff.

4.26.080 Zirnbauer, H.:
          Die Quellen des Schulwerks.
          In: Zeitschrift f. Musik 116, Mainz 1955.

Verzeichnis der Autoren und Herausgeber

Benesch, H.
4.03.003
Bensdorf, Ch.
4.03.004
Bensdorf, O.
4.03.005
4.03.006
Bentley, A.
4.24.005
4.24.006
Benzing-Vogt, I.
3.01.025
4.11.011
4.20.008
Berekoven, H.
3.01.026
3.01.027
Berendt, J. E.
4.12.008
Berg, H. W.
4.26.005
Berg, R.
4.05.006
Berger, G.
4.18.004
4.18.005
Berger, K.
4.12.009
Bergese, H.
4.03.007
4.03.141
4.09.011
4.09.108
4.10.043
4.11.012
4.11.013
Bergk, H.
3.02.050
3.10.005
Bergmann, W.
4.11.014
4.11.015
4.11.016
4.11.017
4.11.018
Bernet, G.
3.03.008
4.05.007
Berzheim, N.
4.01.008
4.03.008
4.20.009
Bialas, G.

4.11.019
4.11.020
Biebl, F.
4.09.012
4.10.001
4.10.002
4.10.003
4.11.021
4.11.022
4.11.023
Biehle, H.
4.05.008
Bimberg, S.
3.01.028
3.01.106
3.02.012
3.08.005
4.02.009
4.02.010
4.04.001
4.05.009
4.09.013
4.11.024
4.24.007
Binkowski, B.
3.01.029
3.01.030
3.02.013
3.02.014
3.02.015
3.02.016
3.03.009
3.04.006
3.05.002
Bitcon, C. H.
4.26.056
Blackburn, M.
4.26.006
Blasl, F.
4.01.009
4.01.010
4.05.010
4.07.005
4.09.014
4.09.015
4.11.025
4.14.001
4.22.001
Blatny
4.12.010
Blaukopf, K.
3.01.031
3.01.032

3.01.033
3.01.034
3.01.035
3.02.017
3.02.018
3.02.019
3.08.006
4.02.011
4.16.001
4.17.002
Blessinger, K.
3.08.007
Bloch, W.
3.05.003
3.06.002
Boeckx, J.
4.11.026
Bode, R.
4.03.009
4.03.010
Bogisch, E.
4.03.011
4.04.002
Bohländer, C.
4.11.027
4.12.011
4.12.012
Böhm, S.
4.09.016
4.26.007
Böhmer, H. u. I.
4.03.012
Böhmer, K.
4.12.013
Bollmann, H.
4.10.004
Bonte, H. G.
4.26.008
Borek, Ch.
4.02.012
4.21.005
Borris, S.
3.01.036
3.01.145
3.02.020
3.02.021
3.02.022
3.02.023
3.02.024
3.02.025
3.07.001
4.02.013
4.02.014

4.20.010
Borwick, J.
4.16.002
Bovet, J.
4.08.001
Brace, G.
4.02.015
4.06.002
Bräm, Th.
4.12.014
Brandl, W.
4.06.003
Brändle, W.
3.01.037
Braun, G.
3.06.003
4.12.015
Bräutigam, H.
4.09.017
Breckoff, W.
3.01.038
4.02.016
4.20.011
4.20.012
4.20.013
Brehmer, F.
4.04.003
4.24.008
Bremer, H.
3.06.004
Brenn, F.
3.02.026
Bresgen, C.
3.01.039
4.01.011
4.03.013
4.07.006
4.07.007
4.07.008
4.09.018
4.09.019
4.10.005
4.10.006
4.10.007
4.10.008
4.10.009
4.10.010
4.10.011
4.10.012
4.10.013
4.10.014
4.10.015
4.10.016

4.11.028	Bumann, U.	3.08.008	3.07.002
4.11.029	3.01.043	4.02.021	Dawidowicz, A.
4.11.030	Bündig, G.	4.03.019	3.03.014
4.11.031	4.20.014	Coker, J.	Decker-Voigt, H. H.
4.11.032	Bünner, G.	4.07.010	3.03.015
4.11.033	4.03.016	4.12.019	3.05.011
4.11.034	Buerick, R.	Coleman, S. N.	3.09.001
4.11.035	4.08.003	4.01.013	4.01.016
4.11.036	Burton, I.	Coenen, H.	4.01.017
4.11.037	4.02.015	4.10.017	Deharde, F.
4.11.038	4.06.002	4.11.046	4.07.011
Breuer, H.	Busch, W.	Constant	Deinhart, E.
4.11.039	3.01.044	4.01.014	4.09.023
Briessen, M. van	Buschmann, R. G.	Cykler, E. A.	4.09.024
4.24.009	4.07.009	3.03.011	Dello, J.
Brix, L.	4.12.017	3.03.012	3.05.012
3.02.027	Buess, H.	3.05.006	4.12.023
Brixel, E.	4.05.011	3.05.007	Deloup, R.
4.25.003	Busse, H.	3.05.008	4.11.055
Brocklehurst, B.	4.03.017	3.05.009	Dennis, B.
3.01.040	4.25.004	4.11.181	4.01.018
Brömse, P.	Butsch, Ch.	Dahlhaus, C.	4.01.019
3.01.041	4.24.010	3.01.046	4.01.020
3.01.042	4.24.014	4.02.022	4.07.012
3.02.028	Büttner, Ch.	4.02.023	4.07.013
3.02.029	4.11.042	4.12.020	4.09.025
3.02.030	Cadenbach, R.	Daniel, L.	4.09.026
3.02.031	4.20.015	4.20.017	4.09.027
4.02.017	Cammin, H.	Daniélou, A.	4.11.056
4.02.018	4.11.043	3.05.010	4.12.024
4.08.002	4.11.044	4.02.024	4.13.002
4.12.016	4.12.018	4.12.021	Depelsenaire, J.
Brücken, E.	Casella, A.	Dantlgraber, J.	4.08.004
1.03	4.06.004	4.01.015	Derbolav, J.
Brühl, K. W.	Cavin, M.	4.03.020	3.01.048
4.02.019	4.05.012	4.26.009	Desch, R.
4.21.006	Cees, S.	Darius, P.	4.11.058
Brunet-Lecomte, H.	4.06.005	3.03.013	Destunis, G.
4.03.014	Cherbuliez, A. E.	3.06.008	3.08.010
Brusatti, O.	3.05.004	3.08.009	Detoni, D.
4.01.012	3.05.005	Darmstadt, H.	4.08.005
4.21.007	3.06.005	4.11.047	Deutsch, L.
Bücher, K.	3.06.006	Daube, O.	3.02.035
4.03.015	3.06.007	4.02.026	Deutsch, W.
Bücken, E.	Chevais, M.	4.05.013	4.11.059
4.18.006	3.01.045	4.11.053	Dibelius, U.
Budde, E.	Christiansen, H.	4.11.054	4.12.025
3.03.010	4.03.018	4.18.007	Dickreiter, M.
Buhé, K.	Clasen, S.	4.20.018	4.06.006
4.09.020	4.02.020	Dauer, A. M.	Distler-Brendel, G.
4.11.040	4.22.002	4.12.022	3.01.053
4.11.041	Clauser, G.	Daus, J.	3.01.054
	3.02.032	3.02.034	3.03.016

3.05.013
3.08.011
4.02.028
4.08.006
4.22.003
4.22.004
Dohrn, W.
4.03.021
4.03.022
Donat, F. W.
3.07.005
Donath, P. W.
3.03.017
Dopheide, B.
3.05.014
4.02.029
4.02.030
4.02.031
Douglas, Th.
4.05.014
Drach, E.
4.05.015
4.13.003
4.14.002
Drahts, W.
4.09.028
4.11.060
4.11.061
4.11.062
4.11.063
4.11.064
4.11.218
Drey, W.
3.05.015
3.05.016
4.06.008
Dreyer
4.05.016
Driver, A.
4.03.023
4.03.024
Drusenthal, H.
4.09.029
Duis, E.
4.11.065
4.11.066
4.11.067
Duisburg-Kläuser, H.
4.23.002
Dwyer, T.
4.16.003
4.20.019

Ebenhöh, H.
4.09.030
4.09.031
Eckart, W.
4.09.032
Eckart-Bäcker, U.
3.08.012
Eckert, A.
4.10.018
4.11.068
4.11.069
Eckhardt, J.
3.05.017
3.05.018
Edmund, L.
4.02.032
4.08.007
4.08.008
4.12.026
Ehmann, W.
4.05.018
4.05.019
Ehrenforth, K. H.
3.01.055
3.01.056
3.04.009
4.02.033
4.02.034
Eicke, K. E.
3.01.057
3.01.058
3.01.059
3.02.038
3.08.038
3.08.013
3.08.014
4.02.035
4.13.004
4.24.011
Eigenmann, J.
3.04.010
Eimert, H.
4.16.004
Eitz, K.
4.05.017
Elsner, H.
3.08.015
4.11.070
Elste, M.
3.02.039
Emrich, E.
3.02.040

Engelmann, G.
3.02.041
Epping, A.
4.07.014
Epstein, P.
3.06.009
Erdlen, H.
4.11.071
Erdmann, A.
4.03.025
4.03.026
4.03.027
4.03.028
Erpf, H.
3.01.060
3.02.042
4.12.027
Eschen, J. Th.
3.03.018
3.03.019
3.05.019
3.05.020
Ettl, E.
4.02.036
4.12.028
4.22.005
Ettl, H.
3.04.011
Ewert, U.
3.08.017
4.24.012
4.24.013
Fährmann, R.
3.01.061
3.02.043
3.02.044
Fanderl, M.
4.09.034
Favre, G.
4.08.009
Fegers, K.
3.04.012
3.07.006
4.09.035
4.11.072
4.20.020
Fehling, R.
3.02.045
4.17.003
Feiler, M. Ch.
4.26.010
Fellerer, K. G.
3.01.062

3.01.063
3.10.004
Ferand, E.
4.07.015
Feudel, E.
4.02.037
4.03.029
4.03.030
4.03.031
4.03.032
4.03.033
4.03.034
4.03.035
4.03.036
4.13.005
Feuer/Fisch/Koch
4.11.073
4.11.074
Feurich, H. J.
3.02.046
4.11.075
Fheodoroff, N.
4.09.036
Fink/Theuring
4.08.010
Finkel, K
3.01.064
3.02.047
4.02.038
4.02.039
4.03.037
4.08.011
Fisch, S.
3.01.065
3.05.021
Fischer, Erich
4.10.019
Fischer, Ernst
4.11.076
Fischer, Erwin
3.05.022
4.23.003
Fischer, H.
1.04
3.01.066
3.01.067
3.05.023
3.06.010
4.02.040
4.11.077
4.18.008
4.24.010

4.24.014
Fischer, K. v.
3.01.068
Fischer, W.
3.03.020
3.04.013
4.20.021
Fischer-Junghann
4.05.020
Fitz, O.
3.01.069
Flügel, S.
3.02.048
3.04.014
4.02.041
4.24.015
Foellbach/Kufferath
4.23.004
Foellbach/Zimmer-
mann
4.09.037
Foltz, K.
4.08.012
Fontaine, F.
4.03.038
Forchhammer, J.
4.05.021
Forneberg, E.
3.01.070
3.03.021
3.06.011
4.05.022
Forrai, K.
4.11.079
Förstel, F.
4.07.016
Foerster, O.
4.21.010
Fortner, W.
4.02.042
Françaix, Jean
4.11.080
Frank, F.
4.24.016
Franklin, E.
3.02.049
Freitag, S.
4.05.023
4.05.024
4.05.025
Freitag, W. D.
4.02.043

Frey, K.
3.03.022
3.03.023
3.04.015
3.04.016
Friedemann, L.
4.01.021
4.01.022
4.01.023
4.01.024
4.01.025
4.01.026
4.07.017
4.07.018
4.07.019
4.07.020
4.07.021
4.07.022
4.07.023
4.09.038
4.09.039
4.09.040
4.09.041
4.11.081
4.13.006
4.20.022
Friedl, A.
3.01.071
Friedrich, W.
3.02.050
3.10.005
Friedrichs, J.
3.02.051
3.08.019
4.02.044
Frigyes, S.
3.05.025
Frisius, R.
3.01.072
3.02.052
3.04.017
3.04.018
4.02.045
4.08.013
4.09.042
4.25.006
Fritsch, J.
3.01.073
Fröbel, F.
4.11.083
Froböse, E.
4.03.039

Frommberger, H.
4.01.027
Fuchs, E.
3.02.053
Fuchs, P.
4.01.028
4.02.046
4.02.047
4.06.009
4.09.043
4.11.085
4.11.086
4.11.087
4.17.004
4.20.023
Fuchs, V.
4.05.026
Fuhrmann, R.
3.03.024
3.03.025
3.05.026
Füller, K.
4.24.017
Funk-Hennings, E.
3.09.002
4.02.048
Furck, C. L.
3.01.074
Furer, A.
4.09.044
Furer, S.
4.24.018
Furth, H. G.
3.03.026
Fusson, Werner
4.11.088
4.11.089
Futter, H.
4.11.090
Gäbel, Ch.
4.05.027
Gabl, J.
4.05.028
Gabler, B.
4.01.029
4.07.024
4.15.001
Gabschuss, K.
3.01.075
3.04.019
Gaisbauer, D.
3.02.054
3.02.055

4.01.030
4.17.005
Gallon, N.
4.02.049
4.08.014
4.08.015
Garretson, R. L.
3.01.076
Gärtner, A. H.
3.04.020
3.05.027
Gärtner, E.
4.10.016
Gass-Tutt, A.
4.03.040
4.09.045
Gattermeyer, H.
4.09.046
4.11.025
Gauger, K.
4.05.029
Gauster, Ch.
4.03.041
Gebhard, L.
4.10.020
Geck, H.
3.03.025
3.05.026
Geck, M.
3.03.027
3.03.028
Geese, H.
4.10.021
Gell, H.
4.03.042
4.03.043
Genscher, H. D.
3.02.056
Gerhardt, K.
4.03.044
Gericke, H. P.
4.20.024
Gersdorf, L.
4.26.011
4.26.012
Gieseler, W.
3.01.077
3.02.057
3.04.021
3.05.028
3.05.029
4.02.050
4.08.016

4.09.047
4.11.091
4.12.030
4.24.019
Glaser, V.
4.05.030
4.05.031
Glathe-Seifert, B.
4.03.045
4.03.046
4.22.006
Glawischnig, D.
4.12.071
Gless, D.
4.05.032
Goebels, F.
4.21.011
4.22.007
Goedel-Dreising, E.
4.11.092
Gohl, W.
3.01.078
3.01.079
4.06.010
4.07.025
4.11.093
4.11.094
4.11.095
4.11.096
4.20.025
Gojowy, D.
4.08.017
4.13.007
Goller, F.
4.10.022
Göllnitz, G.
4.03.047
4.26.013
Görschen, R. M. von
4.03.048
Götsch, G.
3.01.080
4.13.008
Götze, G.
4.02.051
4.05.033
Götze, W.
4.11.097
4.11.098
Grabner, H.
4.02.052
4.20.026

Graf, W.
4.02.053
Graefe, A.
4.03.049
Grainger, P. A.
4.11.099
Graml, K.
4.01.031
Grandjany, L.
4.02.054
Grasshoff, F.
4.11.100
Graetschel, W.
3.06.012
4.17.006
Grauwiller, E.
4.17.007
4.21.012
Graves, B.
4.12.114
Greiner, A.
4.05.034
Gremlich, W.
3.01.081
4.11.090
4.11.094
4.11.101
4.11.102
Gröning, C. H.
4.12.031
Grosse-Jäger, H.
4.25.007
Grössel, H.
3.01.082
3.01.083
Gruhn, W.
3.01.084
Gschwendtner, H.
4.06.011
4.06.012
4.26.014
Guggenmoos, J.
4.02.055
Güldenstein, G.
4.02.056
Gümmer, P.
4.05.035
Gundlach, W.
3.01.019
3.01.085
3.01.086
3.03.029
3.07.007

3.07.008
3.08.018
3.08.020
4.11.086
4.11.087
4.11.103
4.12.032
4.20.023
4.23.005
4.25.008
4.25.009
Günther, D.
4.03.050
4.03.051
4.03.052
4.26.015
4.26.016
Günther, H.
4.03.053
4.03.054
4.19.001
Günther, U.
3.01.087
3.01.088
3.01.089
3.03.030
3.03.031
3.03.032
3.03.033
3.06.013
3.08.021
3.08.022
4.02.057
4.02.058
4.06.013
4.08.019
4.17.008
4.25.010
Gutknecht, H.
4.02.059
4.22.008
Gutzmann, H.
3.08.023
4.05.036
4.05.037
4.05.038
Haag, H.
4.11.104
Haas, J.
4.11.105
4.11.106
4.11.107
4.11.108

4.11.109
4.11.110
4.11.111
4.11.112
4.11.113
4.11.114
Haase, O.
3.02.058
Hagen, R. E.
4.12.033
4.12.034
4.16.005
Hahn, G.
4.09.048
4.11.115
Hahn, R.
3.01.090
Hahn, W.
3.02.059
3.04.022
4.12.035
4.12.036
4.12.037
4.12.038
4.22.009
Halffter, C.
4.09.049
Haller, H. D.
3.04.023
Halmos, E.
3.04.024
3.05.030
Händel, G. F.
4.05.039
Handschin, J.
4.18.009
Hanl, I.
4.01.032
4.01.033
4.07.026
4.09.050
4.15.002
Hansberger, J.
4.02.060
4.12.039
Hanselmann, H.
3.01.091
Hansen, E.
3.03.034
3.05.031
Hansen, N.
4.01.034
4.10.023

Hansen, W.
4.11.116
Hardy, P.
4.12.040
Hartl, R.
4.11.117
Hartmann, F.
4.01.035
Hartung, H.
4.12.041
Hartwich-
Wiechell, D.
3.01.092
3.02.037
3.08.024
4.12.042
4.12.043
4.12.044
4.25.011
4.25.012
Harvey, J. W.
4.03.055
Haselauer, E.
3.02.060
Haselbach, B.
4.03.056
4.03.057
4.03.058
4.03.059
4.03.060
Haselböck, H.
4.07.027
Haubenstock-
Ramati, R.
4.01.036
4.01.037
4.08.020
4.09.051
Hauer, J. M.
4.09.052
Haupt, W.
3.01.093
3.05.032
4.21.013
Haus, K.
4.11.118
4.11.119
4.11.120
4.11.121
4.11.122
4.11.123
4.11.124

Hausemann, H. S.
4.06.014
Häusler, J.
4.12.045
Hauwe, P. van
1.05
Hawelka, L.
4.03.061
Heeger, G.
4.11.125
Heer, E.
4.11.126
Heer, J.
4.09.053
4.11.127
4.20.027
4.20.028
4.20.059
Hefti, J.
4.04.004
Heilmann, H.
4.11.128
4.11.129
Heindrichs, H. A.
3.01.094
3.01.095
4.12.046
4.12.047
Heinelt, G.
4.01.038
Heinitz, W.
4.03.062
Heinsch, W.
4.07.028
Heinsheimer, H. W.
3.05.033
Heise, W.
1.07
3.01.096
3.05.034
Helfritz, H.
4.11.130
Helldén, D.
4.08.021
4.26.017
Helm, H.
4.05.040
Helms, S.
3.08.025
4.02.061
4.12.048
4.19.002
4.19.003

Hempel, Ch.
4.02.062
4.21.014
Hendreich, H.
4.21.015
Henneberg, G.
1.06
4.12.049
Hensel, O.
4.05.041
Hentig, H. von
3.02.061
4.09.054
4.13.009
Henze, H. W.
4.11.132
Herberger, R.
4.20.057
Herder, R.
4.02.063
4.05.042
4.12.050
Hermann K.
4.08.022
Herrmann, H.
4.11.133
Hermann, K. E.
3.01.097
Herwig, H.
4.03.063
4.14.003
Herzfeld, F.
4.18.010
4.18.011
4.20.029
Hess, L.
4.05.043
Hess, W. R.
4.05.044
Hessenberg, K.
4.11.134
4.11.135
4.11.136
Heuler, R.
4.05.045
Hey, J.
4.05.046
4.14.004
Hilker, F.
4.13.065
Hils, K.
4.06.015

Hindemith, P.
4.10.024
4.11.137
4.11.138
4.11.139
4.11.140
4.11.141
4.11.142
4.11.143
4.20.030
Hinders-Kutsche, R.
4.18.012
Hirsch, Th.
3.01.098
Hoch, P.
4.01.039
4.01.040
4.01.041
4.01.042
4.07.029
4.09.055
4.11.144
4.11.145
4.11.146
Höchel, L.
3.08.026
4.02.064
Hofer, E.
4.03.064
Hoffmann, A.
4.09.056
4.23.006
Hoffmann, A. E.
3.05.035
3.05.036
3.06.014
4.06.016
Hoffmann, F.
3.05.037
4.20.031
Hoffmann, K.
3.01.099
3.01.100
3.01.101
3.01.102
3.01.103
3.01.104
3.01.105
3.01.106
3.04.025
3.08.027
3.08.028
4.02.065

4.11.147
4.24.020
4.24.021
Hoffmann, V.
4.02.066
Hofmarksrichter, K.
4.26.018
Hohlfeld, Ch.
4.20.032
Höhne, D.
3.03.062
3.05.080
Höhnen, H. W.
3.07.009
Höhnscheidt, M.
3.01.107
4.13.010
Hoellering, A.
4.03.065
4.03.066
Hollmann, H.
4.08.023
4.08.024
4.08.025
Hölscher, B.
4.01.043
4.03.067
4.07.030
4.08.026
4.20.033
Holzamer, K.
4.17.009
Hönigswald, R.
4.03.068
Hood, M. V.
4.03.069
Hopf, H.
1.07
1.22
3.01.096
3.01.108
3.01.109
3.02.062
3.03.035
3.03.036
3.03.037
4.20.034
4.20.035
4.20.036
Hörler, E.
4.11.148
4.11.149
4.11.150

4.20.037
Hörmann, K.
3.01.110
3.02.063
Horton, J.
4.11.151
Houghton, W. E.
4.03.070
4.03.071
Housewright, W. L.
3.05.038
Howard, W.
3.01.111
Huber, K.
4.11.152
Huber, S.
4.10.025
Huch, F.
4.18.013
Hug, M.
3.04.026
Huhse, K.
3.04.027
Humbert, H. U.
4.16.004
Huppertz, H.
4.03.085
Husler, F.
4.05.047
Ickelsheimer, E.
4.21.016
Ickstadt, A.
3.03.038
3.04.028
Imberty, M.
3.08.029
Institut f. Früh-
pädagogik
4.03.072
Irmer, G. von
4.12.051
Isenegger, U.
3.04.004
3.04.029
Istvánits, F.
4.09.058
Jacob, K.
4.03.073
4.03.074
Jacot, A.
4.11.153
Jäger, K.
4.09.059

Jakoby, R.
3.01.112
3.01.113
3.01.114
3.03.021
3.03.032
3.03.039
3.05.039
3.10.006
4.24.022
Jakoby, W.
4.09.060
Jaques-Dalcroze, E.
4.03.075
4.03.076
4.03.077
4.03.078
4.03.079
4.03.080
4.03.081
Jauss, G.
4.03.082
Jehn, M.
4.01.044
4.09.061
4.10.026
4.14.005
4.22.010
Jehn, W.
4.01.044
4.09.061
4.10.026
4.11.154
4.14.005
4.22.010
Jelinek, H.
4.20.038
Jenne, M.
3.02.064
3.02.065
3.02.066
3.04.030
4.25.013
Jentges, C.
4.03.083
Jöde, F.
3.01.115
3.01.116
3.01.117
3.01.118
3.01.119
4.01.045
4.05.048

4.06.018
4.09.062
4.09.063
4.11.155
4.11.156
4.11.157
4.11.158
4.11.159
4.11.160
4.20.039
Johannes, H.
3.03.040
Jöns, H.
3.01.120
3.06.015
Jost, E.
3.02.067
3.02.068
3.08.030
4.02.067
4.12.052
4.12.053
Juon, P.
4.20.040
Jürgen, F.
3.09.003
3.09.004
4.15.003
Kabalewski, D.
3.04.031
3.05.040
Kadelbach, A.
3.01.121
3.05.041
3.07.010
Kaden, W.
3.03.041
3.04.032
Kagerer, A.
4.09.064
4.09.065
Kaegi, W.
4.12.054
4.16.006
Kahl, W.
4.18.014
Kaiser, H.
3.02.069
Kälin, P.
3.04.033
3.05.042
Kampp, E.
4.11.161

Kappeler, M.
4.13.011
Karkoschka, E.
4.01.046
4.02.068
4.07.031
4.08.027
4.08.028
4.12.055
4.12.056
4.16.007
4.16.008
4.21.017
Katz, E.
4.26.019
Katzenberger, G.
4.01.047
Katzenstein/
du Bois-Reymond
4.05.049
Kaufmann, O.
4.08.029
4.08.030
Kayser, D.
4.12.057
Keetman, G.
4.03.084
4.07.032
4.26.020
4.26.051
Keil, S.
4.02.069
Keilhacker, M.
3.03.042
3.03.043
Keller, E.
4.11.162
Keller, W.
3.01.122
3.01.123
3.01.124
3.01.125
3.01.126
4.01.048
4.01.049
4.01.050
4.01.051
4.01.052
4.07.033
4.07.034
4.07.035
4.07.036
4.09.066

4.09.067
4.11.163
4.12.058
4.14.006
4.20.041
4.24.023
4.26.021
4.26.022
4.26.023
4.26.024
4.26.025
Keller-Löwy, W.
4.01.089
4.02.124
4.02.125
4.03.118
4.06.033
4.09.093
4.10.027
4.10.036
4.11.162
4.11.164
4.11.165
4.11.166
4.11.276
4.20.067
Kelterborn, R.
3.01.127
4.12.059
Kemmelmeyer, K.
3.01.128
3.02.070
4.12.060
4.12.061
Kemper, J.
4.05.050
Kemper, M.
4.12.062
Kerbs, D.
4.13.012
Khadiri, S
3.08.031
Kiekert, I.
4.26.026
Kienhorst, E.
4.13.013
4.14.007
4.19.004
Kiphard, E.
4.03.085
Kirch, K.
3.03.037
3.03.044

3.05.043
Kirchner, G.
3.01.129
3.03.045
3.05.044
4.02.070
4.09.068
4.17.010
Klausmeier, F.
3.02.071
3.02.072
3.02.073
3.02.074
3.03.046
3.05.045
3.08.032
3.10.007
Klein, R. R.
4.11.169
4.11.170
4.11.171
Kleinen, G.
3.02.075
3.02.076
3.02.077
3.02.078
3.08.033
4.01.053
4.16.009
4.17.011
4.21.018
Kleinig, K.
4.02.071
4.07.037
Klingbeil, E.
3.02.048
Klinkhammer, R.
3.01.130
Klöckner, D.
3.01.131
3.04.034
4.22.011
Kluge, N.
4.13.014
Klusen, E.
3.01.132
3.05.046
4.05.051
4.24.024
Knab, A.
4.10.029
4.11.172
4.11.173

4.11.174
4.11.175
Kneif, T.
4.12.063
Kneip, G.
4.18.018
Knieriem, J.
4.01.054
4.01.055
4.02.072
4.03.086
4.06.019
Knolle, N.
3.03.047
3.03.048
3.03.073
3.04.035
3.05.047
3.09.005
4.12.064
4.21.019
Knoppek, F.
4.24.025
Knotzinger, K.
3.05.048
Kober, A.
4.02.073
4.21.020
Kober, H.
4.12.065
Kober, R.
4.12.065
Koch, G. R.
3.02.079
3.04.036
3.05.049
4.12.066
Koch, P.
3.01.133
3.01.134
4.02.074
4.02.075
4.08.031
4.12.067
4.22.012
Kofler, L.
4.05.052
Kohlmann, W.
4.25.014
Kokemohr, E.
4.20.042
4.21.021

251

253

Neumann, K. K.
3.02.113
4.17.017
Nicholls, M.
4.12.092
Niemöller, K. W.
3.03.058
3.06.021
Nitsche, P.
4.05.067
4.05.068
4.05.069
4.11.096
4.11.237
4.11.238
4.11.239
Noack, E.
3.01.188
4.24.032
Nohl, H.
4.03.110
4.03.111
Nohl, L.
4.18.030
Noll, G.
1.18
3.01.189
3.01.190
3.01.191
3.03.033
3.03.059
3.03.060
3.03.061
3.04.049
3.04.050
3.05.079
3.08.038
3.09.007
4.01.079
4.02.099
4.02.100
4.07.049
4.07.050
4.07.051
4.11.240
Nolte, E.
3.04.051
3.04.052
3.04.053
3.06.022
3.06.023
Nykrin, R.
3.01.192

Oberborbeck, F.
3.01.143
4.11.182
4.11.183
4.11.185
4.11.242
4.20.045
4.26.035
Oldenmeyer, K.
3.01.193
Orff, C.
4.26.036
4.26.037
4.26.038
4.26.039
4.26.040
4.26.041
4.26.042
4.26.043
4.26.044
4.26.045
4.26.046
4.26.047
4.26.048
4.26.049
4.26.050
4.26.051
Osterburg, W.
3.03.062
3.05.080
Oetke, H.
4.09.085
Otto, G.
4.13.033
4.13.034
Otto, H.
3.01.194
4.11.244
Oxtoby, Ch.
4.11.245
Pahn, J.
4.05.070
Painter, G.
4.02.101
Pandion, F.
4.05.071
Panofsky, W.
4.17.018
4.26.055
Pape, H.
3.01.195
4.13.035

Pape, W.
3.01.196
3.02.114
3.02.115
3.03.063
3.08.039
3.08.040
3.08.041
3.08.042
4.17.019
Parrish, C.
3.05.081
Paul, H. O.
3.01.197
3.06.024
3.08.043
4.02.102
Pauli, K.
4.11.152
Paynter, J.
4.01.080
4.01.081
4.02.103
4.07.052
4.09.086
4.09.087
4.12.093
4.20.056
Pear, P. H.
4.24.033
Pech, K.
4.02.104
4.02.105
4.16.013
Peinkofer, K.
4.06.028
Pepping, E.
4.11.246
4.11.247
Perkins, N.
4.06.029
Pestalozzi, J. H.
3.06.025
Pezold, H.
4.20.057
Pfaff, H.
4.12.094
Pfannenstiel, E.
4.11.248
Pfeffer, Ch.
4.03.112
Pfeiffer, M. G.
3.06.026

Pfisterer, T.
4.03.113
Pfrogner, H.
4.02.106
Philipp, G.
4.07.053
Pietzsch, G.
3.06.027
4.03.067
4.08.026
Pietzsch, M.
4.07.030
Pimmer, H.
4.01.082
4.21.025
Ponath, L. H.
4.26.056
Pontvik, A.
3.02.116
4.03.114
Poos, H.
4.11.249
Popard, I.
4.03.115
Pöppel, K. G.
3.01.198
Pötschke, M.
4.02.107
Pozzoli, E.
4.08.041
4.08.042
Preu, O.
3.08.044
4.05.072
Preussner, E.
3.01.199
3.01.200
3.07.015
4.13.036
4.26.057
4.26.058
Prieberg, F. K.
4.12.095
Prinz, U.
4.02.108
4.22.016
Probst, W.
3.02.117
3.02.118
3.04.054
4.25.020
Prowaznik, B.
4.21.026

Pütz, W.
4.02.109
Quistorp, M.
4.02.110
Rabsch, E.
4.20.058
4.20.059
Rambold, A.
4.11.250
Rands, B.
4.01.083
4.09.088
Ranke, F. O.
4.02.111
4.05.073
4.14.009
Ranta, M.
4.01.084
4.07.054
Rapin, J. J.
4.20.060
Ratz, E.
4.20.061
Rauhe, H.
3.01.109
3.01.201
3.01.202
3.01.203
3.01.204
3.02.059
3.02.120
3.02.121
3.02.122
3.02.123
3.02.124
3.02.134
3.03.064
3.03.065
3.03.066
3.03.067
3.03.068
3.03.069
3.04.022
3.04.055
3.05.082
3.05.083
3.05.084
3.09.008
4.02.112
4.02.113
4.02.114
4.02.115
4.02.116

4.02.117
4.02.118
4.09.089
4.12.036
4.12.037
4.12.038
4.12.096
4.12.097
4.12.098
4.12.099
4.12.100
4.12.101
4.12.102
4.12.103
4.12.104
4.12.105
4.13.037
4.13.038
4.17.020
4.20.032
4.22.009
Read, H.
4.13.039
Read, J.
3.05.085
3.07.016
4.25.021
Rebscher, G.
3.02.125
4.12.106
Reck, G.
4.18.023
Reckling, H. J.
4.03.116
Reckziegel, W.
3.03.070
3.05.086
Rectanus, H. E
3.01.205
Regner, H.
3.01.206
3.05.087
4.01.085
4.02.119
4.06.030
4.06.031
4.07.055
4.09.090
4.11.251
4.17.021
4.21.027
4.21.028

4.26.059
4.26.060
4.26.061
4.26.062
Rehberg, K.
3.06.028
4.18.024
4.20.062
Reichardt, B.
4.24.034
Reichenauer, H.
3.01.207
Rein, W.
4.11.252
4.11.253
4.11.254
4.11.255
4.11.256
4.11.257
4.11.258
4.11.259
4.11.260
4.11.261
4.11.262
4.11.263
4.11.264
4.11.265
4.11.266
4.11.267
4.11.268
Reinartz, H.
4.12.107
4.23.012
Reinecke, H. P.
3.02.025
3.02.126
3.02.127
3.02.128
3.02.129
3.02.130
3.02.131
3.02.132
3.02.133
3.05.088
3.08.046
3.08.047
3.08.048
3.10.010
4.02.120
4.02.121
4.15.005
4.17.022
4.24.035

Reinert, G. B.
4.01.086
4.10.034
4.13.040
Reinfandt, K. H.
3.01.208
3.03.044
3.03.061
3.03.071
Reinhard, K.
4.19.005
Reiter, H.
3.05.089
Renggli, W.
4.09.091
4.20.063
4.20.064
4.21.029
4.21.030
4.22.017
Reschke, H.
3.04.056
3.05.090
Reusch, F.
4.01.087
4.01.088
4.04.006
4.05.074
4.09.092
4.10.035
4.11.269
4.14.010
4.26.063
Revers, W. J.
3.02.134
Révésc, G.
3.02.135
Rexroth, D.
3.07.017
Reymond-Sauvain, M.
4.08.043
Richter, Chr.
3.01.209
3.01.210
3.03.072
3.04.009
3.04.057
3.04.058
4.02.122
Rieger, E.
3.05.091
Riehl, W.
4.18.025

Riemann, H.
4.02.123
Riemer, O.
3.06.029
Riesch, A.
4.05.075
Riley, H.
4.07.056
Rinderer, L.
4.05.076
4.11.270
4.20.007
4.20.066
Riniker, H.
3.05.092
Ritzel, F.
3.03.073
Robins, T.
4.12.108
Röblitz, G.
3.02.136
3.10.011
Rocholl, P.
4.21.031
Rodd-Marling, Y.
4.05.047
Rogers, D.
4.12.109
Rohwer, J.
4.11.272
4.11.273
4.11.274
Rollwagen, K. H.
4.26.064
Röösli, J.
4.01.089
4.01.090
4.02.124
4.02.125
4.03.118
4.05.077
4.06.032
4.09.093
4.10.036
4.11.275
4.11.276
4.20.067
4.20.068
Roscher, W.
3.01.211
3.02.137
4.01.091
4.01.092

4.01.093
4.01.094
4.01.095
4.01.096
4.01.097
4.06.033
4.07.057
4.07.058
4.07.059
4.07.060
4.07.061
4.09.094
4.10.037
4.10.038
4.10.039
4.10.040
4.10.041
4.13.042
4.13.043
4.13.044
4.13.045
4.13.046
4.13.047
4.15.006
4.15.007
4.21.032
Rosenstengel, A.
3.01.212
4.03.119
4.06.034
4.11.277
Rössner, L.
3.02.138
Roth, F.
3.01.213
Rothacker, E.
4.03.120
Röthig, P.
4.03.016
4.03.121
4.03.122
4.03.123
4.03.124
4.03.125
4.03.126
4.03.127
4.03.128
Rudder, B. de
4.03.129
4.03.130
Rüdiger, A.
4.05.078
4.05.079

4.11.278
Rühling, K.
4.08.030
Ruhrmann, F.
4.11.279
4.11.280
Runze, K.
4.01.098
4.01.099
4.06.035
4.07.062
4.07.063
4.09.095
Ruppel, K. H.
4.26.065
Rutz, H.
4.03.131
Sabel, H.
3.01.214
4.18.026
4.20.069
4.22.018
Sagi, M.
4.01.100
Saladin, J A.
3.10.012
Salbert, D.
3.03.074
4.12.110
4.16.014
Salziger, D.
4.09.096
4.26.066
Sambeth, H.
4.06.036
Sandner, W.
4.12.111
Sandor, F.
3.05.093
Santini, R.
3.04.059
Saporoshez, A. W.
3.02.139
4.02.126
Sass, H.
3.03.075
Sassmannshaus, E.
3.03.076
Scarton, E.
4.13.048
Schaaf, P.
4.09.097

Schafer, R. M.
3.01.215
4.01.101
4.01.102
4.01.103
4.01.104
4.01.105
4.01.106
4.01.107
4.02.127
4.02.128
4.09.098
4.09.099
4.09.100
4.09.101
4.11.281
4.11.282
4.13.049
4.14.011
Schaffrath, H.
3.02.140
3.08.049
Schaper, H. Chr.
4.01.108
4.01.109
4.07.064
4.07.065
4.09.102
4.11.283
Schattner, H. J.
3.02.141
3.06.030
Scheiblauer, M.
4.03.132
4.11.284
Scheidler, B.
3.01.216
4.20.070
Schelsky, H.
3.02.142
Schepping, W.
3.08.050
Scherer, K. R.
4.13.050
4.15.008
Schering, A.
4.02.130
Scheuerl, H.
4.01.110
4.09.103
Schibler, A.
4.01.111
4.03.133

4.03.134
4.03.135
4.07.066
4.09.104
4.09.105
4.09.106
4.11.285
4.11.286
4.11.287
4.11.288
4.11.289
4.11.290
4.11.291
4.20.071
Schilder, M.
4.08.044
Schilling, G.
3.06.031
Schilling, R.
4.05.080
Schindler, R.
3.02.143
4.03.136
Schlaffhorst, A.
4.05.081
Schlepper, M.
4.03.137
4.03.138
Schliebe, G.
4.13.051
Schliess, R.
4.20.072
Schmidt, E.
4.03.139
Schmidt, G.
3.02.145
3.10.013
Schmidt, H.
3.01.217
Schmidt, H. Chr.
3.02.144
3.04.060
3.08.051
4.02.131
4.02.132
4.02.133
4.12.112
4.13.052
4.17.023
4.17.024
4.17.025
4.17.026
4.17.027

4.17.028
4.17.029
Schmidt, H. W.
4.11.292
4.11.293
4.11.294
4.18.028
4.18.029
4.20.073
Schmidt, R.
3.01.218
Schmidt, W.
3.03.077
4.02.134
Schmidt-Brunner, W.
3.03.078
Schmidt-Joos, S.
4.12.113
4.12.114
Schmidt/Weber
4.09.107
Schmitt, I.
4.25.022
Schmitz, H. B.
4.24.036
Schmolke, A.
4.03.140
4.03.141
4.03.142
4.09.108
4.10.042
4.10.043
4.13.053
Schmolzi, H.
4.02.135
4.12.115
Schmücker, E.
3.01.219
4.13.054
Schnebel, D.
4.01.112
4.01.113
4.05.082
4.05.083
4.07.067
4.07.068
4.09.109
4.11.295
4.15.009
Schneider, E. K.
4.24.037
Schneider, M.
4.13.055

4.03.143
Schneider, W.
4.06.037
4.06.038
4.11.296
4.20.074
4.20.075
Schnerich, A.
4.18.030
Schoch, R.
3.01.144
3.01.220
4.01.057
4.01.058
4.01.114
4.07.040
4.07.069
4.11.184
4.11.297
4.13.056
Scholes, P. A.
4.02.136
Schollum, R.
3.01.221
3.02.146
4.12.116
4.12.117
Scholz, S.
3.04.061
Schoen, M.
3.02.147
Schönburg, W.
3.08.052
4.02.137
Schoop, T.
4.03.144
Schramowski, H.
3.02.148
3.02.149
4.07.070
4.07.071
Schroeder, H.
2.11.298
2.11.299
2.11.300
2.11.301
2.11.302
2.11.303
Schröter, H.
3.01.222
Schröter, W.
4.18.031

Schubert, L.
3.03.079
3.03.080
3.06.032
3.10.014
4.20.076
Schubert, R.
4.16.015
4.21.034
Schubert-Jahnke, I.
4.03.145
Schuhmacher, G.
4.02.138
Schuhmann, R.
4.04.007
4.05.084
4.11.304
Schüler, K.
4.11.305
4.11.306
4.11.307
Schulten, M. L.
3.03.081
Schulz, G.
4.21.035
Schulz-Kohne, D.
4.12.118
Schulze, A.
4.05.085
4.14.012
Schulze, H.
3.05.094
3.07.018
3.10.014
Schumann, H.
4.06.039
Schünemann, G.
3.06.034
Schunko, F.
4.03.146
Schütze, E.
4.18.032
Schwan, W.
4.24.038
Schweizer, Th.
4.11.308
4.11.309
Seashore, C. E.
3.02.151
3.02.152
Seebandt, R.
3.08.010

Seeger, P.
4.10.044
Segler, H.
(3.01.096)
3.01.223
4.03.147
4.11.311
4.25.023
Seibold, W.
4.12.119
Seidel, A.
3.02.153
3.03.082
3.05.095
Seidel, G.
4.01.072
4.03.148
4.09.110
4.10.033
4.13.025
Seidenfaden, F.
4.03.149
Seidl, A.
4.23.013
Seitz, R.
4.01.115
Self, G.
4.01.116
4.01.117
4.07.072
4.09.111
4.09.112
4.09.113
4.09.114
Sellmair, J.
3.01.224
4.13.057
Semenoff-
Watson, K. B.
3.02.154
Sengstschmid, J.
4.01.118
4.01.119
4.20.077
Shumway, St.
4.02.139
Siegenthaler, H.
3.01.225
3.02.155
Siegmund-
Schultze, W.
1.19

Sieler, R.
4.03.150
4.03.151
4.03.152
4.03.153
4.06.040
4.09.115
4.10.045
4.23.014
Sievritts, M.
4.12.120
Silbermann, A.
3.01.226
3.01.227
3.02.156
3.02.157
3.08.053
4.12.121
Simon, H.
4.11.313
Simon, W.
3.02.158
3.08.054
4.02.140
Small, Chr.
3.01.228
3.04.062
4.01.120
Sochor, A.
3.02.159
3.05.096
3.10.015
Söhner, L.
4.11.316
Sölter, H.
4.11.317
4.11.318
Sommer, A.
4.03.154
Sons, W.
4.01.121
4.09.116
Southworth, M.
4.01.122
4.06.041
Sowa, G.
3.01.229
3.01.230
3.01.231
3.02.160
3.03.083
3.05.097
3.06.035

3.06.036
3.07.019
Sowiak, O.
4.11.319
Spangemacher, F.
4.17.030
Spencer, P.
4.12.122
Spina, G.
4.26.067
Stampa, A.
4.05.087
4.14.014
Stancowic, P.
4.05.088
Steiner, R.
4.03.155
4.03.156
4.03.157
Stephan, R.
3.01.232
3.03.085
3.04.063
4.12.123
Stern, A. + K.
4.10.046
4.11.321
Stern, A.
4.11.320
Stern, W.
4.21.036
Stiefel, E.
4.01.123
Stilz, E.
4.02.141
Stockhausen, K. H.
4.08.045
Stöcklin-Meier, S.
4.10.047
Stolte, W.
4.05.089
Storb, I.
3.02.162
4.12.124
4.12.125
4.13.058
Stoverock, D.
4.02.142
4.02.143
Stracke, Th.
4.09.117
4.11.322

Struwe, F.
4.03.158
Stuckenschmidt, H. H.
4.12.126
4.12.127
4.12.128
Stumme, W.
3.01.022
3.03.086
3.03.087
3.04.064
3.07.020
4.01.124
4.06.042
4.06.043
4.07.073
4.07.074
4.07.075
4.23.015
Sturany, G.
4.07.076
Sundermann, L. F.
3.01.233
Sundin, B.
3.02.163
Sutermeister, H.
4.11.323
Suttner, K.
3.01.234
4.19.006
Sydow, K. von
3.01.235
3.01.236
3.03.088
4.02.144
4.13.059
4.14.015
4.20.078
Szönyi, E.
3.05.098
Tannigel, F.
4.06.028
Tantau, K.
3.05.100
3.07.021
Tappolet, W.
4.03.159
4.03.160
4.08.046
Taubald, R.
3.01.237
3.01.238
3.01.239

3.02.164
3.02.165
3.02.166
Taubert, K. H.
4.02.145
4.03.161
Tauscher, H.
4.03.162
4.03.163
4.03.164
4.03.165
4.03.166
4.03.167
4.10.048
Taylor, I. C.
4.13.060
4.14.016
Teiner, M.
3.03.089
Teirlinck, G.
4.11.325
Tenta, F.
4.06.044
4.26.068
Teplov, B. M.
3.02.167
4.24.039
Tepp, M.
3.01.240
Teuscher, H.
3.01.241
4.20.079
Thiel, J.
4.03.168
4.10.049
Thiele, I.
4.21.037
4.21.038
Thiele, J.
3.01.204
3.08.055
3.09.008
4.12.129
4.21.039
Thiessen, H.
3.01.243
Thomas, C.
4.01.097
4.03.169
4.05.090
4.05.091
4.05.092
4.07.061

4.10.041
4.13.047
4.14.017
4.14.018
4.14.019
Thomas, E.
4.08.047
4.12.130
Thomas, W.
3.01.244
4.01.125
4.05.093
4.05.094
4.07.077
4.10.050
4.13.061
4.13.062
4.14.020
4.14.021
4.14.022
4.21.040
4.26.069
4.26.070
4.26.071
4.26.072
4.26.073
Thresher, J. M.
3.03.090
Timmermann, J.
3.01.245
Tippett, M.
4.11.326
Tolnai, M.
4.05.095
Torrebruno, L.
4.03.170
Träder, W.
3.05.101
3.07.022
4.05.096
4.05.097
4.11.327
4.11.328
Treacher, G.
4.11.329
4.11.330
4.11.331
Trotter, R. M.
3.05.102
4.12.131
Truslit, A.
4.01.126
4.03.171

Tschache, H.
3.01.246
3.01.247
3.03.091
3.05.103
4.12.132
4.22.019
Tschache, R.
4.05.098
Tschakert, I.
3.01.248
3.02.168
Tünker, H.
4.12.133
4.16.016
Tüpker, R.
4.01.127
4.06.045
4.07.078
Twittenhof, Wa.
3.01.249
3.01.250
3.01.251
4.26.074
Twittenhoff, Wi.
3.01.145
3.01.252
3.02.169
3.07.023
4.12.134
4.12.135
Twittenhoff-
Scherber
3.07.024
Uhde, J.
3.03.092
Uhl, A.
4.09.119
4.09.120
Ullner, R.
3.05.104
Ulman, G.
4.01.128
Urban, U.
3.10.017
Vajda, C.
3.05.105
Valentin, E.
1.20
1.21
1.22
4.06.046
4.18.035

4.18.036
Vaughan, M.
4.01.065
4.02.082
4.06.022
4.09.073
4.11.188
4.22.013
Vea, K.
3.01.253
Venus, D.
3.01.254
3.04.065
4.02.146
4.08.048
4.22.022
Verband Bayerischer
Schulmusikerzieher
4.11.332
4.12.136
Vetter, H. J.
3.03.093
3.04.066
3.07.025
3.07.026
4.01.129
4.10.051
4.12.137
4.15.010
4.25.024
Vetter, H. V.
3.04.067
3.07.027
Vetter, M.
4.12.138
4.22.021
Vidor, M.
4.24.040
Viera, J.
4.01.130
4.03.172
4.07.079
4.07.080
4.09.121
4.12.010
4.12.139
4.12.140
4.12.141
4.12.142
4.12.143
4.12.144
Villiger, E.
3.01.255

3.05.106
3.05.107
3.05.108
4.11.334
4.11.335
4.12.145
4.20.080
Vogelsänger, S.
3.01.256
4.05.099
4.11.336
Vogt, H.
4.12.146
Voss, O.
3.01.257
Vulliamy, G.
3.01.258
4.12.147
Wachholder, K.
4.03.173
Wagner, R.
4.24.041
Walcha, H.
4.11.337
Waldmann, G.
3.01.259
4.11.338
Walkley, C.
3.05.109
Walter, A.
3.05.110
4.26.075
Warner, Th.
3.01.260
3.01.261
3.01.262
3.02.170
3.03.094
4.02.147
4.10.052
4.12.148
4.12.149
4.13.063
4.13.064
4.20.081
4.20.082
Waesberghe,
J. S. van
3.06.038
Wasgindt, H.
3.01.263
3.02.171

Watkinsin, G.
4.05.100
4.07.081
4.26.076
Watzke, O.
4.02.148
4.12.150
4.14.023
Weber, A.
4.11.292
4.11.293
4.11.294
4.20.073
Weber, B.
4.11.339
Weber, H.
4.12.151
Weber, R.
3.03.095
3.05.111
4.12.041
Wedd, E.
4.11.340
Wehle, G. F.
4.24.042
Wehmeier, R.
4.12.061
Wehrle, P.
3.05.112
3.05.113
3.05.114
4.12.152
4.23.017
Weidmann, E.
3.01.264
4.20.083
Weiss, G.
3.01.265
3.03.096
3.03.097
3.05.115
Weiss, H.
4.12.153
Weissmantel, L.
4.13.065
Well, B.
4.17.031
Wellek, A.
3.02.172
Weniger, E.
3.04.068
Wenz, J.
4.21.041

Werdin, E.
4.03.174
4.06.047
4.09.123
4.09.124
4.10.053
4.10.054
4.10.055
4.10.056
4.11.341
4.11.342
4.11.343
4.11.344
4.11.345
4.20.084
4.26.077
Werlé, H.
3.01.266
Werner, H.
4.01.131
4.03.175
4.03.176
4.04.008
Werner, R.
3.03.098
3.04.069
Werner-Jensen, A.
4.25.025
Westphal, K.
4.13.066
4.18.037
Weyer, R.
3.01.130
3.05.116
3.06.039
4.11.346
4.25.026
Wicke, R.
3.02.173
Wiechell, D.
3.02.174
4.12.154
Wiedemann, H.
3.01.267
Wietusch, B.
4.24.043
Wilbert, H. J.
4.01.132
4.07.082
Wildgrube, W.
3.02.175
4.02.149

Willems, E.
3.01.268
3.01.269
3.01.270
3.02.176
4.02.150
4.02.151
4.08.049
Wilson, H. R.
3.03.099
3.05.117
Winkler, G.
4.25.027
Winters, G.
4.09.125
4.11.347
Wiora, W.
3.01.271
3.01.272
3.05.118
4.11.348
4.11.349
Wismeyer, L.
4.26.078
4.26.079
Witeschnik, A.
4.18.038
Witte, G.
4.05.101
4.07.083
Wittgen, H.
3.01.273
Woehl, W.
4.11.350
Wolf, Ch. v.
3.08.052
4.02.137
Wolf, E.
4.20.085
4.20.086
4.20.087
Wolfensberger, R.
3.01.274
Woll, E.
4.02.152
4.11.351
4.11.352
4.11.353
4.20.088
4.20.089
4.20.090
4.22.022

Publikationen aus dem Verlag Paul Haupt Bern und Stuttgart

Das Volkslied in der Schweiz im 19. Jahrhundert
von Dr. Max Zulauf
83 Seiten und 10 Bildtafeln, kartoniert Fr. 12.80/DM 14.50

Das Volkslied ist immer in Gefahr, vergessen zu werden. Zeiten der Blüte und Zeiten des Zerfalls wechseln miteinander ab. Seine Geschichte im 19. Jahrhundert zeigt eindrücklich dieses Auf und Ab. Der grossen, durch die Romantik zu Anfang des Jahrhunderts ausgelösten Begeisterung folgten Jahrzehnte der Verkennung und Missachtung. Aber nach einem Jahrhundert wurde der Weg zu ihm von neuem gefunden.

Das Alphorn in der Schweiz
von Brigitte Geiser
28 Seiten Text und 32 Bildtafeln, dazu 8 Seiten französische und englische Zusammenfassung. Gebunden Fr./DM 20.–

Eine reich mit Bildern und Notenbeispielen dokumentierte kleine Kulturgeschichte des berühmtesten Musikinstrumentes der Schweiz.

Studien zur Frühgeschichte der Violine
von Brigitte Geiser
153 Seiten mit 216 Abb., kartoniert Fr. 48.–/DM 53.–

Die Autorin stellt ihren Studien einen Katalog der mutmasslich original erhaltenen Violinen des 16. und frühen 17. Jahrhunderts voran und entnimmt anschliessend 25 zeitgenössischen musiktheoretischen Trakataten Hinweise über die Entstehung der Violine aus verlaufenden Streichinstrumententypen, Beschaffenheit und Handhabung der frühen Violinen und Bogen. Die schriftlichen Belege illustrieren ergänzend über 200 ikonographische Quellen aus der Zeit von 1480 bis 1630.

Sing und Spring
von Klara Stern
Volkstänze und Tanzspiele für Kinder. 4. Auflage, kartoniert Fr. 10.80/DM 11.80

Die Autorin hat die Auswahl der Tänze den kindlichen Möglichkeiten entsprechend getroffen. Das Bändchen umfasst 26 Spiele: Paar-, Dreier-, Reihen- und Vierpaartänze und Tanzspiele. Es sind einfache und heitere Bewegungsspiele, die der Freude und einer lockernden Beweglichkeit dienen und das rhythmische und musikalische Erlebnis eindrücklich verbinden. Das Einordnen der Kinder in ein gemeinsames Tun und in einen bestimmten Bewegungsablauf zu einer fassbaren Melodie hat sowohl erzieherischen als auch heilsamen Wert.

Tanz mit uns!
von Klara Stern
22 leichte Volkstänze aus verschiedenen Ländern für Erwachsene
40 Seiten mit Noten, kartoniert Fr. 10.80/DM 11.80

Alle Bücher erhältlich bei Ihrem Buchhändler oder direkt beim Verlag